我国个人资本利得课税制度研究

赵婧洁　著

Research on the Taxation System of Individual Capital Gains in China

中国财经出版传媒集团
中国财政经济出版社

图书在版编目（CIP）数据

我国个人资本利得课税制度研究 / 赵婧洁著. -- 北京：中国财政经济出版社，2020. 10
ISBN 978 -7 -5223 -0056 -6

Ⅰ. ①我… Ⅱ. ①赵… Ⅲ. ①个人所得税－税收制度－研究－中国 Ⅳ. ①F812. 424

中国版本图书馆 CIP 数据核字（2020）第 179322 号

责任编辑：陆宗祥　高文欣　　责任印制：史大鹏
封面设计：卜建辰　　责任校对：胡永立

中国财政经济出版社 出版
URL：http：//www. cfeph. cn
E - mail：cfeph@ cfeph. cn

社址：北京市海淀区阜成路甲 28 号　邮政编码：100142
营销中心电话：010 - 88191522
天猫网店：中国财政经济出版社旗舰店
网址：https：//zgczjjcbs. tmall. com
北京财经印刷厂印刷　各地新华书店经销
成品尺寸：170mm × 240mm　16 开　13. 25 印张　222 000 字
2020 年 12 月第 1 版　2020 年 12 月北京第 1 次印刷
定价：58. 00 元
ISBN 978 - 7 - 5223 - 0056 - 6
（图书出现印装问题，本社负责调换，电话：010 - 88190548）
本社质量投诉电话：010 - 88190744
打击盗版举报热线：010 - 88191661　QQ：2242791300

前　言

资本历来是大众关注的热点话题，这源于资本的虚拟性、高流动性与高营利性。首先，近年来我国资本市场发展进入快车道，而面对资本市场的快速发展，资本利得课税的进程却十分缓慢，对于个人转让资产取得收益如何课税一直缺乏系统性、纲领性的税收法规。其次，投资收益个人所得税公平性引起广泛的关注，富人比穷人持有更大比例的股权、不动产等投资性资产，缺乏全面、完整的个人资本利得税体系导致个人所得税的负担主要落在了一般工薪阶层，而财产性收入更多的高收入人群并未成为主要的税负承担者，进一步造成社会公众心态失衡；再次，个人转让建筑物或土地使用权存在重复征税问题；最后，大规模的减税降费对国家财政收入形成了较大的压力。因此，有必要建立完善的个人资本利得税课税制度，个人资本利得税体系在保持所得税体系的完整性、增进税收公平、消除重复征税、建立多环节征税体系减少避税空间、拓宽个人所得税税基增加财政收入以及调节国家消费与投资等方面有重要意义。

本书以所得税理论为依据，首先，对个人资本利得税定义、分类、特点进行研究，并依据所得税理论对个人资本利得课税进行分析；其次，梳理我国个人资本利得课税演变进程与原因，研究了我国现行个人资本利得课税现状与问题；再次，研究个人资本利得课税政策选择与国际经验；最后，提出我国资本利得课税制度改革方案设计，并对改革效果进行测算。

本书的主要研究成果有：

第一，应用税收理论对个人资本利得进行了相关研究。研究了个人资本利得的定义、分类、特征，并将个人资本利得与投资所得进行了辨析。为了保障税收公平，个人资本利得应当与劳动所得区别对待；在税收效率方面，资本利得课税会导致“锁住效应”，对税收效率有一定负面影响；在分析资本利得税与投资的关系时，可以将资本利得分为消费型利得与生产型利得。

第二，研究了个人资本利得课税的演变进程、现状与存在的问题。通过研究得出促进政策演变的主要原因有：私有财产权的保护程度、不动产登记制度变迁、居民收入分配与贫富差距以及不同类型所得税开征的时间顺序。另外，通过对目前个人资本利得政策的研究得到我国现行政策的主要问题有：资本利得课税存在不公平、个人转让房地产存在重复征税、政策制定缺乏整体规划、税率设计未考虑个人综合税负水平以及政策存在空白领域，而造成上述问题的根本原因在于政策分散性，这当中的原因既有历史传统、缺乏核心政策目标，也有个人信托制度不完善以及个人投资市场发展不充分。

第三，个人资本利得课税政策选择与国际经验。分别就个人资本利得课税的意义、课税模式、课税对象、长期与短期资本利得的划分、税率设计、资本损失的处理方法、通货膨胀调整以及税收优惠政策等个人资本利得课税的主要政策选择进行了研究，在研究的同时对国际经验进行了介绍。

第四，我国个人资本利得课税制度改革方案设计。我国目前可以建立“综合所得 + 资本利得 + 经营所得”个人所得税税制模式，税率为参照个人总所得水平的两档累进税率加一档优惠税率，税收优惠政策主要侧重鼓励个人投资、鼓励技术创新、鼓励小企业发展、保障公众生活需求以及减轻低收入者税收负担。当前不适宜对通货膨胀率进行调整，应当允许个人使用资本损失抵免当年及以后年度的资本利得。另外，在仅考虑税率变化时，通过对个人转让限售股与个人转让股权样本数据的测算结果显示，个人资本利得税累进税制对于增进整体税收公平有一定的效果，对于调节高收入人群的收入水平效果较为明显，改革后财政收入比改革前增加了 49.05%，改革对财政收入贡献较大。本书的最后建议取消证券交易印花税及对个人征收的土地增值税并提出了一些完善个人资本利得税制度体系的配套措施与意见建议。

目　　录

1　导论 …… 1

1.1　选题背景 …… 1

1.2　研究意义 …… 3

1.3　基本思路与研究内容 …… 5

2　国内外文献研究综述 …… 7

2.1　资本利得的定义与特征 …… 7

2.2　个人资本利得税的计征 …… 8

2.3　个人资本利得税的税率 …… 11

2.4　证券市场个人资本利得税 …… 14

2.5　房产交易个人资本利得税 …… 16

2.6　创业风险投资资本利得税 …… 17

2.7　锁住效应研究 …… 19

2.8　本章小结 …… 20

3　个人资本利得课税理论分析 …… 23

3.1　主要概念 …… 23

3.2　公平理论与个人资本利得课税 …… 30

3.3　税收效率理论与个人资本利得 …… 33

3.4　个人资本利得税与投资 …… 34

3.5　完善个人资本利得课税制度的必要性 …… 37

3.6　本章小结 …… 41

4 我国个人资本利得课税演变进程 …… 43

4.1 初建阶段（1949 年以前） …… 43
4.2 空白阶段（1949～1979 年） …… 46
4.3 起步阶段（1980～1993 年） …… 48
4.4 全面建立与改革发展阶段（1994 年～今） …… 51
4.5 我国个人资本利得课税演变的原因 …… 56
4.6 本章小结 …… 61

5 我国个人资本利得课税现状与问题 …… 63

5.1 我国个人资本利得课税收入情况 …… 63
5.2 我国现行个人资本利得课税政策 …… 74
5.3 现行政策主要问题 …… 100
5.4 个人资本利得课税政策的分散性 …… 104
5.5 本章小结 …… 110

6 个人资本利得课税政策选择与国际经验 …… 112

6.1 个人资本利得课税意义 …… 112
6.2 课税模式与课税对象 …… 119
6.3 短期资本利得与长期资本利得 …… 122
6.4 税率设计 …… 125
6.5 资本损失处理方法 …… 133
6.6 通货膨胀调整 …… 137
6.7 税收优惠政策选择 …… 138
6.8 本章小结 …… 146

7 我国个人资本利得课税制度改革方案设计 …… 148

7.1 我国个人资本利得税课税原则 …… 148
7.2 课税模式的选择 …… 152
7.3 我国个人资本利得课税税制设计 …… 157
7.4 政策模拟与实证分析 …… 171
7.5 个人资本利得税与我国整体税制的协调 …… 179

7.6　个人资本利得课税配套措施 …… 181
7.7　本章小结 …… 185

8　结论与展望 …… 187

8.1　研究结论 …… 187
8.2　研究展望 …… 188

参考文献 …… 189

1 导　　论

1.1 选题背景

资本历来是大众关注的热点话题，这源于资本的虚拟性，也源于资本的高流动与高营利性。近年来我国资本市场的发展进入了快车道，2016 年 12 月 5 日深港通正式启动、2018 年 11 月 5 日上海证券交易所设立科创板、IPO 试行注册制，2018 年底召开的中央经济工作会议指出，要通过深化资本市场改革，打造一个规范、透明、开放、有活力、有韧性的资本市场，完善交易制度，引导更多中长期资金进入。与此同时，我国越来越重视风险投资对经济发展、创造就业的重要作用，根据中国科学技术发展战略研究院的研究，股权转让收益是创业主体最大的收入来源，平均占总收入的 44%[①]，风险投资的终极目标是获取增值利益，而税收直接决定着实际取得的增值利益的大小，这决定了风险投资对税收十分敏感。面对资本市场的快速发展，资本课税的进程却十分缓慢，对个人转让资产取得的收益如何征税一直都没有系统性、纲领性的税收法规加以规范。目前，我国《个人所得税法实施条例》中规定"对股票转让所得征收个人所得税的办法，由国务院另行规定，并报全国人民代表大会常务委员会备案"，同时分别对个人转让上市公司股票、沪港通股票、上市公司限售股、个人转让非货币性资产所得、个人终止经营取得股权转让收入、个人转让股权激励技术入股取得的股权股票所得均有专门的文件进行规范，2018 年我国出台了《财政部、国家税务总局关于创业投资企业和天使投资个人有关税收政策的通知》用于鼓励和扶持种子期、初创期科技型企业的发展。这些税收法规制定为解决实际问题发挥很重要的作用，但这种"就事论事"型的立

① 中国科学技术发展战略研究院科技投资研究所：《中国创业投资发展报告 2019》。

法策略面对新生事物涌现的当今也逐渐暴露出它的缺点，效率低下、使得税制越来越复杂、对于新鲜事物基层税务机关难以确定征收依据等。因此，现实情况要求我国就资本资产取得的收益如何征税进行系统性的研究。

财产转让收益课税的公平问题也同样引人关注。个人所得税作为调节国民收入分配的重要手段，在各国的税收体系中都被视为“削峰填谷”“劫富济贫”的税种。按照现代税收公平理念，税收公平分为横向公平与纵向公平，横向公平是指同样条件纳税相同，纵向公平纳税能力不同的人按照能力的大小承担相应的税收负担。一般认为，收入水平的差异体现在收入来源方面有所差异，相比于穷人，富人会取得更大比例的财产性收入与资本利得。资本利得与其他类型的所得不同，从获取的频次来看，资本利得不具备持续性与再生性，资本利得的获得是一次性的；从获得的金额来看，资本利得的金额差异性非常大。但在我国的税收体系中，由于缺乏全面完整的资本利得税体系，个人所得税调节收入分配的功能效果并不明显，2018 年全国个人所得税收入总额为 13 871. 9 亿元，其中工资薪金所得 9 330. 8 亿元，占个人所得税收入总额的 67. 3%；财产转让所得 1 530. 3 亿元，占个人所得税总额的 11%，远低于工资薪金所得税收收入。个人所得税的负担都落在了一般工薪阶层，而财产性收入更多的高收入人群并未成为主要的税负承担者，由此进一步造成社会公众心态失衡，进而影响社会和谐稳定。因此，建立完善的资本利得税征税体系对于国家调节收入分配、彰显税制公平有重要的意义。

个人转让建筑物或土地使用权存在重复征税问题。目前，我国实际征收的个人资本利得税由两部分构成，一部分是个人所得税中“财产转让所得”；另一部分是对个人征收的土地增值税。根据《个人所得税法》及其实施细则，财产转让所得包含个人转让建筑物及土地使用权的所得；根据《土地增值税暂行条例》及其实施细则，个人转让国有土地使用权、地上建筑物及其附着物取得收入时，应当对其增值额缴纳土地增值税，虽然目前对于个人转让住房可以享受免税优惠，但从理论上个人转让建筑物与土地使用权仍然存在重复征税。由于征税对象均为个人取得的增值收益，可以认为存在重复征税的问题。造成重复征税的本质原因在于我国并没有完整个人资本利得征税体系，个人资本利得课税政策比较分散，政策分散十分容易导致重复征税。因此，研究个人资本利得税的理论，对重复征税的内容进行调整，是进行税制改革的必然要求。

供给侧结构性改革持续推进，国务院不断推出减税降费政策，对财政收入形成巨大的压力。2019 年 1 月 1 日起实施新个人所得税法，增加个人所得税专项附加扣除，实行小微企业普惠性税收减免政策、降低增值税税率、生活服务业加计递减以及社会保险费降费的方案出台，2020 年第一季度由于疫情的影响，我国又出台了生活服务业免征增值税、抵扣企业所得税以及个人所得税等相关政策，根据国家税务总局公开数据，2019 年全年减税降费规模超过 2 万亿元，占当年 GDP 比重超过 2%，2020 年第一季度减税降费规模为 7 428 亿元，其中 3 182 亿元为支持疫情防控与恢复经济社会发展的优惠政策，剩余 4 262 亿元为 2019 年延续的减税降费政策。在大规模减税降费的同时也暗藏风险，如此大的减税降费规模如何维持公共财政支出，正所谓开源节流，开源非常重要，在深化改革与恢复经济的背景下，可以通过优化我国个人资本利得征税的相关政策，适当增加高收入个人的税收负担筹集财政资金，为减税降负提供更加持久的财力支撑。

1.2　研究意义

1.2.1　理论意义

（1）完善资本市场的税收体系。

资本运作是积累财富的主要方式，而税收政策对于资本市场的健康发展至关重要。目前我国实际上对个人投资所得进行征税，但是对于个人资本利得课税理论的系统研究寥寥无几，这导致在面对迅速变化的资本市场新事物上缺乏系统的指导性原则，“就事论事”的立法模式也是治标不治本，难以从根本上解决资本市场征税问题。

（2）探究个人资本利得课税的理论。

个人资本利得与其他所得相比具有独特的属性，个人资本利得存在不确定性、隐蔽性、生产周期长等特点，为税源的征收管理带来挑战。个人资本利得的实现规则与其他所得也存在较大差异，资本利得的取得伴随着资产所有权的转移，是否对资本利得进行征税以及如何征收是各所得税理论争论的焦点问题，因此，应当对个人资本利得税收原理进行专门、系统的研究。

（3）与其他税种相互配合，构建完整的税收体系。

一个国家的税制是一个完整的体系，直接税与间接税的相互协调十分重要，根据中西方的研究，对个人取得资本利得进行征税是个人所得税体系中的重要组成部分，我国也将“财产转让所得”作为个人所得税的征税范围。另外，个人资本利得税与房产税、土地增值税以及证券印花税等税种都有着密不可分、相互配合、相互转换的关系，抛开个人资本利得税而孤立的研究其他税种则会导致顾此失彼。

1.2.2 现实意义

（1）发挥个人所得税调节国民收入分配的重要作用，增进税收公平。

个人资本利得税的纳税人为取得资本资产处置收益的个人，相对于工资薪金所得，个人资本利得具有单次交易金额大的特点，通过采用合理的税制设计，适当增加投资收益丰厚纳税人的税收负担，进而减小低收入者和高收入者之间的收入差距，增进社会公平平等，创造社会公平稳定环境。

（2）鼓励个人风险投资与技术创新。

随着个人财富水平的不断提高，个人风险投资越来越频繁，在投资对象上，个人风险投资多直接投向实体经济，是支持新型产业发展的重要力量，但是风险投资具有高收益高风险的特征，由此决定了对资本利得课税政策十分敏感。同时，个人是技术市场上最为活跃的主体，是从事技术创新的直接参与人，使用科学技术入股是将科学技术转化为生产力的必要举措，个人财产转让取得资本利得的课税问题是科技人员最为关注的问题。因此，充分运用个人资本利得税政策支持个人风险投资与技术创新是支持投资市场发展以及提高国家创新能力的必然要求。

（3）拓宽税基，为增加国家财政收入创造条件。

在供给侧结构性改革的持续推进过程中，实现产业结构转型十分关键，集中力量支持小微企业与高新技术产业是国家在相当长一段时间内的基本政策，减税降费是重要手段。但是公共财政支出具有刚性，在减税降费的环境下合理组织财政收入是全社会都十分关注的问题。目前，在资本市场，我国仅对一级市场转让股份进行征税，对二级市场免征个人所得税，如果将个人处置资本财产都纳入征税范围对拓宽个人所得税的税基、增加国家财政收入都有着重要意义。

（4）促进国际资本交流的必然要求。

对资本利得进行全面、系统的征税是未来税制改革与发展的方向。在目前我国“走出去、引进来”“一带一路”的大背景下，资本之间的流动会愈加频繁，来中国投资的居民个人也越来越多，如果我国不对个人取得的资本利得全面征税将会造成税源的流失和国内资本的外流。因此，需要对境外个人资本利得课税进行全面的研究，在此基础上结合我国的实际情况形成我国个人资本利得征税的理论框架。

1.3 基本思路与研究内容

1.3.1 研究思路

本书研究思路见图1－1，首先，对国内外的研究成果进行总结，然后对资本利得相关的概念进行界定，应用税收理论对个人资本利得课税理论进行研究。

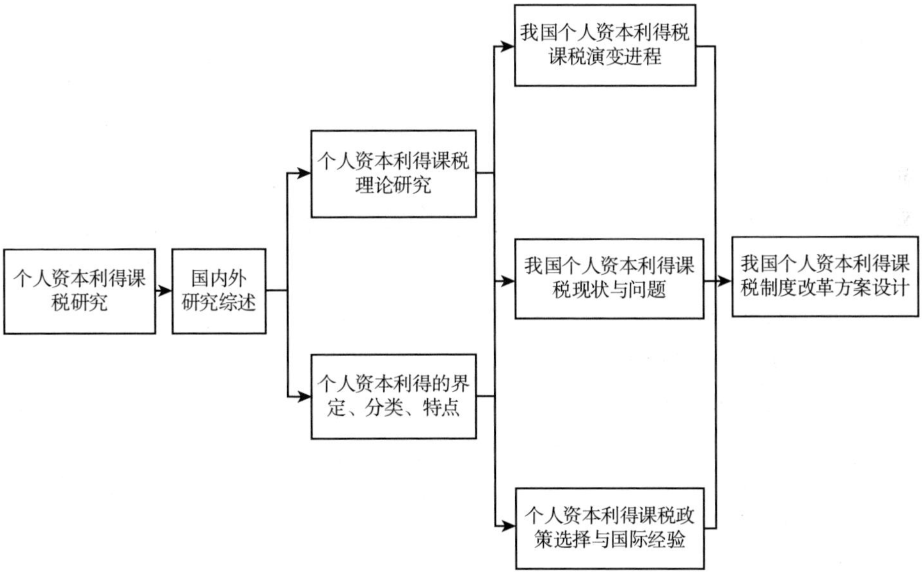

图1－1 本书研究路径

其次，进一步开展以下三个方面的研究：一是对我国资本利得课税的演变进程进行梳理，并对演变的原因进行分析；二是对我国个人资本利得课税现状与问题进行分析与总结，并指出目前问题的根源在于政策具有分散性；三是个人资本利得课税政策选择与国际经验。

最后，提出了我国个人资本利得税制度的改革方案设计构想。

1.3.2 研究内容

根据研究思路，共设有八章，主要研究内容有六个部分。

第一部分，导论。在导论部分，对选题背景、研究意义、研究思路、研究内容以及创新点进行了说明。

第二部分，国内外文献研究综述。主要对个人资本利得课税的研究进行归纳总结，包含资本利得的定义、特征、税率以及证券市场个人资本利得税、房产交易个人资本利得税、创业风险投资资本利得税以及锁住效应研究，最后对文献综述的主要结论进行了总结。

第三部分，个人资本利得课税理论分析。首先，对涉及的重要概念进行界定，对个人资本利得的分类、特点进行了分析，并对个人资本利得与投资所得的关系进行了辨析；其次，运用税收公平理论与税收效率理论对个人资本利得课税进行分析；再次，并研究了个人资本利得课税与投资的关系，并将个人资本利得分为消费型利得与生产型利得；最后，提出了完善个人资本利得课税制度的必要性。

第四部分，我国个人资本利得课税演变进程、现状与问题。历史演变进程部分研究了中华民国至今的个人资本利得课税的演变过程与特点，并对推动我国个人资本利得课税制度变迁的原因进行了研究。通过对我国个人资本利得课税收入以及现行政策的研究，总结了现行政策存在的主要问题，并对造成问题的深层次原因进行了研究。

第五部分，个人资本利得政策选择与国际经验。该部分对个人资本利得课税的主要政策选择进行进行了研究，主要包含个人资本利得课税的意义、课税模式的选择、课税对象的确定、长期资本利得与短期资本利得的划分、税率设计、资本损失的处理方式、通货膨胀调整政策以及税收优惠政策选择。

第六部分，我国个人资本利得税制改革方案设计。在上述研究的基础上对个人资本利得课税制度改革的课税原则、税制设计、与其他税种的协调以及相应的配套措施进行了研究，并使用个人转让限售股与个人转让股权样本数据对改革前与改革后对税收公平以及财政收入的影响进行了测算。

2 国内外文献研究综述

2.1 资本利得的定义与特征

关于资本利得界定的研究主要有：劳伦斯·塞尔兹（1951）对资本利得进行了界定，资本利得是指资产拥有者持有的目的并不是经营、库存或非规律性的销售，而是由于市场价值的上涨而实现的获利，相应的资本损失是指这些资产因市场价值的下跌导致的损失。在对资本资产的定义上，塞尔兹主要强调对所有人持有资产的意愿，只有资产持有人以资产价值增加为目的才被认定为资本资产。

王逸（2011）定义资本利得为处置资本取得的所得，依照生产要素资本和劳动将产生的所得分为资本所得和劳动所得，资本所得是指资本占有人因占用货币资金、实物财产等资本项目取得的所得，资本利得是处置资本取得的所得，从计算过程来说是指资本占有人处置股票、债券、房屋、机器设备等资产所产生的毛收入减去购入成本后的余额。林天义（2009）在他的学位论文中将资本利得定义为资本性资产在转让或销售过程中实现的增值部分。赵秀英（1995）与周敦仁（1996）则从资本利得税的特征角度对资本利得税进行了侧面的界定，赵秀英（1995）认为资本利得可以分为不动产利得、有形动产利得、有价证券利得、无形资产利得五类。周晓光（2015）通过梳理各国资本利得税制得出两条规律：第一是各国普遍将资本利得纳入征税范围；第二是资本利得的征税方式与其他一般所得不同，一般要求“资本利得的实现”为必要条件。

Klein，Peter（2001）研究了资本利得的产生周期，通过分析长期股票收益的横截面数据显示资产利得主要是由前期的高收益产生的，后期获得资本利得比较低，对长期股票收益的截面数据支持以上结论。Dowd，Tim；McClelland, Robe; Muthitacharoen（2015）研究了资本利得对税收政策的敏感程度，结果表明可以转嫁的资本收益对具有持续性的税收变化高度敏感，而共同基金分配的收益对税收政策极不敏感。M. Amin（2006）分析了已经实现的资本利得与未实现的资本利得之间的数量关系，研究结果显示每一美元的已实现资本利得收益约占未实现资本收益的7%，这对于测算未实现的资本收益，制定符合现实的税率水平有重要的意义。Blissenden, Michael（2015）通过对澳大利亚征税制度的分析后强调要注意区分收入与资本以及资本利得之间的差异。Sumner, Scott（2015）认为对资本利得进行征税存在双重征税的问题，因为投资资本是从税收收入提取的，对资本利得进行征税又拿走了投资者的部分收益。

王逸（2011）总结了资本利得的特点主要有：第一，资本利得是消极所得；第二，资本利得的取得时期不规律；第三，资本利得实现期间较长；第四，资本利得是已经实现的所得；第五，资本利得与普通所得经常混合在一起。周敦仁（1996）认为资本利得税有三个特点：自愿性、包含通胀因素、双重征税。所谓“自愿性”，是指资本利得税缴纳或征收是以资本拥有者的自愿出售作为前提条件的，而工资薪金、股利等收入是不能自行选择的；“包含通胀因素”，是指由于通货膨胀效果的存在导致取得投资所得时并不一定有资本利得，在计算资本利得税时应当剔除通货膨胀因素的影响；“双重征税”，是指对于股票投资而言，股票出售的价格中包含投资者对该公司预期净资产的期望值，所以在对股票出售征收资本利得税时就对公司的未来收益进行了征税，等到该公司未来实际取得所得时还需要课征公司所得税这就形成了双重征税。

综上所述，资本利得是资产处置取得的所得或表述为资产所有权转移时个人取得的所得，强调是非生产经营性的非规律性所得，在金额的确定上采取收入减去成本费用的差额作为资本利得，只对已经实现的资本利得进行征税，国内外研究结果显示资本利得的产生周期较长、取得时间不规律，属于消极所得。

2.2 个人资本利得税的计征

2.2.1 开征研究

国内外学者多数认为资本利得税是税制的重要组成部分，对资本利得征税对于增加社会就业、促进资本的形成、增进税制公平、遏制操纵股票价格等方面有重要的意义，但对于如何征收资本利得税，各学者的意见不尽相同。Alan J. Auerbach（1992）通过对美国资本利得税制的研究结果显示，资本利得税收入虽然只占个人所得税的收入的10%，联邦收入的4%，但依然是美国税制重要构成要素。Myeonghwan Cho（2014）通过设立模型研究了资本利得税对小企业转让和初创企业的影响，研究结果表明资本利得税对小型企业的转让有负面影响，但是对增加社会就业有所裨益。Seida，Jim A. Wempe，William F（2000）研究了投资者对于1986年《税制改革法案》中资本利得税变化的反映，通过研究1986年底的交易数据，得出资本利得课税制度改革对投资者交易的影响是长期的。

赞成我国对资本利得进行征税的有：徐蓉（2010）认为不论所得是否具有重复性法律均对其进行保护，基于国家征税权与财产保护权相一致的角度，应当将资本利得征税纳入所得税的征税范围。解宏（2002）认为资本利得课税对于税制的完善以及资产的形成都有重要的作用，他认为促进美国资本利得税的历史演变主要原因为：一是促进资本的形成和投资的增长；二是促使资本向本国流动；三是促进税收更加公平；四是矫正融资方式，通过减少对股权投资的重复征税促使公司由债权融资向股权融资进行转变；五是鼓励风险投资投向新建企业及高科技企业；六是提高资本的流动性，减弱资本的锁住效应。王瑞（2011）通过分析个人所得税法内容，认为目前我国开征资本利得税并不存在法律上的困难。贺旭光（2002）认为随着股票市场的不断发展，开征资本利得税有利于维护股票投资收益的公平性，对遏制操纵股票价格、内幕交易等行为起到很好的效果。敖汀（2000）认为开征资本利得税是大势所趋，但是从税收征收管理角度一定要强调注重两项制度的建设：资产注册登记制度与资产评估制度。林天义（2009）在他的博士论文中表明，开征股票资本利得税是促进股票市场健康发展的重要举措，在开征的时机选择上，在市场衰退期不适合开征资本利得税，在复苏期可以开征低税负水平的资本利得税。但是也有学者对征收资本利得税提出了反对意见，例如，Ball，Ray（1984）认为资本利得与资本损失是未来投资收益的现值变化，如果对未来收益进行征税，会导致资本利得与损失的未来税款现值的变化，对资本利得不恰当的征税可能会导致风险投资的减少，进而导致对价值的扭曲征税。

2.2.2 征税范围

个人资本利得税的征税范围研究主要有：周晓光（2015）通过分析英国、德国以及美国资本利得的课税方式提出资本利得的课税原理主要有两大原则：一是资本利得课税应当建立在交易的概念上，也就是说只有当财产被出售、交换等方式进行处置后才能确认相应的资本利得与损失，而在财产持有过程中的应计财产价值变动不纳入资本利得的征税范围；二是资本利得的计税基础是以实现为原则的，实现制是指只有实现的利得才能改变纳税人原有的计税基础。

李征（2006）认为应当将资本利得税的征税范围划定为资本性资产的出售和交换取得的利得，具体来说为有价证券、不动产及机器设备等有形动产的交易以及部分的无形资产，并对不同资本项目设置不同的税率。王逸（2010）指出资本利得税的征税范围可以包括：处置股票、债券、房地产、经营性机器所得等。殷强（2006）认为可以通过将非流通股纳入资本利得税的征税范围这种方式来调节股票市场利益划分不均的问题，这既有利于调节市场公平又有利于稳定证券市场，能够提高资本市场的运行效率。朱广俊（2005）认为资本利得是从资本性资产销售或交换中获得的收益，是已经实现的收益，包括财产、资本金、资产的等实现的收益。在资本所得与资本利得的关系上，朱广俊认为所得是对纳税人课征所得税的课税对象，介于利润与计税依据之间，而资本利得是来自于资本收益，是全部资本收益的指证物，资本利得是资本所得的一部分。周晓光（2015）建议参照其他已经设立资本利得税的国家，将我国资本利得税的主要征税范围划定为不动产和金融产品，设立的主要目的有两个，一个是调控资本市场，二是增加财政收入。冀慧峰（2003）认为在我国资本利得税在设计时应当保证实施的适应性和可操作性，可结合美国对资本利得的确定，将资本利得确定为资本资产的交换、变现和其他处置行为而实现的利得。

在资本利得税税收优惠设计上，Khan，Yasar（2013）认为英国资本利得税的减免政策主要有四个方面：商业资产的滚转与置换；用商业资产置换股票；将资产投入信托基金以及企业家优惠税率。Mahar，Frederick（2016）分析了澳大利亚资本利得税制度，结果表示资本利得税优惠政策的广泛使用会对税收体系造成额外的扭曲并增加税制的复杂性。

2.2.3 再投资与通货膨胀调整政策

王素荣（2011）指出英国资本利得税中的优惠方式以及对再投资的鼓励方式对我国资本利得税制建立很有借鉴意义。英国的资本利得税包括四种抵免：企业家抵免、滚转抵免、持转抵免和组建公司抵免。企业家抵免是指个人在处置持有时间超过12个月的经营性资产时获得的资本利得可以享受一定的抵免；滚转抵免是指资产持有人使用出售经营性资产的收入用于再购置新的经营性资产时获得的资本利得可以滚转到新的资产价值中，等待新的资产处置中再一并缴纳资本利得税；持转抵免是捐赠者捐赠符合一定条件的资产时获得的资本利得可以延迟到资产最终出售时缴纳资本利得税；组建公司抵免是指在新公司组建之前处置资产获得资本利得可以递延到新组建公司处置该项应税资产时再缴纳相应税款。因此，王素荣建议在我国建立资产利得税时应当考虑民间资本的再投资问题，设置再投资的税收优惠政策，股权及股票的资本利得再投资也同样享受再投资税收优惠，具体包含以下两个方面：一方面是企业处置资产再投资于新企业，并对将投资用于增加注册资产、提高企业职工工资的企业退还部分已缴纳的税款；另一方面是企业处置资产用于购置绿色低碳的生产设施时可以享受滚转抵免，递延缴纳资本利得税，以此来鼓励民间资本的再投资。

王逸（2010）考虑到资本利得的形成需要多年的积累，为了在一定程度上减轻通货膨胀因素的影响，应当参考西方国家的经验设立一个豁免额，超过豁免额的才需要缴纳资本利得税。王薏涵（2010）指出为了解决资本利得计量时存在的通货膨胀因素，部分国家会采用各种物价指数调整资本的历史成本，被选择的物价指数主要有：澳大利亚与墨西哥选择消费物价指数，西班牙使用财政部门规定的指数，英国选用零售物价指数。

2.3 个人资本利得税的税率

2.3.1 税率设计

资本利得税税率的设计应当考虑本国税制、资产持有时间、资产性质以及纳税人状况等因素综合确定。国外关于资本利得税税率的研究主要有：Margot

Coesens; Jana De Wilde（2015）总结了欧洲各国资本利得税税率，主要有：德国没有单独开征资本利得税，资本利得并入普通所得适用25%的税率，房屋持有时间在10年以上享受免税；西班牙的资本利得按照应税投资收益进行征税，具体是6 000欧元以下的部分税率为20%；6 000～50 000欧元的部分税率为22%；超过50 000欧元的部分税率为24%。其余奥地利、比利时、希腊、卢森堡、荷兰、葡萄牙与斯洛文尼亚税率均为0。Mortenson; Jacob（2016）使用大量1997～2007年美国联邦个人所得税申报资料为研究对象，结果表明资本利得的数额与资本利得税税率和一般所得税率关系密切，同时一般所得的金额与一般所得税率和长期资本利得税有关。Luzi Hail; Stephanie Sikes; Clare Wang（2017）研究了资本利得税税率变化与预期收益之间的关系，通过26个国家1990～2004年面板数据研究发现，在公司系统风险较高、市场溢价较高以及无风险利率较低的情况下，资本利得税与预期收益之间的正相关关系较弱甚至出现负相关相关，在美国，以1978年、1997年以及2003年的资本利得税率变化为研究对象的结果表明资本利得税税率变化带来的结果可能与政策制定初衷大相径庭。Stephanie A（2012）研究了企业预期收益率与投资者资本利得税税率之间的关系，研究结果表明由于资本利得税同时降低了企业税后收益与相关风险，因此在公司系统风险较高、市场风险溢价很高以及无风险利率很低的三种情况下可能会出现负相关关系。Carslaw, Charles; Mason, Richard; Mills, John R（2015）通过列表计算的方式研究发现AMT（替代性最低税）与长期资本利得税之间存在相互作用的关系，AMT税制的存在使得纳税人有时不能适用15%的长期资本利得税率。

国内关于资本利得税税率的研究有：杨娟（2017）认为，我国目前财产转让所得适用的20%的比例税率有失公平，会诱使纳税人由生产性活动转向非生产性活动，从而造成经济的低效率，因此在对财产转让项目的税率进行调整时应当注重考虑股权投资对资本形成的重要作用，依据投入时间、投入的金额区别适用不同的税率，对达到一定投资期限的股权转让应当视同经营所得，适用经营所得税税率。王逸（2010）认为，在设计资本利得税率时应当抑制投机性资产交易，促进资本的合理流动并考虑通货膨胀对资本增值的影响。在设计资本利得税的适用税率时应当考虑四个因素：一是本国适用的税制，是综合征收还是分类征收；二是资产持有的期限；三是资产的性质，如自用的住房和出租的住房在处置时适用的税率应当有所差别；四是纳税人的状况，劳动能力较低的纳税人适用的较低的税率。

2.3.2 税率敏感性

关于资本利得税税率敏感性的研究主要有：Jacob，Martin（2013）研究了不同年龄个人对资本利得税率的敏感程度，通过对超过260 000个人面板数据分析可知，年轻人比老年人对资本利得税税率更为敏感，年纪每增加18岁，资本利得税的锁住效应大约降低10%。Dowd，Tim；McClelland，Robert（2019）采用Kleven、Wasseem开发的聚束分析方法研究了纳税人对于长期资本利得税率的行为选择，研究结果显示纳税人对优惠税率的反应是在税收优惠税临界时间点之前的几周内减少收益的实现，短期收益的弹性为-0.47，长期收益的弹性为-0.79。Alan J. Auerbach；Jonathan M. Siegel（2000）研究了投资者对资本利得税税率变化的行为反应，结果显示，资本利得的纳税人对永久税率变化比一般人更为不敏感，大部分的资本利得纳税人关注税率差异以实施避税策略，强调基于税率差的套利行为。Jacob，M.（2018）比较了累进税制和比例税制下个人对于收益实现的行为对比，Jacob通过对瑞典税制转换时的纵向面板数据分析得知，个人对累进资本利得税制下的收入变化反应程度更高，另外，高收入个人比低收入个人对税收更为敏感。Plancich，Stephanie（2003）研究了美国1997年税制改革，在本次改革中将资本利得分为长期资本利得与短期资本利得，长期资本利得适用的最高税率比之前降低了，在使用共有基金面板数据分析后得出，基金经理更倾向于向长期资本利得进行倾斜，这也就证明了基金是对税收政策十分敏感的，对长期资本利得采取减免税政策的确有利于长期投资。

关于资本利得税的税率水平与资本利得的确认的研究有：Daunfeldt，Sven-Olov（2010）研究了资本利得税的税率与投资者实现资本利得意愿之间的关系，研究结果表明资本利得税税率每提高10%，则会使得资本利得的实现数量减少8.7%，如果确定实现则实现的金额会减少1.9%。Gerald E. Auten and Charles T. Clotfelter（1982）通过实证研究发现，资本利得的确认对边际税率非常敏感，降低资本利得税的税率可能会大大提高实现长期资本利得的可能性。Diaz Caro，Carlos、Crespo Cebada，Eva（2016）研究了资本利得税的边际税率的变化与纳税人申报资本利得税的意愿以及锁住效应的关系，结果显示资本利得税的税率每增加1%就会使得纳税人自主申报资本利得的可能性降低7.51%（2006年）与8.19%（2007年），同时减少资本利得的金额3.91%

（2006 年）与 5.79%（2007 年）。

综上所述，研究发现不同群体对资本利得税的敏感性不同，年轻人比老年人更敏感；富人比穷人更敏感；长期收益比短期收益更敏感。资本利得税的边际税率与纳税人确定资本利得的可能性有关：税率越高，纳税人主动申报资本利得的可能性越小。资本利得税的税率与资本预期收益率之间也存在相互作用的关系。

2.4 证券市场个人资本利得税

Jennifer L. Bounie；Jana Smith Raedy；Douglas A. Shacklford（2003）的研究发现资本利得税对股票交易有影响，主要由于资本利得税的政策会使得符合条件部分股票的税收成本降低，从而导致股票的回报率上升，而交易量下降。Hwee - yong J. Jang（1994）使用标准时间研究法研究了《1986 年税收改革法案》对股票收益的影响，研究结果表明降低资本利得税税率会使投资者更青睐低收益率的股票，同时导致股票股价的变动。Shackelford，Douglas A.（2000）利用美国 1997 ~ 1998 年税制改革的数据研究资本利得税对股票价格的影响，研究结果表明资本利得税政策对股票价格影响明显，同时，股票价格对税法变革信息十分敏感，通常在信息宣布后股价会迅速完成相应的调整，这些股价的变动通常是非常显著的。Slemrod，Joel（1982）研究了资本利得税的锁住效应，研究结果显示资本利得税会影响投资者的年终投资组合决定，这种影响会体现在 12 月的普通股交易量上，结果证明资本利得税是导致年末股票交易量异常的主要因素。Lang，Mark H.；Shackelford，Douglas A（2000）对美国 1997 年税制改革的研究发现，资本利得税的是股票定价中的一个重要的因素。William A. Reese，Jr.（1998）研究了 1986 年《税收改革法案》之前发行的首次公开募股样本以及 1986 年《税收改革法案》之后首次公开发行的样本，研究结果表示税收会对投资者产生激励效果，并可能影响股票的数量和收益，在满足长期条件之前折价的股票在满足长期条件之后表现出了数量的增加和收益的减少。Peter Klein（1998）分析了资本利得税与投资者策略以及股票均衡价格之间的关系，研究结果表明立即确认亏损和自愿递延收益可能不是投资者的最佳选择。另外，应急资本利得较大的投资者持有的股票均衡价格较高，而应急资本利得较小的投资者持有的股票均衡价格较低。

崔百胜（2008）通过构建无限期的动态规划模型研究资本利得税的税率与股票收益波动程度、股利支付率与股票价格的关系，结果表明高股利支付率的股票价格较高，低股利支付率的股票对资本利得税的税率反映更为敏感。王哲兵（2008）对比了美国、英国、法国以及我国的股权期权激励的税收处理方式，研究结论显示我国的经济体制与西方国家不同，上市公司中很大的比例是国有企业，经理人或主要管理人主要是由国资委等上级主管部门指定的，因此应当对提前行权的股票期权课以重税。阮永平（2008）认为资本利得税对证券市场的影响主要有五个方面：一是在市场价格波动方面，资本利得税通过提高交易成本降低噪声者的交易频次，从而降低证券交易市场的波动性；二是对市场价格的影响，资本利得税增加了投资的成本，导致证券产品的需求减少，导致证券市场价格水平的整体下降；三是对流动性和成交量的影响，资本利得税会对资本造成锁住效应，从而降低证券市场的流动性；四是对市场的调整功能，对于成熟的证券市场，资本利得税会起到“自动稳定器”的功能，对于不成熟的证券市场，资本利得税会抑制股市上涨或促进股市下挫；五是对市场效率的影响，影响市场效率最直接的因素是价格信号，资本利得税会提高证券交易成本，使得市场价格信号不能真实反映市场供需，从而降低市场效率，也有可能开征资本利得税后会重点打击噪声交易者和无信息交易者，从而对证券市场失真的信息进行修复，进而提高市场效率。

Bugeja, Martin. Silva Rosa（2008）通过对澳大利亚资本利得税的研究发现股权收购支付对价的方式与资本利得税政策有显著的关系，自 1999 年 12 月起，澳大利亚以股票置换其他公司的股票可以选择延迟至股票出售后缴纳相应资本利得税，在该政策是实施后，选择以股权方式支付对价的比例大大提高了。Margot Coesens；Jana De Wilde（2015）分析了资本利得税与家庭风险规避之间的关系，通过对 15 个国家对照研究发现，资本利得税与风险规避之间关系显著，在征收资本利得税的国家，家庭面临更小的投资风险。

Todd Sinai and Joseph Gyourkoa（2004）通过对美国 1997 年税收减免研究发现资本利得税税率的降低导致公司股价的降低，也就是导致资产价格的下降。Calegari；Michael Joseph（1996）分析了资本利得税与资产价格的关系，研究表明当无风险利率为负且投资者获益时，增加目前或未来的资本利得税税率会对增加资产的价格产生负面影响，但当无风险利率为正时，结果却不一定。Harry Huizinga; Johannes Voget; Wolf Wagner（2018）分析了跨境交易中资本利得税对权益价值的影响，研究结果表明资本利得税税率每增加1%会相应导致权益价值降低0.3%左右，资本利得税提高了企业的资本成本，在经济高速增长和股票市场估值较低的国家，隐含的资本利得税负担会更高。林天义（2009）指出税收待遇和风险程度共同影响金融资产的价格，但是两者之中风险程度的影响程度要更大，更严重的是资本利得税直接提高了资本的交易成本，降低了市场的流动性和交易量使得市场价格不能充分反映市场信息。

2.5 房产交易个人资本利得税

C. Fuestw（2004）① 对房地产交易资本利得税进行了研究，结果证明资本利得税会使得房产价格波动性增加并将财富从穷人转移到富人，此外，资本利得税可以减少高收入者的损失，降低收入者的收益。美国1997年税改后对房屋所有人获得的50万美元以下的资本利得免税，Hui Shan（1997）研究了1982～2008年波士顿地区16个富裕城镇的住宅交易数据，研究结果显示1997年税改降低了资本利得税的锁住效应，1997年以后房屋收益50万美元以上的半年销售率提高了0.4～0.62个百分点，但对资本收益50万美元以下的房屋销售没有显著影响，另外，每增加1万美元的资本利得税会使得半年房屋销售率降低0.1～0.2个百分点。Englund, Peter（1986）研究了资本利得税对自住房总需求的影响，研究结果表示资本利得税影响房屋价值，较高的资本利得具有锁住效应，例如，消费者会选择将房屋保有两代人，在锁住效应的影响下，房屋的总需求增加。Englund, Peter 认为在资本利得税税率水平较低时增加税率会减少总需求，而在税率水平较高时由于锁住效应的存在，增加资本利得税税率会增加总需求。Hoyt, William H.（1992）通过对1986年《税收改革法案》效果研究发现，降低资本利得税的税率会减少住房需求，导致处于困境的家庭购买更便宜的房子，另外，税收超额负担会随着资本利得税税率的增加而增加，该优惠政策带来的收益与无谓损失在高收入家庭中占比较大。Zachary William Richards（2009）研究了资本利得税与劳动力流动的关系，研究结果

① C. Fuest、B. Huber、SB. Nielsen. *Capital gains taxation and house price fluctuations.*

证明资本利得税的降低提高了有较大资本利得的居民搬迁至其他地区的可能性，也就是资本利得税有利于劳动力的跨地区流动。Per Lundborga；Per Skedingerb（1998）通过1984～1990年瑞典房地产市场的研究发现资本利得税的锁住效应对收入较少的家庭比较明显，锁住效应的大小主要取决于收入损失的程度。Peter Englund（1985）研究了自住房交易资本利得税的实现税与应计税。

陈杰（2013）运用西方经济学的理论对开征资本利得税对二手房交易市场的影响进行了比较系统的分析。他认为对个人交易房地产征收资本利得税会涉及“锁住效应”与“资本化效应”两个方面，“锁住效应”是指资本利得税会导致供给减少，二手房持有者为了避免缴纳税款而推迟出售房产，或在二手房出售时提高价格；“资本化效应”会抑制二手房的购买需求，另外因为资本利得税的存在会导致出售价格的下降。“锁住效应”的强弱程度取决于二手房的持有成本、房主的预期，同时相比于投资性住房，自住型房屋的“锁住效应”更加明显；“资本化效应”是指房地产预期回报率下降造成二手房的需求下降，房地产需求中投机成分越高则“资本化效应”越大，相比于投资性住房，自住型房屋的“资本化效应”相对较弱。另外，房地产市场由于特属性具有“首付效应”，是指在资本利得税的作用下会导致房主将税负转嫁给购房者，从而导致购房者的首付增加，将会对资金流动性要求比较高的购房者进行挤出。因此，而二手房交易的实际价格取决于“锁住效应”“资本化效应”“首付效应”的综合作用，如果“锁住效应”的效果强于“资本化效应”与“首付效应”的总效果则会导致二手房交易价格的上升，如果“锁住效应”的效果弱于“资本化效应”与“首付效应”的总效果则会导致二手房交易价格的下降。陈杰认为我国房地产中需求弹性较弱，供给方弹性较强，开征资本利得税有很大的可能性会推高二手房的交易价格，为了稳定房地产价格，在出台资本利得税时一方面应当与房产税等政策相配合，增加房产的持有成本，另一方面要保护自住型住房需求，对出于改善而出售二手房征收的个人所得税在再购住房时应予退还。

2.6 创业风险投资资本利得税

创业风险投资是指向未成熟、高成长、竞争力强的创业企业提供股权投资，并提供配套的经营管理服务，在被投资企业成熟后进行股权转让获取收益的中长期投资行为，对创业风险投资企业征收的资本利得税本质上是股权转让资本利得税其中的一种。关于创业风险投资重要性的研究有：Bertoni, Fabio; Colombo, Massimo G（2011）通过 Gibrat - law 动态面板数据模型证明了风险投资对于公司产生积极的影响，尤其是刺激了以新技术为基础的公司，同时风险投资对就业增长也有积极的意义。Christian Keuschnigg, Soren Bo Nielsen（2004）认为美国蓬勃发展的风险投资部门是提升国家创新力的主要力量，研究发现资本利得税的存在会造成福利损失，资本利得税是发展高质量风险投资的主要障碍，但是高效的税收政策设计可以提高风险资本融资的质量。

创业风险投资对处于创立期的企业具有十分重要的作用，而创业风险资本对税收政策十分敏感。Carolin Bock; Martin Watzinger（2019）通过分析2000～2012 年在 32 个国家的 61 558 笔个人投资者对资本利得税的反映发现较高的资本利得税会导致企业得到较少的启动资金并会减少获得第二轮筹资的概率。Stefano Bonini; Senem Alkan（2012）认为有利且强大的社会政治、良好的创业环境以及健全的法律制度对于风险投资的影响非常大，这其中也包含税收因素。Cumming, Douglas J.（2005）分析了 1991～2003 年加拿大和美国12 363 个风险投资，研究结果发现资本利得税对于投资合同的签订有重要影响。Keuschnigg C.，Nielsen S. B（2002）认为资本利得税对企业家数量的增加有负面效应。

潘玉香（2012）整理了美国资本利得税的发展过程，并通过实证证明资本利得税率每降低一个百分点会使得创业投资额平均增加 3 600 万美元，美国通过调整资本利得税率促进了创业风险投资产业的发展，我国应当以立法的形式对创业投资资金进入、退出、成果转化等过程涉及的税收政策予以明确，同时通过扩大税收优惠覆盖面的形式引导更多的创业投资机构投资中小企业。郝正飞（2009）指出对资本商品征收资本利得税会使风险投资的风险程度与资产收益均有下降，另外通过分析美国 1946～1996 年的资本利得税税率与风险投资规模与效果得出资本利得税与风险投资之间具有负相关关系，降低资本利得税的税率将对创业投资产生直接的推动作用。路瑶（2003）认为创业资本对资本利得税最为敏感，因为创业资本是在新型企业创设的初期进行投入，这些企业在初期面临的技术与市场风险非常高，基本不会向股东支付股息红利，因此，风险投资的投资目的都是为了实现资本增值，这正好是资本利得税的征税范围，资本利得税就成为风险投资发展的最重要的税收壁垒之一，在资本利得税的税制设计时应当特别注意。

2.7 锁住效应研究

锁住效应会影响资本的配置效应，造成资源配置的扭曲。Poterba，James and Scott Weisbenner（2001）认为资本利得税会对资本造成严重的“锁住效应”，会减少股票的供给从而提高了股票的价格。Richard W · Kopcke.（1989）认为资本的增加与资本利得税密切相关，资本利得税的税率越高则企业权益融资的成本越高，提高资本利得税的税率会导致企业成长步伐放缓。Weisbach，David A.（2017）研究了股息税收政策与资本利得税的关系，研究结果显示资本利得税会产生“锁住效应”，会相应增加销售资产或再投资的回报率，利用数理模型推理的结果显示“锁住效应”决定了最优股利支付方式，增加了投资者所需的投资回报率。Benjamin C. Ayers（2007）通过对美国1986年与1997年税收改革的研究发现，没有证据表明个人资本利得税会对公司收购活动产生显著影响，也就是说个人资本利得税造成的“锁住效应”仅对于受该税率约束的个人有影响。Landsman，Wayne R.；Shackelford，Douglas A.（1995）研究了资本利得税的“锁住效应”与股票价格之间的关系，研究结果显示在股权收购中，资本利得税的锁住效应给供给曲线施加了向上的压力，导致出售股票的价格与税基之间存在负相关的关系。Zhonglan Dai；Edward Maydew；Douglas A.（2008）分析了资本利得税对供给与需求的影响，资本利得税同时具有资本化效应与锁住效应，资本化效应是指资本利得税减少需求，锁住效应是指资本利得税减少供给，两者在不同的时期可能都会占据主导地位。以1997年的《纳税人减免法》为例，在新闻公布后的几周资本化效应为主导，在税率生效后的几周锁住效应占主导地位。林天义（2009）认为在资本配置效率方面，资本利得税产生的“锁住效应”会影响资本的交换效率，阻碍资本的流动性导致资本配置效率的扭曲。美国学者Stiglitz（1983）将“锁住效应”分解为交易效率与生产效率两部分，交易效益是指资本利得税对市场运作与交易的影响，生产效率是指资本利得税对所有权转移与生产经营的影响，资本利得税与“锁住效果”成正比。

2.8 本章小结

2.8.1 研究偏重股票市场研究

资本利得是资本资产出售、交换等处置取得的增值收益，从形式上来看主要分为处置股票、债券、房地产、书画、古董等资本取得的所得，但是在对资本利得税的研究中的占据绝大多数的是对处置股票资本利得税的研究。原因主要有：

第一，股票投资的高风险高回报经常引起社会的关注。尤其是股票的“打新”更是众多股民在股票市场投资中最为关注的板块，在股市暴涨阶段会涌现出很多要求开征资本利得税的声音，这也体现在对于资本利得税的研究最为集中的时间为2008年，在此前，上证指数从2006年的1 400点一路狂飙到2007年10月31日6 100点，股票市场巨大的资本收益让很多学者提出要开征资本利得税来调节收入，之后，随着股票市场由牛市进去熊市，关于资本利得税的研究也迅速萎缩，直到目前每年见诸期刊的资本利得税的文章也是零零星星；

第二，其他投资渠道匮乏。对于普通大众，买房与买股票是两大重要的投资手段，采取投资古董、字画等收藏品的个人比较少，尽管该类藏品投资的增值是非常高的，由于单品价值高、专业性强等原因，难以引起大众的广泛关注，相应对该类投资的资本利得征税问题也关注较少。

2.8.2 同意开征资本利得税

对于我国是否开征资本利得税，绝大多数的学者的意见比较一致，开征资本利得税是大趋势。主要原因有：

第一，开征个人资本利得税有利于资本市场的健康发展，尤其是股票市场中的“恶炒小盘股”、操纵股价、内幕交易等情况将得到遏制；

第二，开征资本利得税有利于调节社会财富不平等，体现差别征税的理念；

第三，在目前我国的税法体系中实际对资本利得进行了征税，例如个人所得税中对“财产转让所得”进行征税以及土地增值税均体现了对资本利得进行征税，开征资本利得税法律障碍不太大；

第四，国际上许多国家都对资本利得进行征税，实践证明取得了比较好的效果。

学者们对于何时开征资本利得税从不同的角度给出了自己的意见。比较有代表意义的有：敖汀认为，只有确立了资产注册登记制度与资产评估制度才能考虑开征资本利得税；林天义认为，在市场衰退期不适合开征资本利得税，在复苏期可以开征低税负水平的资本利得税，虽然需要对资本利得进行课税，但是国际上资本利得税的形式呈现多样化。

2.8.3 资本利得课税范围的观点较为一致

研究者对于个人资本利得税的课税范围意见比较一致，即应当遵循实现制，资本利得课税应当建立在交易的概念上，只有当财产以出售、交换等方式进行处置后才能确认相应的资本利得与损失，而在财产持有过程中的应计的财产价值的变动不纳入资本利得的征税范围，以实现制为基础增强了实际征管的可操作性。

在我国具体政策实施上，各学者的观点有所差异。部分学者认为资本利得的征税范围具体分为有价证券资本利得、不动产资本利得、有形动产资本利得以及无形资产资本利得四个组成部分，应当对四部分全部征税，而有些学者建议目前只对不动产资本利得与金融产品资本利得两项进行征税。在计算资本利得的计税基础时应当考虑鼓励个人资本利得再投资，设立递延纳税性质的税收优惠政策。

2.8.4 不同资本市场的研究侧重点有所不同

对于不同市场的个人资本利得课税研究内容是最为丰富的，各学者从不同的角度对资本利得课税的经济效果进行了研究，主要的研究内容有：证券市场资本利得税、房产交易资本利得税以及创业风险投资资本利得税，由于不同资本市场之间存在较大的差异，研究的侧重点也有所不同。

资本利得税对证券市场的影响是多方面的，对价格、股票均衡价格、交易量、收益率、波动性、支付对价的方式以及投资风险方面均有影响，同时，资本利得税对资产价格也有影响，税率降低会导致资产价格下降，税率上升会导致权益价值降低，也有学者认为资本利得税对资产价格的影响不是一定的，与资产所涉及的风险程度共同影响资产价格。

资本利得税对房地产市场的影响主要表现在房地产销售量、总供给与总需求方面。降低资本利得税税率会增加房地产的销售量，同时，资本利得税会对劳动力的流动性产生影响。资本利得税会影响房地产市场的总供给与总需求，资本利得税会产生两种经济效应："锁住效应"与"资本化效应"，其中，"锁住效应"是指资本利得税会导致供给减少，"资本化效应"会抑制二手房的购买需求。

资本利得税对创业风险投资的投资额的影响，一般认为创业风险投资对资本利得税非常敏感，课征资本利得税会降低创业风险投资的积极性，这就决定了在资本利得税制的设计过程中要特别注意对创业风险投资的影响，在不破坏整体税制的基础上对创业风险投资给予相应减免税政策。

2.8.5 国内缺乏对资本利得税的实证分析

目前关于资本利得税的实证研究主要都在国外，国内几乎没有对于资本利得课税的实证分析，原因主要在于：

第一，国内没有资本利得的概念且个人资本利得征税时间较短。在我国的税制体系中并没有资本利得税的概念，个人资本利得税仅反映在个人财产转让所得以及土地增值税两个方面，两者均是从1994年开征的，开征时间较短，20多年来税率也未发生过改变。相比之下，美国对于资本利得的征收时间较长，在1986年、1997年、2003年的税制改革中税率与课税方式均有改变，具备进行实证分析的基础。

第二，关于个人资本利得所得及税收的数据难以获得。一方面，有关个人转让财产所得税收收入的数据是从2000年以后才开始公布，且已公布的数据并不全面，仅单独列出了个人转让房屋与限售股的税收收入；另一方面，国家并未公布个人转让财产所得的相关数据，以2013年国家统计局开展的城乡一体化住户调查为例，并未对包含财产转让溢价所得的"非收入所得"数据进行统计公布，数据的缺失使得有关我国资本利得课税的实证分析非常困难。

因此，目前多数的研究都采用的是理论分析为主，个别的学者对资本利得税的经济学作用原理进行了分析，实证分析的缺乏使得资本利得税制体系的完善与改革缺乏数据支撑。

3 个人资本利得课税理论分析

3.1 主要概念

3.1.1 资本与资本资产

在政治经济学概念中，资本是指在物掩盖下的一定的生产关系。在西方经济学中，许多经济学家都对资本有独特的理解。亚当·斯密认为资本是一切能够带来收入、利润的资财，或是能产生“收益”的财富，资本的规模也是参与财富分配的依据之一。柯尼斯（1885）认为资本无论是否耐用，只要能为将来适用，就是可以称为财富，穆勒根据资本家利用财富的动机来定义资本，欧文·费雪将资本定义为资金的存量。依照现代西方经济学的范畴，资本泛指一切投资再生产过程的生产资料，包括有形资本与无形资本，是与经济增长相关联的概念，具体可以划分为物质资本、人力资本、自然资源、技术知识。陈明竹（2017）[①] 在对资本利得税进行研究时将资本性资产定义为资产中的子概念，资本性主要注重资产的投资属性，持有目标是为了保值增值。

在会计学的中，资本与资产的范畴基本相同，资产是指由企业过去的交易或事项形成的、由企业拥有或者控制的、预期会给企业带来经济利益的资源，按照流动性可以将资产分为流动资产、长期投资、固定资产、无形资产和其他资产。在《美国税法典》中将资本资产定义为纳税人持有的、不用于日常经营出售给客户的，也是不在交易或者经营活动中可以折旧的资产。如果某些财产在交易或经营活动中进行折旧但不会出售给客户，可以适用优惠税率。

结合本书的研究范围，资本是指能为个体带来经济利益流入、个体拥有所

① 陈明竹：《我国资本利得课税问题研究》，东北财经大学 2017 年论文。

有权的资产，既包括具有物质形态的房屋建筑物、收藏品，也包括不具有物质形态的股票、证券、专利权、特许权等。

3.1.2 个人所得与分类

从词源来说，“所得”的英文表述为 income、gross income、net income、taxable income、gain，income，可以翻译为“所得”或“收入”，gross income 为毛收入、总收入，net income 为纯收入、净收入，taxable income 为应税所得，在税收学上被称为应纳税所得额，gain 为收益、增益。Capital Gain Tax 为资本利得税通用的表述，英国也采用这个表述。一般意义上的所得是指经济主体（自然人、法人）通过一定方式而获得的某种收获和收益。① 个人所得为个人在一段时间内获得的经济力量的增加，经济力量包含个人效用水平的提高也包括个人增加的储蓄。从核算的角度来说，所得包括个人取得经常性所得、偶然所得、周期性所得、临时性所得。

依据个人取得所得所利用的资源对所得进行分类，可以将个人所得分为资本创造的所得、劳动力创造的所得、资本与劳动力结合创造的所得。其中，资本创造的所得包含资本存续收益所得与资本利得，劳动力创造的所得主要是指劳动报酬所得，资本与劳动力结合创造的所得为生产经营所得。具体参见图 3－1。

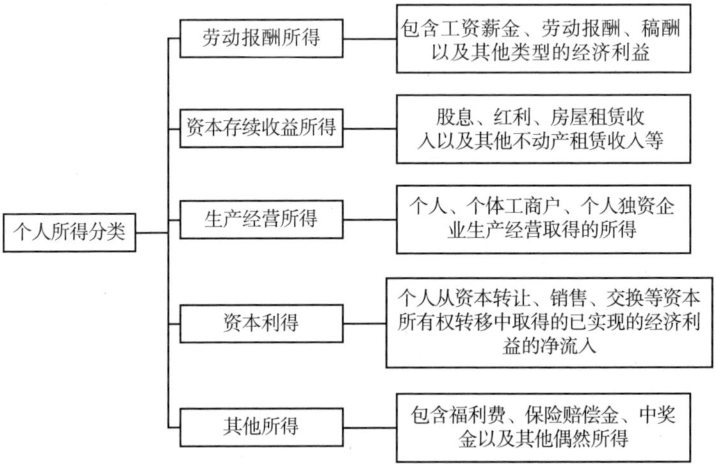

图 3－1 个人所得分类及主要内容

① 《资本利得课税研究》小组著：《资本利得课税理论与实践》，中国税务出版社 2004 年版。

（1）劳动报酬所得。

劳动报酬是指自然人凭借拥有的劳动能力取得的所得，包括个人通过任职受雇或提供劳务服务等取得的所得。具体包括工资薪金、劳务报酬、稿酬以及其他劳动报酬取得的货币、实物以及其他经济利益。

（2）资本存续收益所得。

资本存续收益是指自然人凭借对资本的所有权在资本存续期间取得的相关所得，资本包括物质资本与非物质资本。按照上述研究，资本是指能为个体带来经济利益流入的、个体拥有所有权的资产，物质资本包括货币、房屋建筑物、收藏品，非物质形态的资本包括股票、证券、专利权、特许权等。从形式看上，股息红利、房屋租赁收入以及其他不动产出租收入等都归属于该类别。

（3）生产经营所得。

生产经营所得是指自然人凭借劳动力与资本相结合取得的所得，具体是指个人从事服务业、农业、建筑安装业、交通运输业等行业生产经营取得的所得，在现代经济社会中，服务业的生产经营所得应当占据个人生产经营所得的绝大多数。在我国个人所得税法中的经营所得是指个体工商从事生产经营活动取得的所得，个人从事办学、医疗、咨询等有偿服务活动取得的所得，个人对企事业单位的承包承租经营以及转包转租所得。

（4）资本利得。

个人资本利得是指个人从资本转让、销售、交换等资本所有权转移中取得的已实现的经济利益的净流入，经济利益净流入包括取得的现金、货币、实物以及其他形式的经济利益。

（5）其他所得。

其他所得是指个人从以上途径之外取得的所得，取得时一般不需要支付对价或支付很少的经济对价。具体包含：福利费、保险赔付金、经济补偿金、中奖金以及其他偶然所得。

以上资本存续收益金与资本利得都来源于资本资源，区别在于资本存续收益金是在资本占有期间取得收益，而资本利得的取得伴随着资本所有权的转移。

3.1.3 个人资本利得

3.1.3.1 个人资本利得的界定

资本利得是指从资本性资产转让或销售中获得的利润，即已实现的资本性资产的收益，其中资本性资产是指纳税人长期持有或使用的资产，具体包括土地、建筑物、机器设备、有价证券、商誉、专利权、特许权等资产。[①] 总体来说，在个人资本利得的确定上有一些共识：

第一，资本利得是在资本资产转移处置过程取得的；

第二，用于取得资本利得的资本资产应该与取得经营所得的资本资产进行准确划分；

第三，一般只对已经实现的资本利得进行课税。

本书将个人资本利得定义为个人从资本转让、销售、交换等资本所有权转移中取得的已实现的经济利益的净流入，经济利益净流入包括取得的现金、货币、实物以及其他形式的经济利益。在资本利得的定义中有两个要点：

（1）资本所有权要发生转移。

这主要是为了区别资本存续收益所得与资本利得，从法律所有权的角度对资本的归属进行明确，只有拥有所有权的资本资产权属发生转移时产生的利益流入才是利得，权属没有发生转移时产生的经济利益的流入为资本存续收益所得，资本存续收益与资本利得都来源于资本资源。按照《物权法》的规定，物权主要包含所有权、用益物权和担保物权三种主要形式，资本存续收益金是指在资产占有期间取得收益，个人凭借资产的用益物权与担保物权取得的所得，而资本利得是个人转让资产所有权取得的。

（2）取得已经实现的经济利益的流入。

主要有以下三点：第一，未实现的利得即纸上利润，资本本身具有增值性，在政治经济学中资本为被称为运动中的价值，资本只有顺利通过购买、生产、售卖三个阶段才能生产并实现剩余价值，资本是一种运动中的价值。也就是说在一般情况下资本在存续期间的价值是纸上利润（paper profit），增值也体现在账面上。第二，自然人不具备按照权责发生制核算资本的条件，无法对未实现的收益进行准确地核算，对未实现的利得进行课税会极大增加征纳成本，不符合税收效率原则。第三，对未实现的个人资本利得进行征税从政治上也是难以实施的，按照权责发生制计算的收益并未取得实际的经济流入，会影响个人的资金周转，必然会引起纳税人的强烈反抗，进而影响社会稳定。因此，在对资本利得进行课税时一定要是已经实现的。

---

① 资本利得课税研究小组著：《资本利得课税理论与实践》，中国税务出版社2004年版。

3.1.3.2 个人资本利得的分类

根据被处置的资产所属类型，个人资本利得大致可以分为以下几类：

第一，有价证券利得，是指个人转让、销售、交换等形式处置股票、基金、债券、外汇、理财产品、信托、非货物期货等金融产品等获得的利得。

第二，不动产利得①，是指个人以转让、销售、交换等形式处置不动产取得的利得。不动产是指不能移动或者移动后引起性质、形状改变的财产，包括建筑物、构筑物等，建筑物包含住宅、商业营业用房、办公楼等可供居住、工作或者进行其他活动的建造物；构筑物包括道路、桥梁、隧道、水坝等建造物。

第三，有形动产利得，是指个人以转让、销售、交换等形式处置机器设备、车船、收藏品、艺术品等有形动产取得的利得。

第四，无形资产利得②，是指个人以转让、销售、交换等形式处置土地所有权、商标权、专利权、著作权、专利技术、自然资源使用权以及其他权益性无形资产取得的利得。其中自然资源使用权，包括土地使用权、海域使用权、探矿权、采矿权、取水权和其他自然资源使用权。其他权益性无形资产，包括基础设施资产经营权、公共事业特许权、配额、经营权、经销权、分销权、代理权、会员权、席位权、网络游戏虚拟道具、域名、名称权、肖像权、冠名权、转会费等。

3.1.3.3 个人资本利得特点

（1）不确定性。

个人资本利得课税存在不确定性，是指个人获取资本利得的金额具有偶然性、临时性以及难以预测等特征，这些特征导致对个人资本利得的估计十分困难，资本市场是十分活跃瞬息万变的，交易价格在短期内会产生剧烈波动，对资本利得金额的确定造成了很大的困难。

（2）隐蔽性。

个人资本利得课税的隐蔽性表现在两个方面：一是税基的虚拟性③。从价值创造的角度看，部分资本利得（例如金融商品利得）的税基具有整体零和的特点，资本市场的交易并不产生实际的价值增值，收益只是在不同的投资者

①② 参照《财政部、国家税务总局关于全面推开营业税改征增值税试点的通知》（财税〔2016〕36号）附件一。

③ 尹音频著：《资本市场税制优化研究》，中国财政经济出版社2006年版。

之间转移。二是资本交易的时间、价格比较隐蔽，税负测算难度大。资本交易，尤其是二级市场的股票交易不需要所有权的登记，因此相对比较隐秘，另外，资本利得的获得很难预测，从而导致个人资本利得课税整体比较隐蔽。

（3）收益生产周期较长。

除了部分投机性资本资产，如购买的投机性股票证券等，多数资本资产的流动性很弱，这主要是资本性资产价值较大而导致的交易过程缓慢，因此，绝大多数资本资产的交易周期都很长，形成收益具有累积效应，在此时如果适用累进税率，就会使纳税人在资产处置当期的税收负担较重，所以在资本利得税制设计中要充分考虑资本利得实现周期较长的特点。

（4）征收管理的复杂性。

个人资本利得税征收管理的复杂性表现在：

第一，资本利得税制设计难度大。各国在个人资本利得课征实践中差异很大，英国单独设立资本利得税、美国将资本利得作为所得的一部分进行课税、德国则完全依据是否经过市场交易来确定是否课税。此外是否要进行亏损弥补、是否进行通货膨胀调整也是个人资本利得课税中的争议焦点，如何科学地区分投资利得与投机利得更是税制设计的难点，既要保证税收收入又要保护投资不被侵蚀则是重中之重。

第二，征收管理难度大。资本市场不同于实物交易，资本市场包含基础金融产品市场、衍生金融产品市场、无形资产市场，这些资本利得由于没有实物形态、核算复杂、抽象程度高、市场价值确定难，使其计征具有相对的复杂性，对税务机关提出了新要求。

第三，对信息化的要求高。虽然近些年信息技术水平快速提升，但不可否认政府机关之间存在的“信息孤岛”现象，每个机关的数据信息都是由本部门的信息中心管理，适用自己的数据库、操作系统、开发的软件，数据共享程度比较低，即便存在信息共享机制，各部门也需要“等审批、走流程”，共享时间较长会延误征税的最佳时点。对于资本利得征税需要市场监督部门、税务、金融机构、证券机构、不动产登记部门之间实时共享信息，资金流动信息要与所有权登记信息相互印证，这些都离不开实时有效的信息共享。

3.1.3.4 个人投资所得与个人资本利得

投资的概念适用非常广泛，广义的投资是指国家、企业或个人为了特定的目的与对方签订协议以实现促进社会发展、经济增值等目的而输送资金的过程。狭义的投资是指特定的经济主体为获得收益或资金增值，在一定期间内对某领域投放资金、实物或其他等价物的经济行为。本文的投资主要是指狭义的投资，结合我国的经济情况，目前个人主要的投资种类有：房产、债券、股票、基金、银行理财产品、贵金属、保险、信托、书画古董、民间借贷等。由于投资所得与资本利得有千丝万缕的关系，在研究中经常把投资所得与资本利得的概念进行混淆，为了区分这两个概念，在本节中从以下几个方面对两者之间的关系进行分析。

（1）均源于资本的利用属于消极所得。

所得创造中可以利用的要素主要有三种：劳动力、资本、资本与劳动力的结合，一般把依靠劳动要素取得的所得称为积极所得，依靠资本要素取得的所得称为消极所得。投资所得与资本利得均属于依靠资本要素创造的价值，属于消极所得，这也是导致投资所得与资本利得边界不清最重要的原因。投资是获得持续性经济流入或一次性的资本利得，投资取得的所得包含资本存续收益所得与资本利得两种所得形式；资本利得的获得机会对同一项资本资产只有一次，在所得形式上只能在资产所有权转让时获得。从两者取得的所得类型看，投资所得要比资本利得更为广泛。

（2）持有的目的。

依据资本资产持有的目的，个人取得的资本利得与个人投资所得是交叉关系（见图3－2），只有个人以获得转让差价为目的转让资产时，可以认为投资所得等于资本利得。个人通过处置财产取得资本利得可能是为了获得转让差价，也可能基于其他目的，例如个人改善住房条件而换房等。个人的投资目的是为了获得经济收益，收益的形式包含资本存续收益所得和资本利得，例如个人购买理财产品获取收益或个人购买住房取得房租就是个人投资取得的资本存

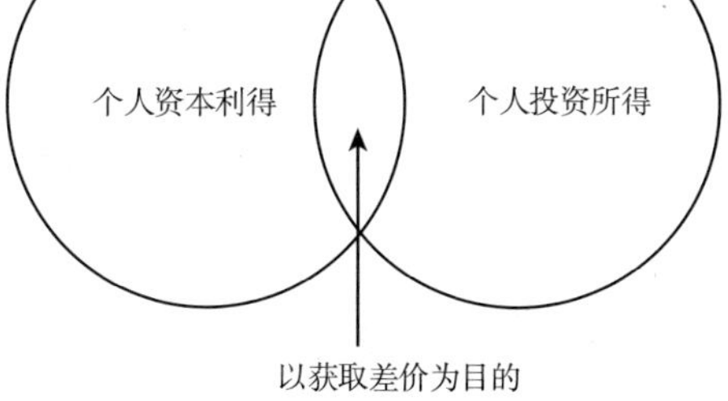

图3－2　个人资本利得与投资所得关系图

续收益。因此，从持有的目的来看，投资是十分明确的，资本利得的获取目的有时会非常模糊，其目的相比于投资所得更加的宽泛，处置资本资产可能是自用、生产经营或获取利得。因此，只有个人以获得财产转让差价为目的时，个人投资所得与个人资本利得是等值的。

例如，甲 2016 年花费 100 万元购入了一套房产 A 用于居住，2017 年甲的收入增加决定改善居住条件又购入了房产 B，此时将 A 用于出租，每月取得 1 万元的租金收入，2018 年甲以 150 万元将该住房出售。在以上例子中房产 A 在取得是并非基于投资，但是由于后期变化 A 不再自用时可以将其视为投资，每月取得的 1 万元的租金收入应当为投资收益，A 出售时取得的 50 万元（出售价格 150 万元减去成本价 100 万元）为资本利得。

（3）获取收益同时是否伴随所有权的转移。

投资获得收益并不一定要将资本投资的所有权进行转移，在资产持有的期间也是可以获得收益的，相比之下，由于发生所有权转移是实现资本利得的必要条件，因此资本利得取得的同时必然会伴随所有权者发生变更。具体来说，投资获得的资本存续收益所得并不伴随资产与所有权的转移，只有将投资资产进行处置时才会伴随所有权的转移。例如，部分机构投资者对企业进行股权投资的目的是为了取得分红或者对其生产经营进行干预，此时并未发生所有权转移，只有将投资股权出售时才会使得所有权未发生转移。

（4）收益来源与持续性不相同。

由于有委托—代理关系的存在，投资存续期间的所得主要来源于资本使用者对利润的分配，投资转让时的所得来源于转让差价收益，而资本利得的来源比较复杂多样，主要来源有被投资企业的利润分配情况、市场预期收益水平、通货膨胀程度、持有者所要求的变现速度、持有者本身素质等，以上因素对获得的资本利得数额均有影响。另外，在资本资产持有期间，收益具有持续性与规律性，这时可以认为投资收益具有持续性；资本利得只有在所有权转移后才能获得，不具有可持续性。

3.2 公平理论与个人资本利得课税

3.2.1 资本利得课税符合普遍征税原则

税款的普遍征收是公平原则的重要内涵，威廉·配第认为，国赋应当

“无所偏袒”，“税收负担必须广泛地分配给一般人民”，所有国家公民均应当缴纳税款。阿道夫·瓦格纳将税收公平原则分为普遍原则与公平原则。瓦格纳认为，在人人纳税的基础上要对勤劳所得以及低收入者予以减免税款，但是这不代表不公平。现代税收横向公平理论要求应当对经济状况相同的纳税人以同样税收待遇，社会心理学认为税收公平应当与机会平等、责任共担以及程序正义等概念相关联，对国家公民普遍征税会使得民众达到“正常标准的公平”，使其对自己与他人的关系更为满意。资本利得税制对于普遍征收的意义在于：

第一，普遍征税否定特权阶级的存在。普遍征税的第一要义在于将税收负担分配于所有公民，不应当存在可以逃避纳税义务的特权阶级，并且个人面临的纳税机会是均等的，具体在资本利得课税上，财富的大小不应当作为是否课征资本利得税的标准，是否纳税只需要参照相应的纳税义务是否发生。

第二，资本利得作为所得的具体形式应当纳入所得课税范畴。个人所得分为劳动报酬所得、资本存续收益所得、资本利得、经营所得与其他所得五类，上述五类所得均应当缴纳所得税，这样可以使所得来源不同的纳税人机会均等的承担纳税义务。

第三，普遍征税可以最大限度地减少逃避税款的发生。各类所得之间可以相互转化，股权投资所得可以转化资本利得，股份公司在盈利时可以选择不进行分红，而将留存收益转增股本，从而使得股份公司的总资产增加，相应该公司股票价值就会上升，股东在出售股票时就获得更多的资本利得，所以股息红利就转化为了资本利得，如果税收政策对股息红利征税，但是对资本利得免税，这会使纳税人通过所得形式转换达到合理避税，这对其他纳税人来说是不公平的。

3.2.2 资本利得体现个人支付能力

支付能力说最早是由赛里格曼提出的，与受益的程度相比，以客观的支付能力作为衡量税收公平的标准在现实中也是比较可行的。现代税收理论普遍认可将所得作为课征税款的标准，所得反映了社会净财富的增减变动且所得不容易转嫁，可以反映纳税人真实的纳税能力。在各国所得税的实际征收中，一般将纳税人在一定时期内的收入进行分类加总，减去取得这些收入付出的成本费用得到毛所得，再综合考虑纳税人的家庭负担、生活费用情况进行调整得到征税所得。这样计算得到的所得可以避免对消费的抑制作用，也可以克服财产存量与财产收益的缺陷，也考虑了纳税人负担税款的资金来源，不至于导致某个期间负担过重情况的发生，是目前比较适合作为衡量纳税人支付能力的经济指标，资本利得属于个人所得的组成部分，应当纳入所得税的征税范围。

按照支付能力学说，财产是衡量纳税人支付能力的标的物之一，相应的个人凭借财产物权取得的所得包含资本存续收益所得与资本利得两部分，资本存续收益所得是个人出让财产的使用权取得的所得，而资本利得的取得是个人在转让财产时取得的价差收益，两者均可以提升纳税人经济水平，也使得纳税人负担税款能力的提高，因此，在纳税人取得资本利得的同时进行征税符合支付能力原则，更为全面地体现了纳税人的支付能力，是财产征税的重要组成部分。但对个人资本利得进行征税存在特殊情况：个人取得资本利得为非现金，例如个人以货币性资产进行投资，此时如果对未实现的资本利得进行征税可能会使得纳税人要处置财产进行纳税，会干扰市场正常生产经营活动，因此在各国的资本利得政策中一般对个人取得的非现金形式的资本利得采取延期纳税形式。

3.2.3 资本利得课税体现纵向公平

纵向公平是指在课税方式上以及对待方式上应当给予状态不同的纳税人以不同的税收待遇，经济状况更好的纳税人相比于经济状况较差的纳税人拥有更多可以支配的财产或者会取得更多的收入，因此状况更好的纳税人应当支付更多的税收，相应的境况较差的纳税人应当支付较少的税收。税收心理学的研究结果表明对公平程度的感知是公平观念的基础，人们生理结构中存在对公平理念的认知，在征税上，人们感知富人应当比穷人缴纳更多的税款，而且累进税率比例税率更能体现公平原则，累进程度与当时的经济状况及政府政策目标关系非常大，对不同的所得累进程度也存在很大的区别。

从收入分配的角度，富人所得类型更多，来源也更为丰富，其收入中财产性收入的比重更高，也更容易形成财产财富的积累，财产有存量就有流动，因此，富人相比于穷人会获得更多资本利得。美国经济学家麦克卢[1]（M. Mcelroy）对资本利得与所得分配进行研究发现，资本利得在高所得阶层所占比例要远高于低所得阶层，几乎所有的资本利得都集中在高所得阶层，而且随着财

① 国家税务总局税收科学研究所编著：《西方税收理论》，中国财政经济出版社1997年版。

富水平的上升，资本利得的集聚效应会越来越明显。因此，为了保障税收纵向公平，经济负担能力大的纳税人应当负担更多的税款，在对所得征税时甚至应当实施累进税制才能使得富人与穷人牺牲相等，在表现上对低收入者获得的资本利得以及偶然获得的资本利得予以减免税；对中等收入者获得的资本利得予以轻税；对于财富高度聚集的个人取得的资本利得应予以重税。但有一种情况比较特殊：个人取得资本利得是多年累积的效果。例如个人将持有的多年的房屋进行处置，个人会在当期获得较多的资本利得，此时个人持有财产与财产收益时间上的不匹配，也就是个人持有财产的同时并未取得财产收益，如果要以一次性获取的资本利得金额作为标的进行征税对于纳税人来说可能会造成个别期间税收负担过重，对于该种情况应当设立相应的减免税政策减轻纳税当期的税收负担。

3.3 税收效率理论与个人资本利得

3.3.1 资本利得税的锁住效应

税收效率理论主要体现为税收中性原则。税收中性原则是指国家征税应当除了税款负担外不要再给纳税人增加额外经济负担，也就是理想的税收制度要对纳税主体的生产、消费影响中性，税收不会对资源配置产生扭曲。税收的本质是将国民财富从私营部门转移到公共部门，公共部门再利用取得的税收进行投资、公共消费以及转移支付，只有当政府利用资源产生的效率大于等于私营部门时才不会损害资源配置的效率，但是一般认为在私营部门的效率是要高于公共部门的，因此征税必然会导致资源配置效率降低。

资本利得课税对效率的影响主要集中在资本利得税影响资源配置效率，也就是一般所称的“锁住效应（lock - in effect）”。在市场经济制度下，经济主体可以在价格以及收益率的指挥下自行完成市场资源的优化配置，在不考虑外部性与交易成本的情况下，资源可以自动达到帕累托最优配置状态，但是在存在税收时就会对经济主体的经济行为发生一定的扭曲，个人会依照不同经济行为的课税方式来选择要采取何种措施避免或减少税款的缴纳，例如是否出售、何时出售以及出售多少资产等，有些经济学著作中称之为“替代性经济行为”。资本利得税是对已经实现的财产转让收益进行征税，进而增加投资者要求的收益率水平，例如，在无资本利得税下投资者预期收益率为γ，在征收资本利得税时，投资者预期收益率为γ+Δγ，所以当收益率位于（γ，γ+Δγ）时，由于锁住效应的存在导致投资者放弃资产处置计划，此时就造成了资本的锁住效应。将投资者“锁定”在目前的投资组合中，在资本利得税率较高时，资产的所有者可能会推迟资产销售计划，在资本价格上扬的情形下会进一步导致供给减少需求旺盛，因此会进一步提高资本的价格，反之则会阻碍资本资产的正常流动，降低资本配置效率。

一般来说，资本利得税的“锁住效应”会减少财产供给并提高资产价格，同时也会造成权益融资的成本增加，增加投资者所需要的投资回报率，进而影响资本配置结果，造成资源配置的扭曲。资本利得税的“锁住效应”在证券市场上体现得尤为敏感，资本利得的高税率会降低股票持有人出售股票的意愿，进而影响证券市场的交易速度与股票的流动性，也可能会加强股市的波动性。

3.3.2 资本利得课税有利于完善直接税体系

税收中性原则是由英国经济学家马歇尔首次正式提出的，马歇尔利用供给曲线、需求曲线以及消费者剩余等工具分析了税收损失，根据他的研究成果提出国家税制要以直接税为主，间接税为辅，以尽量降低税收损失，保持税收中性。对直接税进行征税可以最大程度降低对经济活动的扭曲，直接税累进税制可以对收入分配起到积极作用，平均社会财富，缓解社会矛盾；再者，随着经济水平的发展直接税的税源会越来越丰富，对直接税征税可以满足国家财政收入的需要。

个人资本利得税是对个人资产处置征收的所得税，属于直接税，建立完善的个人资本利得税收体系对完善直接税制度，提高直接税的比重有重要意义。个人资本利得税仅对个人已经实现的经济利益进行征税，对商品与劳动的流通影响比较小，对资源配置效率的影响小于间接税，其全面征收符合税收效率原则。

3.4 个人资本利得税与投资

3.4.1 消费型利得与生产型利得

从经济循环理论看，投资是从收入转化而来的，具体到个人投资方面，个人投资是由个人可支配收入转化而来的，个人取得的可支配收入有两个主要的去向：生活消费与投资再生产，个人通过资产所有权转让获取资本利得，取得的资本利得有两个去向：个人进行消费以及投入再生产。因此，按照个人取得资本利得后的使用方式，可以将个人资本利得分为消费型利得与生产型利得两种，消费型利得是指资本资产在转让后形成的所得主要用于个人生活性消费；生产型利得是指资产转让后取得的所得会继续投入到其他生产性资产中创造收益，在有些文献中也称生产型投资为“融资性转换”，见图3-3。对消费型资本利得征税主要是对个人用于个人消费的可支配收入施加影响，从而影响宏观经济的消费需求总量，而对生产型资本利得征税则是对个人用于储蓄投资的可支配收入施加影响，从而影响宏观经济的总储蓄水平与总投资水平。

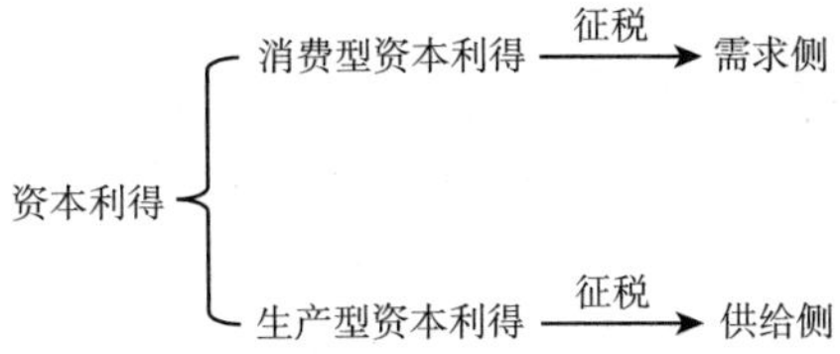

图3-3 消费型资本利得与生产型资本利得

实践中，由于在个人取得资本利得时是难以区分该资本利得到底是属于消费型利得还是生产型利得，只能通过个人的行为表现进行判断：一是依据个人取得资本利得后行为进行判断。若个人将取得的资本利得投入下一项投资时就可以认为这是生产型资本利得。例如，个人以非货币性资产进行投资或个人以技术成果进行入股都属于个人取得了生产型资本利得。如果此时国家宏观政策是以供给侧、促进生产要素发展为导向的，为了提高社会总体投资水平，促进生产技术的发展采取延迟纳税的形式来降低生产型资本利得的税收负担水平。如果个人取得的资本利得是现金，且在一定时期内没有再投资，则可以认为个人此时取得的利得为消费型利得，如此时国家宏观政策是以需求侧为导向的，可以降低税收负担刺激个人增加当期消费。二是依据个人资产的持有时间进行判断。个人持有时间较长的一般是生产型利得，持有时间较短的主要是为了赚取投机差价进行个人消费的，可以认定为是消费型利得，选择合适的标准，将个人资本利得划分为长期资本利得与短期资本利得并分别适用不同的税收政策，为了鼓励个人投资，一般对长期资本利得适用税收优惠。

3.4.2 个人资本利得与宏观调控

根据国家产业经济目标对从不同产业取得的所得适用不同的税收负担水平可以达到宏观调控的目标。

（1）对国家重点支持的中小企业以及高新技术产业予以轻税。

技术进步对于经济发展是非常重要的，根据现在的经济增长理论，科学技术是促进经济增长最重要的因素，中小企业虽然在财政收入的创造方面远低于大型企业，但是中小企业对于创造就业岗位、社会稳定方面有积极的意义。因此在个人资本利得税制设计上要向小微企业与高新技术产业倾斜，具体可以对个人投资符合一定条件的中小企业取得资本利得采取减免税政策；对于个人以技术成果入股予以免税或延迟纳税等。

（2）对虚拟资产的投机行为予以重税。

抑制投机行为对于保障投机市场稳定有非常重要的意义，以我国股票市场为例，换手率远高于其他国家与地区，市场投机气氛浓重，对投机者的出清主要依赖股票交易印花税，但股票交易印花税并不能反映投资者的投资性质与获利水平，因此效果并不理想。资本利得的计算可以反映投资者的获利水平，另外可以通过对投资时间的长短测度投资者的投资性质，对于投资时间较短的投机行为课征重税以降低投机收益率，从而达到抑制市场投机行为的目的。

（3）对民生方面适用减免税政策。

个人转让资产的目的比较复杂，出售资产可能是为了改善生活条件，其中以个人提升生活质量、改善住房条件出售房屋最具典型意义，为了不阻碍劳动力的正常流动、保障居民生活水平的提高，国际上对于个人出售主要住房都有相应的减免税政策，但对于出售非主要住房相应税收优惠水平降低，对于转让取得的资本利得正常征税。

3.4.3 资本利得课税与创业风险投资

从投资的安全程度进行划分，可以将投资分为普通投资与风险投资，风险投资是对新兴产业进行的投资，投资数量较少，投资收益具有很大的不确定性，可能会获得高额的回报，但同时也会承担很大的风险。创业风险投资是指投资人通过对新兴的、迅速发展的、存在巨大竞争潜力的股权性投资，为新兴企业提供资金、管理与生产经营方面的支持，在其发展成熟后通过股权转让获得高收益。创业风险投资对于经济水平的提高、科技含量的增加都具有重要作用，有学者通过实证研究表明，风险投资可以为市场创造50%～80%的就业机会①，但创业风险投资自带的高风险属性使得许多投资者望而却步。

资本利得税负与资本的形成规模直接相关，根据托宾模型可知投资者的投资决策取决于资产的预期收益和投资风险程度两个因素。创业风险投资对税收十分敏感，创业风险投资愿意介入的前提一定是存在高额收益，如果此时资本利得税率较高会直接降低收益水平，在高风险低收益的组合中，新兴行业与技术很难得到风险投资的青睐。

为了促进创业风险投资的繁荣，应当对创业风险投资获得的资本利得采取轻税的政策。在税制设计上可通过降低税率或减计应纳税所得额的方式降低应纳税额从而增加投资者的预期收益率，并通过允许亏损结转等方式降低投资者的投资风险来支持风险投资，促进经济向高质量增长进行转变，对投机特征相对明显的短期资本利得可以适当课以重税，以鼓励长期投资。

3.5　完善个人资本利得课税制度的必要性

3.5.1　资本利得是个人所得的重要来源

依据个人取得所得的来源可以将个人所得分为劳动所得、资本所得以及资本与劳动结合所得三个部分，依据是否保留财产所有权可以将资本所得分为资产保有所得与资产转让所得，而财产转让所得又分为遗赠所得与资本利得。按照所得税宽税基的要求应当尽可能包含各类所得，充分反映个人支付能力，因此，将个人资本利得纳入所得征税范围。图3－4对个人所得进行了详细分类。

3.5.2　有利于增进税收公平

公平理论是税制的设计中最重要的原则之一，税收体现为人民向国家无偿缴纳的财富，自愿性在其中扮演重要的角色，从社会学的角度分析，民众

① 解宏、翟景明："美国资本利得税制的历史演变、原因及借鉴意义"，《涉外税务》2002年第5期。

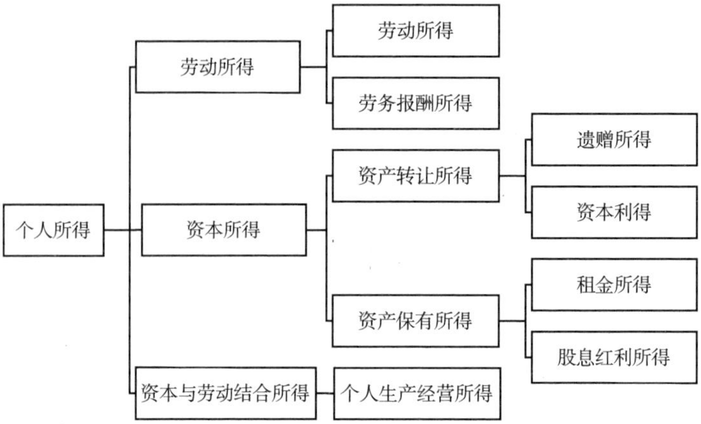

图 3－4　个人所得分类图

的自愿性主要源自道德观念与公正理论，因此，在各税种的设计上要体现税收的公平公正。所得税在出现之初承载了收入分配的重要功能，从税收理论上，间接税容易转嫁，并且具有累退性，不仅不能起到缓和收入分配的作用，反而会使得收入差距加剧，而所得税所代表的直接税一般为累进税率，在一定程度上缓解了间接税带来的累退效果。税收理论中公平原理包含普遍征收与差别对待两个重要方面，对个人资本利得进行课税的公平原理主要体现在：

（1）个人资本利得的实现提升个人的支付能力。

按照个人的支付能力确定应当征收的税款是公平理论的度量方式，按照现代普遍接受的理论，一定期间取得的所得是体现个人支付能力比较常用、现实的计征方式，在个人资本利得的实现过程中伴随着财产权、收益权利的转移以及收益的实现，个人经济实力得到了提高，因此根据公平理论，应当将资本利得计入应税所得，当然在个人资本损失的情况下，应予以一定的抵扣以抵消发生的损失。

（2）劳动所得与资本所得区别对待。

差别课税也是税收公平理论的重要组成部分，差别对待就是要对不同类型的所得不同的待遇，按照所得来源可以将所得分为劳动所得、财产所得与生产经营所得（部分学者也称为积极性所得与消极性所得），从鼓励劳动进行再生产的角度，一般给予劳动所得轻税、非劳动所得适当重税，因此，从鼓励劳动再生产的角度，应当对个人资本利得进行课税。

（3）个人资本利得多集中在富裕阶层，对个人资本利得征税符合纵向公平。

在收入来源结构上，穷人的主要收入来源于劳动与劳务收入，而富人的收入来源呈现出多元化，并且财产性收入的占收入的比重较高，随着富裕程度的提高，占比会越来越大，通过对个人资本利得实施累进税制可以适当增加对富人的税收负担，对个人财富积累的速度有一定的调节作用，实现了收入的再分配作用，符合所得税的纵向公平原则。

3.5.3 提高直接税比重的重要途径

与间接税相比，直接税的优点主要表现在：第一，直接税难以进行转嫁，纳税人是税收负担的承担者，可以最大程度降低对经济活动的扭曲；第二，直接税累进税制可以对收入分配起到积极作用，平均社会财富，缓解社会矛盾；第三，间接税具有一定的累退性，直接税可以更好地体现社会公平；第四，随着经济水平的发展直接税的税源会越来越丰富，提高直接税比重可以满足国家财政收入的需要。

为了充分发挥直接税的作用，我国在 2013 年的十八届三中全会通过《中共中央关于全面深化改革若干重大问题的决定》中指出“逐步提高直接税的比重”，在 2020 年 1 月通过的《关于深入推进财政法制建设的指导意见》（财法〔2020〕4 号）重申“加快税制改革，完善直接税制度并逐步提高其比重”，在未来一段时期，完善直接税制度是税收制度改革的重点方向。所得税是直接税最重要的组成部分，我国目前对企业与个人等市场经济主体均课征了所得税，为了提高直接税的比重最为直接的方式是扩宽税基，目前个人所得中个人转让二级市场股票、基金以及部分有价证券仍免征个人所得税，因此，对个人资产处置取得的所得进行全面课税是拓宽所得税税基的有效方式，建立完善的个人资本利得税收体系对完善直接税制度，提高直接税的比重有重要意义。另外，个人资本利得税仅对个人已经实现的经济利益进行征税，对商品与劳动的流通影响比较小，对资源配置效率的影响小于间接税，其全面征收符合税收效率原则。

3.5.4 建立立体式多环节的征税体系减少避税

个人收入从形成到处置是一个连续不断的运动过程，这个过程可以归纳为：收入形成—消费—储蓄（投资）—财产转让（见图 3-5），该过程表现为：首先，个人通过多种形式取得收入，收入取得时要根据取得收入的类型计征个人所得税；其次，收入的一部分进行个人消费，在消费时需要缴纳消费税、增值税等货物劳务税；再次，除去消费外的部分用来储蓄或投资，储蓄时涉及利息所得税，投资取得收益时会依据投资类型的不同相应缴纳房产税、租金所得税等各种资产保有税以及股息红利所得税；最后，被投资资产转让时会涉及资本利得税、赠与税或遗产税。

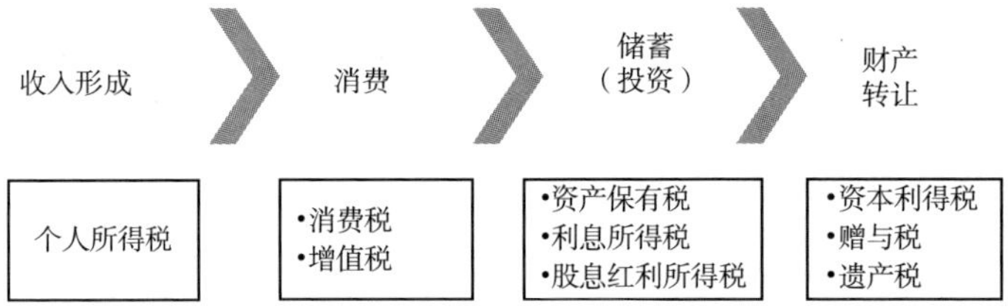

图 3－5　个人收入过程与税收种类

对收入循环过程不同阶段的收益课税，运用不同税种对收入分配实施综合调节，可以大大减少避税的可能性，具体来说就是要做到两方面的工作：一方面是在全过程全面征税，另一方面是考虑在不同过程中的税收负担水平。个人资本利得是财产转让所得的重要构成，应当纳入个人所得税的征税范围内，其作用主要体现在防止个人出于避税的目的转变收入的形式，避免个人将应税所得转化为税负较低甚至不课税的个人资本利得。在个人所得税开征初期，应税的所得项目较窄，在 1980 年只有针对外籍个人转让专利权征收个人所得税，而对其他财产转让所得不征税，个人可能采取转变所得形式进行避税，例如个人将专利权或专利技术添加至机器设备等介质时进行转让，在表面上体现为有形财产的转让，实际上转让的是附加值更高的专利技术，成功的达到避税的目的，上述课税方式对纳税人的经济行为进行了干扰，受让人取得了本来不需要的机器设备，有违税收中性原则。因而，将个人资本利得纳入个人所得征税范围有利于保持税收的中性原则，堵塞避税漏洞。

3.5.5　拓宽个人所得税税基保障财政收入

自 2018 年 10 月起，个人所得税工资薪金的免征额由每月 3 500 元提高至每年 60 000 元，2019 年 1 月 1 日开始实施个人所得税的全面改革，新增了 6 项专项附加扣除，以北京为例，2019 年上半年个人所得税税收收入为 286.5

亿元，下降了33.6%，比上年同期回落了50.7%，上半年减税544.1亿元，个人所得税的减税金额为收入总额的189.91%，主要是个人所得税免征额提高、税率调整和六项专项附加扣除三项政策的叠加效果①，减税幅度还是非常大的。因此，在个人所得税减税的同时保证财政收入是非常重要的。一般来说，在削减个人所得税的同时又要保持原有财政收入的方式一般有以下三个途径：一是拓宽税基；二是加强征收；三是开征新税种。作为拓宽税基的方式，资本利得课税成为弥补个人所得税削减造成财政收入下降的重要途径，个人资本利得向高收入人群聚集，适当增加其税收负担会增加较为客观的税收收入。

3.5.6 资本利得课税能调整国家消费与投资方向

按照个人转让资本性资产目的，可以将个人资本利得分为消费型利得与生产型利得两种，消费型利得是指资本资产在转让后形成的所得主要用于个人生活性消费；相应的，生产型利得是指资产转让后取得所得会继续投入到其他生产活动中继续创造收益。在对资本利得进行课税的情况下，可以通过对消费型利得与生产型利得课税的轻重程度来对国家的生产消费情况进行调整，在以拉动需求为主要宏观目标的经济政策中可以对消费型利得课以轻税，使得个人手中的可支配收入增加，从而刺激个人的消费；在以生产型政策或供给侧政策为主要宏观目标的经济政策中可以对生产型利得课以轻税以鼓励个人将更多的利得投入到再生产中。同时，可以根据国家产业经济目标对从不同产业获得的生产型利得适用不同的税收负担水平，例如对国家重点支持的中小企业、高新技术产业、创业风险投资等予以轻税，对于虚拟资产的投机行为等予以重税等政策来帮助国家达到宏观调控的目标。

3.6 本章小结

（1）界定了重要概念。

资本资产是个人拥有的可以在未来带来收益的资产，处置资本资产取得的利得作为个人资本利得的征税对象。按照个人取得所得所利用的资源可以将所

① 数据来源于北京市财政局《关于北京市2019年上半年预算执行情况的报告》。

得分为劳动报酬所得、资本存续收益所得、生产经营所得、资本利得与其他所得。个人资本利得在界定时主要强调两点：一是资产的所有权要发生转移；二是取得的已经实现的经济利益的流入。另外，辨析了投资所得与资本利得的关系，个人投资所得与个人资本利得总体上是交叉关系，只有个人以获取差价目的转让资产时两者才重合。

（2）研究了税收公平理论与个人资本利得。

对个人资本利得进行征税符合税收公平理论主要体现在个人资本利得课税符合普遍征税原则，体现个人支付能力，同时可以彰显课税的纵向公平。

（3）税收效率理论与个人资本利得。

税收效率理论主要包含税收中性理论，在个人资本利得课税中要特别注意资本利得税的"锁住效应"进而影响资源配置的效率。

（4）个人投资与资本利得。

按照个人取得资本利得后的使用方式，可以将其区分为个人消费型利得与生产型利得，消费型利得是指个人将获取的利得用于个人消费；生产型利得是指个人将获取的利得用于投资，对于消费型利得征税对需求侧有影响，对生产型利得征税是对供给侧有影响。另外，为了配合国家宏观调控，应当对政策主要支持的高新技术产业、民生方面予以轻税，对虚拟资产投机予以重税。同时，在个人资本利得课税时应当对风险投资以及促进技术进步方面给予政策支持，鼓励个人长期投资。

（5）完善个人资本利得课税的必要性。

完善我国个人资本利得税制度的必要性体现在：资本是个人所得的重要来源、完善个人资本利得税制度有助于增进社会公平、提高直接税比重、建立立体式多环节的征税体系以减少避税、拓宽个人所得税税基保障财政收入以及调整国家消费与投资方向。

4 我国个人资本利得课税演变进程

4.1 初建阶段（1949 年以前）

4.1.1 “所得税 + 土地增值税”课税模式

民国时期的个人资本利得税体系为我国资本利得税体系的建立打下了基础。在民国时期对于个人资本利得课税分散于两个方面：一是所得税体系下的财产租赁出卖所得税；二是土地税中的土地增值税。前者是对所有财产进行征税，后者仅对土地资产进行征税，两者共同构成民国时期个人资本利得课税制度（见图 4－1）。“所得税 + 土地增值税”模式的个人资本利得税制度与我国现行的个人资本利得课税体系十分相似，民国时期建立民众对财产增值收益课税的思想基础，为改革开放后开征个人所得税与土地增值税提供了蓝本。

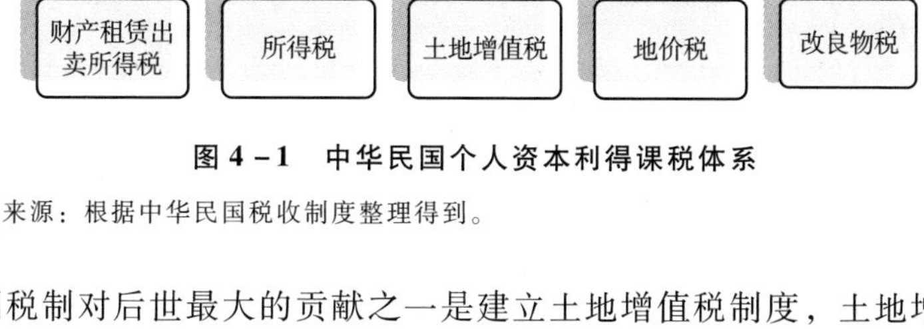

图 4－1 中华民国个人资本利得课税体系

资料来源：根据中华民国税收制度整理得到。

民国税制对后世最大的贡献之一是建立土地增值税制度，土地增值税实质为土地资本利得税；通过对土地资源转移差额收益课税来遏制土地价格快速增长，对平抑地价有重要的作用，是国家使用税收手段对重要资源价格进行调整的成功案例。从税制设计上来看，对土地增值额进行征税，既丰富了税收制度，又在不重复征税的基础上最大可能拓宽了税基，为增加国家财政收入做出了贡献。

4.1.2 累进税制与征收管理

（1）累进税制强调税收公平。

民国财产出卖所得税制设计上采用超额累进税制，实行11级累进，税率为10%～50%，参见表4-1。土地增值税税制设计采用超率累进税制，以土地增值额为课税对象，1930年《中华民国土地法》规定土地增值税的税率为20%～100%的超率累进税率，1944年修订的《战时征收土地税条例》将税率修订为20%～80%的超率累进税率（见表4-2）。

表4-1　　中华民国财产出卖所得税税率表

序号	所得额	税率
1	农田1万～5万元/其他财产5 000～5万元	10%
2	5万～15万元	50 000×10%＋超过5万元部分×14%
3	15万～30万元	50 000×10%＋超过5万元部分×16%
4	30万～50万元	50 000×10%＋超过5万元部分×18%
5	50万～75万元	50 000×10%＋超过5万元部分×20%
6	75万～100万元	50 000×10%＋超过5万元部分×22%
7	100万～125万元	50 000×10%＋超过5万元部分×25%
8	125万～150万元	50 000×10%＋超过5万元部分×30%
9	150万～175万元	50 000×10%＋超过5万元部分×35%
10	175万～200万元	50 000×10%＋超过5万元部分×40%
11	超过200万元	50 000×10%＋超过5万元部分×50%

资料来源：依据《财产租赁出卖所得税法》1945年版整理得到。

财产出卖所得税与土地增值税均借鉴了当时西方国家所得税制征收实践与所得理论，将公平原则作为直接税税制设计中首要原则，采取累进税制使公民在直觉上感到更为公平，形成了“所得多者多纳税”的公平理念，减少了新税制的推行阻力。

表 4-2 《战时征收土地税条例》土地增值税税率表

档次	计税基础	税率
1	x < A 部分	20%
2	A≤x < 2A 部分	40%
3	2A≤x < 3A 部分	60%
4	x≥3A 部分	80%

注：①x 为土地增值实数额。
②A 为原规定地价，为《中华民国土地法》实施时初始登记的地价，分为申报地价与估计地价两种。
③资料来源：根据中华民国《战时征收土地税条例》整理得到。

（2）征收管理措施。

土地增值税与财产租赁出卖所得税开征是比较成功的，以四川为例[①]，1943～1945 年征收的财产租赁出卖所得税分别为 762.9 万元、1 118.8 万元、4 231.2 万元，分别占当年总税收收入的 4.4%、5.0% 以及 12.4%，这与科学的征管流程是分不开的，在征收管理上，民国政府采取的资产登记制度、纳税前置、部门合作以及卓有成效的税收宣传工作使得征收效果十分显著。

①资产登记制度。资本利得税的征收前提是资本所有权状况的确认与登记，民国政府将地籍制度作为征收土地税的重要制度基础，地籍制度的实质在于确权与登记，民国政府将土地税征收划分为七个步骤（具体见图 4-2），在每个步骤又进行细化。截至 1945 年，国民政府完成地籍登记并征收土地税的城

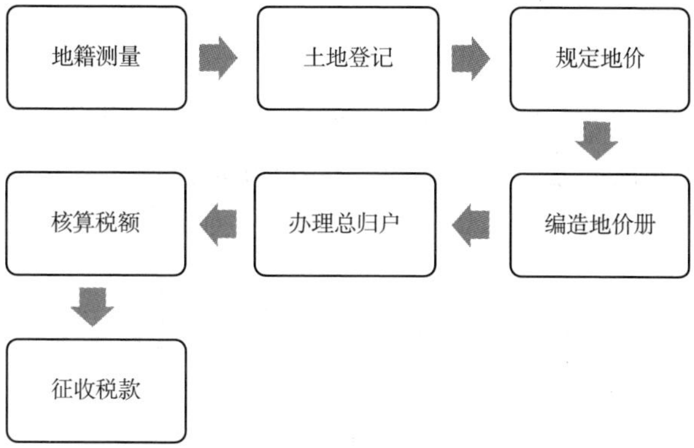

图 4-2 民国时期土地税征收程序

资料来源：根据金鑫等主编的《中华民国工商税收史——直接税卷》整理得到。

① 焦明江："抗战前后四川所得税征收困境及解决之道"，《河南大学学报（社会科学版）》，2018 年第 2 期。

市有891个，资产所有权确权完成并得到公众认可的情况下才具备征收资本利得税的条件。

②纳税前置。个人资本利得税实现必然会伴随财产所有权的转移，个人资本利得所得税这一不同于其他所得税目的特点可以作为税款征缴的有效手段。民国政府正是利用了这一特点，政府明令地政机关办理登记以及交通管理机关舟车过户、证件换领过程中要先验财产租赁转让所得税的完税证明，《财产租赁出卖所得税法》明确“提出本税课税凭证，始准办理手续”。在土地增值税的征收管理上也采取纳税前置的方式，先完税再办理土地所有权转移的方式。

③部门合作。为了开征建立地籍整理及核定地价，首先，民国政府行政院在1943年发布《各地土地行政与土地税征收工作联系办法》，对土地税征收过程中涉及的土地行政、地价核定、免税额的确定等工作职责进行划分，保证各项工作顺利开展；其次，在财产租赁出卖所得税稽查工作开展时，民国政府财政部命令田赋管理委员会如遇到税款征收机关查阅田赋征册时应予以提供便利；最后，地政机关与交通管理机关在办理财产变更登记时发现纳税人未进行财产租赁出卖所得税完税的情况应及时通知税政机构，通过信息交换可以为税务稽查提供基础信息，提高稽查工作的针对性。

4.2 空白阶段（1949~1979年）

新中国成立以后，我国的税收制度重新建立，受财政与税收制度、收入分配制度以及土地制度的制约，我国在长达30年的时间里，实际并没有个人资本利得课税制度。

4.2.1 财政与税收制度制约个人资本利得税开征

新中国成立后我国主要以国有企业收入为主要财政收入。在经济体制方面，我国实行计划经济，财政收入来源于企业收入、税收收入、债务收入、其他收入以及企业上交基本折旧基金，其中企业收入与税收收入为主要收入，企业收入在1951~1979年占财政收入的20%~63%，税收收入在1956~1978年常年保持在50%左右，是我国最主要的财政收入来源。在此格局下，税收收入普遍未得到充分重视，当时农业仍是国民经济主要的产业，有1/3的税收来源于农牧业税。

新中国成立后，房地产征收契税与房地产税，以契税为房地产资源的主要税种，并未就土地增值额以及财产转让开征相关税种。在1950年的工商税收改革中，政务院于1950年4月3日公布了《契税暂行条例》，按照该条例土地房屋的买卖、典当、赠与与交换都应凭土地房屋所有证由承受人缴纳契税，买卖与赠与的税率为6%，1950年版《契税暂行条例》实施长达47年，直至1997年《中华人民共和国契税暂行条例》10月1日实施。政务院于1951年将房地产与地产税合并征收房地产税，于当年8月8日公布《房地产税暂行条例》，该条例规定房产税按标准房价计征，税率为1%；地产税按标准地价计征，税率为1.5%；标准房价与标准地价无法划分的城市，两税合并税率为1.5%；无法确定标准房价与标准地价的城市，按照租金的15%征收房地产税。1973年的税制简化中将国营、集体企业的房地产税纳入工商税，1984年利改税改革中又重新将房产税作为单独的税种征收，但暂缓开征，直至1986年《中华人民共和国房产税暂行条例》出台。

在新中国成立后到改革开放之前，我国所得税体系尚未建立。在很长的时间里，我国的主要财政收入为国有企业收入，税收的作用并没有发挥出来，再加上当时的房地产市场以契税、房地产税为主要税种，契税为交易税，而房地产税为房地财产保有税，两者都不是对财产转让增值额课税的税种。未对税收充分重视，加上房地产行业以保有税为主的税收制度设计制约了个人资本利得税的开征。

4.2.2 收入分配制度制约个人资本利得税开征

新中国成立后，我国曾尝试开征个人所得税，但未成功。1955年，全国政务会议提议要开征个人所得税，并草拟了方案，在方案中对征税范围与免税范围做了规定，并打算在“二五”时期开征，但后来由于“文化大革命”，个人所得税并未开征。直到十一届三中全会召开前，我国实际上并没有开征过针对个人所得的税种，这与政治格局有关，也与我国当时高度集中的计划经济体制有关。

在居民收入分配上，新中国成立初期生产力水平相对低下，我国实施“低工资、多就业”的收入分配政策，实施按劳分配制度，在资产高度国有化的时期，民众的就业渠道比较窄，城镇居民就业渠道主要有工厂、国有制企业以及机关单位等，农村居民主要从事农业生产，民众的收入水平普遍较低。经济体制与收入水平决定没有征收个人所得税的必要性。

按照个人所得税的课税经验，个人所得中的劳动所得的开征时间要早于资本所得的开征。作为个人资本利得税的上级税种，个人所得税都尚未成功开征，因此，在当时开征个人资本利得根本不具备可能性。

4.2.3 土地制度制约个人资本利得税开征

新中国成立后，我国首先进行的就是土地制度的改革，1950 年土改时制定了《中华人民共和国土地改革法》，按照该法新中国实行“农民的土地所有制”，在进行土地没收和征收归国家所有或归乡农民协会接收所有后再进行统一分配。按照当时的土地制度，个人并不拥有土地所有权，实质上个人禁止了土地交易，个人资本利得税的课征必要条件是所有权的转移，禁止土地交易丧失了个人资本利得税课征的前置条件，再者由于土地并不能上市交易导致征收契税的税基被大大削减，1950 年之后的近 30 年仅有 1951 年至 1955 年有统计税额，分别为 1.66 亿元、0.32 亿元、0.4 亿元、0.35 亿元与 0.18 亿元，分别占当年税收总额的 2.05%、0.33%、0.33%、0.26%与 0.14%。

因此，新中国成立初期禁止个人交易土地，且土地所有权与使用权并未分离，土地制度因素使得我国不可能也不存在开征土地增值税的可行性与必要性，也就没有课征土地资本利得的必要性。

4.3 起步阶段（1980～1993 年）

4.3.1 技术转让是我国首个个人资本利得课税项目

改革开放之后，我国社会经济由单一封闭式经济向开放型经济转变，经济的快速发展带来了个人收入水平的快速提高。在这个大背景下，1980～1990 年我国分三步建立了个人所得税体系：第一步是 1980 年颁布主要针对外籍个人的《中华人民共和国个人所得税法》第二步是 1986 年开征城乡个体工商业户所得税[①]；第三步是1987年开征个人收入调节税。

我国与个人资本利得相关的最早规定是1980年12月14日财政部颁布的《中华人民共和国个人所得税法实施细则》（(80）财税字第227号）第四条第三款“特许权使用费所得，是指提供、转让专利权、版权及专有技术使用权等项的所得”，1980年《个人所得税法》中规定特许权使用费适用20%的比例税率。

在1987年颁布的个人收入调节税中也有类似的规定，1986年9月25日发布的《中华人民共和国个人收入调节税暂行条例》第三条规定：“下列各项收入应当缴纳个人收入调节税：专利权的转让、专利实施许可和非专利技术的提供、转让取得的收入。”专利权的转让适用20%的比例税率。在《中华人民共和国个人收入调节税暂行条例实施细则》中详细说明了专利权的转让、专利实施许可和非专利技术的提供、转让取得的收入，是指专利权人将其专利权转让给他人或许可他人在一定时间和范围内使用其专利所取得的个人收入和非专利技术所有者将非专利技术有偿地的提供转让他人所取得的个人收入。

从上述内容可以看出，将个人专利技术和非专利技术转让收入纳入个人所得税的征税范畴实质是将个人转让财产取得的所得纳入所得税的征税范畴，也就是个人取得的资本利得纳税所得税的征税范畴，扩大了个人所得的征税范围，拓宽了个人所得税的税基，对后期个人资本利得征税开启了先河。

4.3.2　专利制度的全面建立

党的十一届三中全会决定要进行全面改革与对外开放，集中力量进行经济建设，为配合对外开放，鼓励个人进行发明创造活动，也为了打消外国厂商对我国进行技术转让的思想顾虑，国家科委考察团在考察了30多个国家的专利制度后决定建立专利制度，1980年成立了国家专利局，1984年《中华人民共和国专利法》正式公布。同时，为了全面保护作者的著作权，文化部于1981年颁布了《图书、期刊版权保护试行条例》，为保护著作权提供了法制支撑。机构制度的建立以及法律的颁布对我国科技进步、国际技术交流发挥了积极作用。

---

① 国家税务局《中国税制改革十年》编写组编：《中国税制改革十年》，东北财经大学出版社1988年版。

专利制度的建立催化了资本利得课税项目的产生，专利权是集人身权与财产权于一体的权利，不同于其他所有权，专利权具有时效性，即个人只能在规定的期限内可以享受收益性。改革开放以后，我国对外资引进的重点放在了境外的先进生产技术的引入，生产技术多依附于知识产权、专利权等主体存在，建立知识产权体系重在形成保护专利技术所有者利益，打消其进入中国市场的顾虑。专利技术的建立必然会伴随专利技术的使用与转移，按照国际通行做法将专利技术使用与转让取得的收益纳入所得税的征收范围也存在其必然性。

4.3.3 涉外企业所得税法体系的建立

党的十一届三中全会建立了我国改革开放的重要战略，为了扩大国际经济合作和技术交流，我国于1979年7月1日通过《中华人民共和国中外合资经营企业法》，为了配合《中外合资经营企业法》的实施，又于1980年出台了《中华人民共和国中外合资经营企业所得税法》及其实施细则，1981年出台针对在境内设立机构独立生产经营以及不设立独立生产经营机构而有来源于内境内的所得的企业颁布了《中华人民共和国外国企业所得税法》，上述法律的出台标志着我国涉外企业所得税税收制度全面建立。

经济往来的开展必然会导致在华外籍个人的逐渐增加，必然伴随税收管辖权的问题，国际上一般采用收入来源地标准，即收入来源国要对相应的所得征收所得税，为了维护我国权益，开征个人所得税是完全必要的。此外，在与外国政府进行谈判签订避免双重征税协定时一般会涉及所得税的互惠条件，开征个人所得税也为税收谈判增加筹码。因此，我国在参考国外个人所得税制度的基础上，开征了主要针对外籍个人的《中华人民共和国个人所得税法》。

在课税对象的设置上，三项所得税法保持一致。《合资经营企业所得税法》与《外国企业所得税法》的征税对象为："从事生产、经营所得和其他所得"，其中"其他所得是指股息、红利、利息所得和出租或者转让财产、专利权、专有技术、商标权、版权等项所得"；《个人所得税法》规定的征税项目为：①工资薪金所得；②劳动报酬所得；③特许权使用费所得；④利息、股息、红利所得；⑤财产租赁所得，按照新华社将特许权使用费所得解释为"个人以专利权、版权及其他特许权提供他人使用或转让取得的所得"，可见在应税对象的设计上，个人所得税与企业所得税力求一致，在不单独开征资本利得税的前提下，均将专利转让所得纳入所得税的征收范围。

4.4 全面建立与改革发展阶段（1994 年~今）

进入 20 世纪 90 年代，我国旧的税制问题逐渐暴露出来，内外资企业与个人所得税适用两套不同的税制，不同主体之间征税范围、税款计算方式以及减免税政策均不相同，不同主体、地区的纳税负担差距较大，进一步加剧了社会矛盾，削弱了税法的权威性与严肃性。在此背景下，我国于 1994 年进行了分税制改革，正式形成了我国现代统一税制，也是新中国成立后首次确定个人资本利得项目征税，从 1994 年至今，个人资本利得征税项目未发生重大改变。

1994 年税制改革，首次将“财产转让所得”纳入个人所得税的征税范畴，征税范围相比于 20 世纪 80 年代仅对个人转让专利权、专利技术、版权以及其他专有技术使用权征收个人所得税扩展到了对所有财产转让征税。同时，对于个人转让国有土地使用权、地上建筑以及附着物单独开征了土地增值税，两者共同构成了我国个人资本利得项目征税体系。

4.4.1 全面课征财产转让所得税

1990 年开始，财政部与国家税务总局开始研究个人所得税法的修订工作，《中华人民共和国个人所得税法》于 1994 年 1 月 1 日起正式实施，同年 1 月，国务院发布了《中华人民共和国个人所得税法实施条例》，至此我国个人所得税统一了。在 1990 年修订的《个人所得税法》中拓宽了征税范围，按照当时国际社会“宽税基、低税率”的改革方向，对个人所得税的征税范围进行了拓展，新增列了五个税目，分别是“个体工商户的生产经营所得”“财产转让所得”“企业事业单位的承包经营、承租经营所得”“偶然所得”与“稿酬所得”，这也是首次在税法中正式将个人资本利得项目列入征税范围，其中财产转让所得是对个人转让财产取得的所得进行征税，实质为个人资本利得税，自 1994 年税制改革后正式将个人技术转让扩展到个人转让有形动产、不动产以及无形资产，个人资本利得课税的范围扩大了。

4.4.2 财产转让所得项目历次修订

1994 年起，个人所得税新增“财产转让所得”项目，象征针对个人资本利得项目的课税正式入法，从 1994 年至今，财产转让所得项目经过了四次主要的修订，具体如下：

（1）1994 年版个税法首次设立“财产转让所得”项目。

1994 年个人所得税收制度统一时，“财产转让所得税”作为个人所得的新增税目进入个人所得税的征税范围，按照《个人所得税法》及其实施细则的规定：“财产转让所得，是指个人转让有价证券、股权、建筑物、土地使用权、机器设备、车船机器以及其他财产取得的所得”，从定义看出财产转让所得既包括有形动产、不动产的转让，也包含无形资产的转让。

（2）1994 年版个税法重新定义“特许权使用费所得”。

在本次改革中对 1980 年个人所得税法中“特许权使用费所得”的含义进行了变更，删除了“专利权转让”的含义，仅包含专利权的使用权让渡，而专利权产权的让渡取得所得按照“财产转让所得”计征个人所得税。总体来说，将财产的使用权与产权进行区分使得对于个人所得的分类更加合理了。

（3）2018 版个税法对“财产转让所得”进行扩围。

本次修订中对“财产转让所得”的表述有所变化，2018 年版的《个人所得税法实施条例》中第六条第八款：“财产转让所得，是指个人转让有价证券、股权、合伙企业中的财产份额、不动产、机器设备、车船以及其他财产取得所得”，增加了“合伙企业中的财产份额”项目，将财产转让的范围进行扩围。

（4）2018 年版个税法将财产转让项目中“建筑物与土地使用权”更改为“不动产”。

为了与我国《物权法》的概念保持一致，并配合不动产登记制度的改革，在 2015 年 3 月 1 日开始实施的《不动产登记暂行条例》中不动产登记统一使用“不动产权证”，以取代之前的“房屋所有权证”与“国有土地使用权证”。

经过历次修订，个人资本利得项目的界定更为科学，也与经济和制度的变化联系更为紧密了。例如在 1994 年的改革中将财产的使用权与产权进行区分，对个人依靠技术使用权出让取得的所得列为“特许权使用费”，将所有权转让取得所得统一划入“财产转让所得”；在 2018 年的改革中结合市场经济的发展与合伙制企业的兴起，将“合伙企业中的财产份额”加入到了“财产转让所得”中；在 2018 年的改革中为了土地制度改革与不动产登记制度的实施，将财产转让项目中“建筑物与土地使用权转让”更改为“不动产转让”，经过上述修订使得财产转让的范围更加的科学与广泛。

4.4.3　开征土地增值税

4.4.3.1　开征土地增值税背景与目的

（1）适应国有土地制度的改革。

新中国成立后，土地资源实行公有制，土地的管理制度为无偿划拨，禁止土地转让，收到土地划拨的单位可以无偿无限期地使用土地。无偿划拨导致无法根据市场需要合理调配土地资源，土地资源配置效率低下，改革开放后我国开始实施城镇土地出让试点，将土地的所有权与使用权分离，所有权仍属于国家，土地使用权可以在市场上进行交易，所有权与使用权分离这一制度设计完成了土地资源市场配置的革命性改变，在深圳、上海试点成功后，该项改革措施在全国实施。为了配合土地使用权的上市交易，1988 年全国人民代表大会同意对宪法进行修订，打破法律制度的限制，1990 年颁布《中华人民共和国城镇国有土地使用权出让和转让暂行条例》，标志着我国土地出让制度的正式建立。

1992 年之后，社会主义市场经济体制的进一步建立推动了房地产市场的快速发展，特别是在 1992 年至 1993 年上半年①，房地产炒卖情况严重，大量资金流入房地产市场，扰乱了资源的正常流动，在此背景下需要建立相应的税收措施参与土地收益分配，制约房地产市场的过快增长。

（2）参与土地增值收益分配，维护国家利益。

土地资源是重要的生产资料，土地资源的供需关系决定土地具有很大的增值空间，土地增值的原因主要有两方面：一方面土地的自然增值，随着社会经济的发展、人口的自然增长，所需要的生产生活用地越来越多，而土地资源是有限的，在供少需多的情况下依据价格原理土地资源的价格会越来越高造成土地资源的自然增值；另一方面是改善增值，国家在基础设施建设方面投入了大量的资金，改善了住房、交通、教育、通讯、绿化环境，同时开发了商业设施，方便了居民的生活，配套设施的改善必然会带来周边土地与房地产价格的上涨，也是土地资源价格上升的最重要的因素。从维护国家利益的角度，作为配套设施的建设者与土地资源的所有者，国家应当通过税收手段参加土地增值

---

① 《国家税务总局关于印发〈土地增值税宣传提纲〉的通知》（国税函发〔1995〕110 号）。

收益的分配，再通过财政资金继续投入生产生活建设，形成资金的良性循环。

（3）对房地产市场进行宏观调控。

1987 年土地制度改革后房地产市场发展迅猛，但也表现出了很多的问题[①]。一是土地出让价格低，造成国有资产的流失，1992 年全国土地出让的平均价格仅为 239.83 万元/公顷；二是出让土地的利用率较低，据有关资料统计，截至 1992 年，全国批准开发区共计 8 000 余个，占地面积超过 2 000 万平方米，但是实际利用率却不足 2%，造成土地资源多批多占，影响土地资源配置效率；三是房地产市场机制不健全，炒房行为盛行。土地出让缺乏竞争导致房地产企业低进高出，1992 年的房地产市场价格同比增长 27.9%，海南、上海等地区增长率超过 100%。另外，在已经开发的房地产项目中，高档项目多、中低档项目少，超过了一般民众的消费能力，以上问题都说明房地产市场产业结构不合理，赚取的巨额利益被少数人收纳囊中，加剧了社会收入分配的差距，在社会上造成了恶劣影响，为此，国家应当采用税收手段对房地产市场进行干预，降低其利润水平，引导房地产健康发展。

（4）开辟地方税源，完善土地资源税种体系。

分税制改革是增加中央财政收入的必要措施。从分级税收理论看，以财产为课税对象的税种适宜作为地方税种，应是地方主要的税收来源。土地税体系主要由土地保有税、土地交易税两方面构成，20 世纪 90 年代我国开征的土地使用税是土地保有税，土地资源交易税空缺。因此，开征土地增值税是完善土地税收体系的必要举措。

4.4.3.2 土地增值税主要内容

（1）征税范围。

土地增值税是对转让国有土地使用权及地上建筑物和附着物的行为进行征税，国有土地使用权出让、转让非国有土地以及转让集体土地使用权均不征税。

（2）纳税人。

土地增值税的纳税人是转让国有土地使用权、地上建筑物及其附着物并取得收入的单位和个人，具体包含各类企业、事业单位、机关、社会团体、个体工商业户以及自然人。

---

① 李永贵主编：《土地增值税讲解》，中国商业出版社 1995 年版。

（3）计税基础。

土地增值税的计税基础为土地的增值额，计算公式为：

土地增值额 = 转让房地产收入 - 扣除金额

扣除金额主要有：取得土地使用权所支付的金额、房地产开发成本与开发费用、已使用建筑物的评估价格、相关税金、加计扣除20%的成本费用。

（4）税率。

土地增值税实行四级超额累进税率，税率表如下：

表4-3 土地增值税税率表

级数	增值税与扣除项目金额的比值	税率	速算扣除系数
1	不超过50%的部分	30%	0
2	超过50%～100%的部分	40%	5%
3	超过100%～200%的部分	50%	15%
4	超过200%的部分	60%	35%

资料来源：《土地增值税暂行条例》税率表。

4.4.3.3 2019年《土地增值税法》征求意见稿

党的十八届三中全会确定了落实税收法定原则要求，在《土地增值税暂行条例》实施25年后，财政部、国家税务总局于2019年7月16日公布了《中华人民共和国土地增值税法（征求意见稿）》向全社会征求意见。征求意见稿相比之前的暂行条例主要变化有：

第一，纳税人未发生改变，仍为单位与个人。暂行条例的表述为“转让国有土地使用权、地上建筑物及其附属物并取得收入的单位和个人为土地增值税的纳税人”，征求意见稿中的表述为：“中国境内转移房地产并取得收入的单位和个人”，可见土地增值税的纳税人仍为是单位与个人，虽然自2008年以后我国个人销售住房暂免征收土地增值税，但是该免征政策是具有时期性的，个人仍为土地增值税的法定纳税义务人。

第二，对转移集体房地产征收土地增值税。2015年起，我国陆续在33个试点地区开展农村土地征收、集建地入市、宅基地制度改革试点，改革实质为允许集体建设土地入市与转让，享受与国有土地同权同价①。由于转移集体土

① 国家税务总局《关于〈中华人民共和国土地增值税法（征求意见稿）〉的说明》。

地不属于土地增值税的应税范围，因而集体建设用地采用征收土地增值收益调节金的方式对土地增值收益进行调节，在未来为了配合集体土地改革，使得税制与建立城乡统一建设用地市场的土地改革相衔接，将转移集体房地产纳入土地增值税的征税范围是统一税制、公平税负的必然要求。

第三，增加地方减免税的授权。按照征求意见稿，将减免税政策分为两个层级，在国家层级主要是建造保障性住房出售且增值额未超过20%的情形以及国家征收、回收房地产的情形；在地方层级，允许地方政府对建造增值率不高于20%的普通住宅以及房地产市场欠发达、地价水平较低地区纳税人转移集体房地产两种情形进行减免税。这也主要考虑到土地增值税为地方税，适当下放税政管理权限可以使地方政府因地制宜的制定符合当地实际情况减免税政策，为地方税收政策增加灵活性。①

4.5 我国个人资本利得课税演变的原因

4.5.1 私有财产权保护程度

资本利得税的开征与私有财产权的保护程度有紧密的关系，在私有财产权保护方面，政治经济制度保护私有财产则会促进个人资本利得课税体系的形成与完善，不支持或者对私有财产权利保护较差则会阻碍资本利得课税体系的形成。财产权不等同于私有财产权，财产权强调财产所有者对财产的支配权、占有权、使用权以及收益权等一系列权利，私有财产权主要反映的是个人财产权。在我国的传统观念中主要是以家族、皇权为本位的思想长期占据统治地位，使得我国的私有财产权的保护并不理想，所以我国赋税历史上几乎没有资本利得课税的相关记录。相应的，近代资本利得课税历史也与私有财产权的健全程度紧密相关：

（1）民国时期私有财产权法律保护体系的完善促进资本利得课税体系的初建。

民国时期南京政府从宪法、民法、商法、刑法、民事诉讼法等多方面建立了全方位的财产权制度。政府对于个人私有财产权利的保护极大鼓励了个人积

---

① 许文：《优化制度增强征管执法刚性》，中国税务网，2019年8月2日。

累财产与财产交易，有关财产转让所得以及土地增值收益的税法相继出台。

（2）新中国成立后至改革开放前私有财产权制度经历了从认可至衰落的过程。1949～1956年，我国开展土地制度改革，经过改革农民的土地财产权得到了认可，在1954年版《宪法》中明确，国家保护农民土地及生产资料所有权，对于资本主义工商业，主张保护私有经济，承认私有财产权。1956年以后，我国经济由个体经济转变为集体产权经济，否定个人合法的财产权利，对私营经济与个体经济采取抑制政策，在经济体制上实施计划经济，资本高度集中在国家的手中，个人缺乏私有财产权利导致资产交易极少发生，没有交易则没有开征资本利得税的必要性和可能性。

（3）改革开放后私有财产权得到保护。改革开放后非公有制经济得到了认可，《宪法》明确，非公有制经济是公有制经济的必要补充，在农村开展承包制，在城镇鼓励个体经济的发展，实施社会主义市场经济，并新设立了《专利法》等一系列法律保护个人财产权利，在私有财产受保护的情况下，个人的生产积极性被调动，个人财产不断积累催生了对个人资本利得进行课税的需要，在此背景下，我国资本利得课税体系逐步建立起来了。

4.5.2 不动产登记制度变迁

资本利得不同于个人取得的其他所得，资本利得的确定有一个重要条件，即个人资产的所有权要发生转移，在这个过程中物权的登记制度起基础性作用，不动产登记制度的完善程度直接决定资本利得课税体系的健全程度，这从我国资本利得课税的历史演变过程中已经得到证实。

民国时期我国资本利得课税制度初建得益于当时土地登记制度的发展与转变。民国成立后北洋政府以日本的《不动产登记法》为模板颁布了《不动产登记条例》，之后民国政府又出台了《民法物权编》[①]，民国政府当时为了配合土地税的开征建立了地籍制度。在地籍制度建立的基础上，民国政府于1942年开征了财产租赁出卖所得税。财产租赁出卖所得税的课征对象中有6类为不动产。财产租赁出卖所得税以及土地增值税的课征均是以地籍制度为制度基础建立起来的。

新中国成立后至改革开放前，我国物权登记经历了重新确权登记到荒废停

---

① 熊玉梅：《中国不动产登记制度变迁研究（1949－2014）》，华东政法大学2014年论文。

滞。1953 年之后，生产关系发生重大变化，财产由个人所有制转变为集体所有制，同时禁止买卖土地，城镇土地采取划拨方式，城市中福利分房成为个人获取不动产的主流方式，而作为赋税依据的不动产登记工作停止，根本不具备课征资本利得的条件。

改革开放以后我国不动产登记制度逐步恢复。1983 年起，我国主要城市开始陆续恢复房屋产权登记，为符合条件的个人颁发“房屋所有权证”，1986 年新的《土地管理法》颁布后国家土地管理局开始地籍登记与发证。1987 年之后房地产市场开始迅猛发展，房地产交易的规模快速增长。1992 年以后，为了配合社会主义市场经济的发展，我国相继出台了大量的不动产登记相关法律法规，至此我国不动产登记逐步规范化。在此背景下，在 1994 年的税制全面改革中，我国开征土地增值税，并将个人“财产转让所得”正式纳入个人所得税的征税范围，标志着我国个人资本利得课税制度框架的全面建立。

《物权法》颁布之后我国个人资本利得课税进入新阶段。经过改革开放后几十年的发展，不动产登记制度不统一的弊端日渐凸显，为了适应市场发展需要，我国于 2007 年出台《物权法》，明确不动产实施统一的登记制度，同时也为其他财产权利的登记提供了法律依据，统一了城乡产权登记制度，在此基础上针对我国财产转让所得税征收上存在的隐瞒房屋交易信息等问题，国家税务总局以统一的物权登记制度为基础，建立了最低计税交易价格制度以及与房地产管理部门的沟通联络制度，两项制度的建立成为我国不动产转让课税的有力抓手，我国的个人资本利得课税从全面征收进入强征管阶段。

4.5.3 居民收入分配与贫富差距

社会收入分配方式以及贫富差距对资本利得课税体系的形成具有推动作用，社会贫富差距较大的时期是资本利得课税制度建立与完善的重要时期。从理论上来说，在收入分配差距较小或收入来源呈现单一化时个人对收入分配差距关注程度不高，少数人获得的资本利得并不能引起多数人的关注，只有贫富差距不断扩大时，个人对社会公平程度的追求才使得个人会特别关注收入来源，尤其是通过财产转让取得的高额差价，因而产生对个人资本利得课税的强烈要求。在我国资本利得课税历史演变中有四个时期比较有代表性。

（1）民国时期社会贫富差距增加。

民国政府成立之前的封建社会以自然经济为主体，民国成立以后社会产业发生调整，个人收入来源发生变化，分配差距开始扩大，民国政府先后开征了土地增值税品目与财产租赁出卖所得税，对当时财产转让取得的暴利进行调节，两税的开征标志着我国个人资本利得课税体系初建。

（2）新中国成立后至改革开放前普遍贫困。

新中国成立时全国人口约为5.4亿人，其中90%为农村人口，以农业生产为主要收入来源，人均GDP为18美元，贫困比较普遍，收入分配差距较小，据有关资料，新中国成立初期城镇居民基尼系数约为0.16①，收入分配高度平均，民众对收入差距的关注程度很低，从调节收入分配角度并没有开征资本利得税的必要性。

（3）改革开放后我国收入差距快速扩大。

改革开放以后，平均主义被打破，允许一部分人先富起来，在这样政策指导下，我国收入分配差距开始扩大，1978年城镇居民基尼系数为0.16，1994年升高至0.37②，收入差距快速扩大，同年在税制改革中个人所得税新增“财产转让所得”税目，将个人转让财产纳入所得税征税范围。

（4）2008年左右收入分配差距的持续扩大。

2006～2007年，在宏观经济面向好以及宽松货币政策的助推下，股票市场持续上扬，2007年10月16日上证指数涨至最高点6 124点，股票市场的繁荣使部分个人在短期内获得了大量的财产转让收益，按照目前的政策，个人在二级市场交易股票取得转让所得暂免征收个人所得税，高额收益加免税使收入分配的差距进一步的扩大，依据2013年国家统计局公布的数据显示2008年我国的基尼系数增长至0.491，达到了历史最高，中国的收入分配差距的扩张引发了是否应当开征资本利得税的广泛讨论，通过知网进行文献检索到相关文献756篇，其中2007年与2008年相关文献最多，分别为54篇与80篇，2008年之后，相关对资本利得税的关注程度有所下降（见图4－3）。

4.5.4 不同所得类型开征的时间顺序

经济基础决定税基大小，发达国家的所得税征税范围较为宽广，而发展中国家的所得税税基却比较狭窄，所得税制的税基发展经历“由窄到宽”的历

---

① 金霞：《我国城镇居民财产及财产性收入与贫富差距问题研究》，东北师范大学2015年论文。

② 项怀诚：《个人所得税调节谁》，经济科学出版社1997年版。

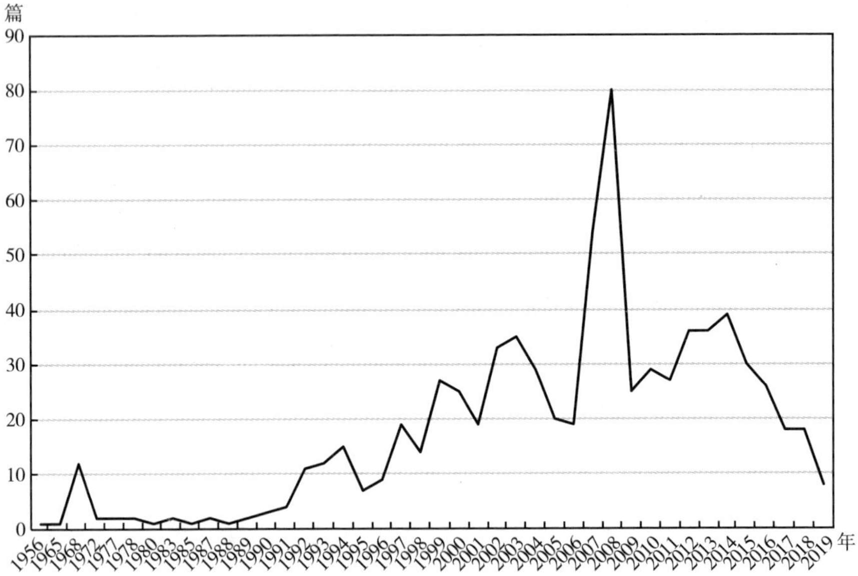

图 4-3 1956~2019 年中国知网资本利得税主题检索文章数量分布图

资料来源：中国知网检索结果整理得到。

程。在时间顺序上，劳动性所得的课征时间要早于资本性所得，资本存续收益所得开征时间早于资本利得的课征时间。原因主要有：一是与所得的获取范围有关，在个人所得中劳动性所得是最为普遍的，进入资产阶级社会后，劳动力是个人赖以生存的最重要的要素，尤其在经济水平比较低下且普遍贫困时，个人只能依靠出卖劳动力取得所得，因此劳动性所得的范围要大于资本性所得。二是与不同收入阶段收入的构成有关。随着收入的增加，个人资产不断积累，当达到一定规模后个人会取得资本性所得，资本性所得呈现“马太效应”，即收入越高则收入中资本性收入的比重越高。因此，只有在居民收入达到一定水平时，才会出现比较大范围的资本性收入，相应地才会对其进行课税。

在我国的资本利得课税时间顺序上也呈现了相应的特点，具体是：

民国政府阶段，1936 年，南京民国政府立法院通过颁布了《所得税暂行条例》及其细则，作为我国首个开征的个人所得税，其征税对象为营业所得与薪给报酬所得，两者均为劳动性所得，经营所得主要强调劳动力的作用可以归为劳动性所得，而薪给报酬所得，即工薪所得，作为资本性所得税，财产租赁出卖所得税在引入时间上要晚于劳动性所得，开征时间为 1943 年。

新中国成立之后实际上并未开征个人所得税，但在 1950 的颁布的《全国税政实施要则》中拟对个人开征薪给报酬所得税，实为劳动性所得，1950 年经济出现萧条，当时中央政府决定对税制进行调整以减轻民众的税收负担，暂不开征薪给报酬税所得税。另外，依照1950年12月通过的《利息所得税暂行条例》第二条[①]，利息所得税按照利息所得额的5%进行征收，利息所得税为资本存续收益所得税，1959年，在综合考虑计算工作与税收收入额等多种因素后中央决定停征利息所得税。因此，新中国成立初期有开征劳动性所得的构想，并实际征收了10年的资本存续收益所得，但并未对个人资本利得进行课税。

改革开放后，首个《个人所得税法》将课税范围确定为工资薪金所得、劳务报酬所得、特许权使用费所得、利息股息红利所得，前两者为劳动性所得，后两者为资本存续收益所得，特许权使用费所得既包含资本存续收益所得又包含转让技术取得的资本利得。1994年税制改革中，新增的“财产转让所得”标志着我国个人资本利得所得项目正式纳入个人所得税的征税范围，在后续2018年的个税改革中又结合经济发展情况对其内涵进行了丰富。因此，改革开放以后同时开征了劳动性所得与资本存续收益所得，另外也将资本利得中的技术转让所得纳入了个人所得税的征税范围，但资本利得的全面课征是在1994年的税制改革以后，在开征时间上晚于劳动性所得与资本存续收益所得。

4.6 本章小结

本章对我国个人资本利得课税演变过程进行了研究，主要研究结论为：

（1）初建阶段。

民国时期建立的“所得税+土地增值税”课税模式对现行政策有很大的影响，奠定了个人资本利得课税的思想基础，开启了课征土地增值税的先河。

（2）空白阶段。

新中国成立初期的财税制度、收入分配制度、土地制度都不具备对个人课征资本利得税的可能性，导致我国在新中国成立后直至改革开放以前并未对个人取得的资本利得进行征税。

---

① 中华人民共和国司法部，中华人民共和国法规选辑编辑委员会编：《中华人民共和国法规选辑司法人员必备》，法律出版社1957年版。

（3）起步阶段。

1980 年主要针对外籍个人开征的个人所得税是我国首个个人资本利得课税项目，技术转让成为首个个人资本利得课税项目也有历史必然性，与改革开放以后专利制度的全面建立、涉外企业所得税法体系的建立以及对境外先进技术为主要开放目标等因素有关。

（4）全面建立与改革发展阶段。

1994 年税制改革后，我国开始全面课征财产转让个人所得税，并开征了土地增值税，两项制度的设立标志着我国个人资本利得课税体系的全面建立。

（5）我国个人资本利得课税制度演变的原因。

通过对历史演变过程的研究总结出促使我国个人资本利得课税制度演变的原因有：私有财产权的保护程度、不动产登记制度变迁、居民收入分配与贫富差距以及不同类型所得开征时间顺序。

5 我国个人资本利得课税现状与问题

5.1 我国个人资本利得课税收入情况

5.1.1 我国个人财产转让所得收入情况

5.1.1.1 我国个人所得税与财产转让所得概况

作为财政收入最主要的部分，我国的税收收入占全国财政收入的比重保持在80%以上，近十年来基本稳定在85%左右，个人所得税的收入占全部税收收入的比重保持在10%以下，但是个人所得税占全国税收收入的比重有逐渐上升的趋势，20年间从3%增加到近年的8%左右。个人所得税作为与个人生活最为紧密的税种增长速度很快，从1999年的413.66亿元增长到2018年13 871.97亿元，增长了33.53倍，年均增长率为20.31%，各年的增长率见图5－1，在21世纪初期，个人所得税增加速度十分快，一度达到了60%，之

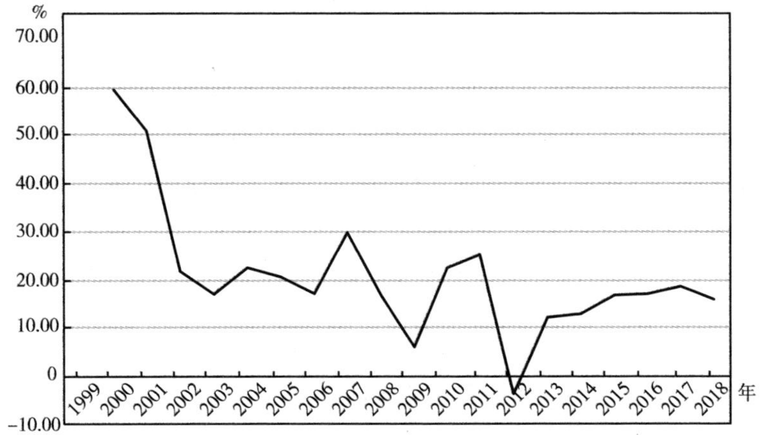

图5－1 1999～2018年个人所得税收入增长率

资料来源：历年《中国税务年鉴》个人所得税收入数据计算得到。

后增速回落，近年基本保持在20%的左右。个人所得税见证了国民生活水平的提高，个人所得税也从一个小税种增长成对国家税收影响较大的税种，个人所得税对财政收入与收入分配具有重要影响。

1994年税制改革后，我国个人所得税的税目几乎没有变化，共11项所得。2000年至2018年各项税收收入如表5－1所示，财产转让所得的变化速度在个人所得税各类型所得中变化是最为明显的，根据表5－1，财产转让所得2000年比重为0.14%，2006年超过1%，增加到1.34%，2010年增长至5.29%，2013年超过10%，比重为10.35%，2018年为11%，占比仅次于工资薪金所得。

5.1.1.2 历年财产转让所得收入

财产转让所得是个人所得税税目中变化比较大的，根据表5－2可以看出，2000年个人财产转让所得9 173万元，2018年个人财产转让所得1 530.27亿元，财产转让所得占个人所得税的比重从2000年的0.14%增加到2018年的11.0%，18年增加了1 663倍，年均增长率为51%，增加速度远高于个人所得税收入的增长速度，增长速度非常快（见图5－2）。

在收入金额上，2007年之后，我国公布了房屋转让所得收入，房屋转让个人所得税政策与征管措施的逐步完善使得财产转让所得项目税收收入快速上升（见图5－4），房屋转让项目个人所得税收入从2007年的37.03亿元增长到2018年的510.2亿元，10年年均增长率26.9%，速度也是十分让人震惊的，房屋转让所得占财产转让所得的比重在20%至50%之间波动，近年保持在30%左右。

我国自2010年1月1日起开征限售股个人所得税，2012年首次公布个人限售股转让个人所得税收入，2012年个人转让限售股所得为69.64亿元，2018年个人转让限售股所得为221.3亿元，占个人所得税收入的比重2012年至2018年分别是14.38%、22.27%、26.43%、28.17%、23.42%、15.19%与14.46%。2013年之后，个人转让限售股与房屋所得占个人所得税总收入金额的一半左右，是个人财产转让所得税目中最重要的组成部分，见图5－3。

5.1.1.3 全国各地区财产转让所得收入

各省（市、区）个人财产转让所得收入差异很大，经济发达的省市财产转让所得比较多，财产转让所得收入超过100亿元的省市有北京、上海、江苏、

表 5－1　2000～2018 年个人所得税各税目收入及比重表

项目（亿元）	2000 年	2001 年	2002 年	2003 年	2004 年	2005 年	2006 年	2007 年	2008 年	2009 年	2010 年	2011 年	2012 年	2013 年	2014 年	2015 年	2016 年	2017 年	2018 年
合计	660.4	996.0	1 211.1	1 417.3	1 736.2	2 094.0	2 452.7	3 184.9	3 722.3	3 943.6	4 837.3	6 054.1	5 820.3	6 531.5	7 376.6	8 617.3	10 094.0	11 961.3	13 872.0
工资、薪金所得	283.1	410.6	561.4	741.5	939.8	1 162.1	1 289.5	1 750.8	2 244.9	2 487.8	3 158.5	3 901.8	3 589.5	4 095.0	4 820.1	5 621.3	6 727.5	8 104.6	9 330.8
个体工商户生产、经营所得	132.8	160.1	185.2	200.6	246.1	296.3	333.5	400.0	476.7	481.3	607.6	684.0	596.4	577.1	520.7	482.3	474.4	599.2	791.6
企事业单位承包、承租经营所得	21.0	26.9	23.6	25.4	27.0	27.6	30.6	37.0	51.8	64.8	61.2	82.4	89.6	121.8	153.9	152.5	147.0	122.8	142.6
劳务报酬所得	13.8	18.9	22.7	28.0	34.5	43.7	49.2	62.3	79.8	89.0	108.8	137.8	152.8	174.1	207.2	265.2	357.1	484.4	625.2
稿酬所得	0.9	1.2	1.3	1.9	2.2	2.3	2.4	2.4	2.5	2.4	2.7	3.5	3.7	4.4	4.7	5.2	6.5	8.4	11.3
特许权使用费所得	0.1	0.2	0.5	0.5	0.5	0.5	0.7	0.8	0.9	1.0	1.2	1.7	2.3	2.3	4.5	3.4	4.6	5.8	10.8
利息、股息、红利所得	189.5	348.0	384.2	382.1	445.2	513.8	666.2	794.2	685.5	558.3	539.1	660.4	756.0	725.6	778.0	904.3	896.7	1 011.2	1 152.3
其中：储蓄存款利息所得	/	/	/	/	/	/	459.0	519.2	326.9	139.3	32.3	14.1	4.0	1.9	0.5	0.3	0.2	0.1	0.2
财产租赁所得	2.0	2.0	1.9	2.7	3.6	4.3	5.8	7.6	9.6	11.1	14.2	19.8	24.6	28.3	35.2	39.9	52.9	73.8	87.1
财产转让所得	0.9	1.7	1.7	4.3	5.5	9.9	33.0	72.8	98.5	167.3	255.8	464.2	484.1	676.3	706.1	982.6	1 277.8	1 382.2	1 530.3
其中：限售股转让所得	/	/	/	/	/	/	/	/	/	/	/	/	69.6	150.6	186.6	276.8	299.2	209.9	221.3
其中：房屋转让所得	/	/	/	/	/	/	/	37.0	28.3	79.4	79.6	114.8	106.6	213.7	170.9	272.1	413.8	416.7	510.2

续表

项目（亿元）	2000年	2001年	2002年	2003年	2004年	2005年	2006年	2007年	2008年	2009年	2010年	2011年	2012年	2013年	2014年	2015年	2016年	2017年	2018年
偶然所得	8.5	16.5	20.3	21.3	22.3	22.4	28.6	13.0	42.8	50.7	55.6	67.7	77.5	77.5	94.0	99.6	91.0	107.2	125.3
其他所得	5.5	7.1	4.2	3.8	3.5	4.5	6.0	13.0	21.2	21.8	24.1	21.3	32.4	37.3	38.0	42.3	39.6	34.8	32.4
税款滞纳金、罚款收入	2.0	2.8	4.0	5.3	5.9	6.6	7.3	6.8	8.1	8.1	8.5	9.5	11.4	11.8	14.3	18.7	18.9	26.7	32.3
合计	100.0%	100.0%	100.0%	100.0%	100.0%	100.0%	100.0%	100.0%	100.0%	100.0%	100.0%	100.0%	100.0%	100.0%	100.0%	100.0%	100.0%	100.0%	100.0%
工资、薪金所得	42.9%	41.2%	46.4%	52.3%	54.1%	55.5%	52.6%	55.0%	60.3%	63.1%	65.3%	64.4%	61.7%	62.7%	65.3%	65.2%	66.6%	67.8%	67.3%
个体工商户生产、经营所得	20.1%	16.1%	15.3%	14.2%	14.2%	14.1%	13.6%	12.6%	12.8%	12.2%	12.6%	11.3%	10.2%	8.8%	7.1%	5.6%	4.7%	5.0%	5.7%
企事业单位承包、承租经营所得	3.2%	2.7%	1.9%	1.8%	1.6%	1.3%	1.2%	1.2%	1.4%	1.6%	1.3%	1.4%	1.5%	1.9%	2.1%	1.8%	1.5%	1.0%	1.0%
劳务报酬所得	2.1%	1.9%	1.9%	2.0%	2.0%	2.1%	2.0%	2.0%	2.1%	2.3%	2.2%	2.3%	2.6%	2.7%	2.8%	3.1%	3.5%	4.1%	4.5%
稿酬所得	0.1%	0.1%	0.1%	0.1%	0.1%	0.1%	0.1%	0.1%	0.1%	0.1%	0.1%	0.1%	0.1%	0.1%	0.1%	0.1%	0.1%	0.1%	0.1%
特许权使用费所得	0	0	0	0	0	0	0	0	0	0	0	0	0	0	0.1%	0	0	0	0.1%
利息、股息、红利所得	28.7%	34.9%	31.7%	27.0%	25.6%	24.5%	27.2%	24.9%	18.4%	14.2%	11.1%	10.9%	13.0%	11.1%	10.5%	10.5%	8.9%	8.5%	8.3%
其中：储蓄存款利息所得	/	/	/	/	/	/	18.7%	16.3%	8.8%	3.5%	0.7%	0.2%	0.1%	0	0	0	0	0	0

续表

项目（亿元）	2000年	2001年	2002年	2003年	2004年	2005年	2006年	2007年	2008年	2009年	2010年	2011年	2012年	2013年	2014年	2015年	2016年	2017年	2018年
财产租赁所得	0.3%	0.2%	0.2%	0.2%	0.2%	0.2%	0.2%	0.2%	0.3%	0.3%	0.3%	0.3%	0.4%	0.4%	0.5%	0.5%	0.5%	0.6%	0.6%
财产转让所得	0.1%	0.2%	0.1%	0.3%	0.3%	0.5%	1.3%	2.3%	2.6%	4.2%	5.3%	7.7%	8.3%	10.4%	9.6%	11.4%	12.7%	11.6%	11.0%
其中：限售股转让所得	/	/	/	/	/	/	/	/	/	/	/	/	1.2%	2.3%	2.5%	3.2%	3.0%	1.8%	1.6%
其中：房屋转让所得	/	/	/	/	/	/	/	1.2%	0.8%	2.0%	1.6%	1.9%	1.8%	3.3%	2.3%	3.2%	4.1%	3.5%	3.7%
偶然所得	1.3%	1.7%	1.7%	1.5%	1.3%	1.1%	1.2%	0.4%	1.1%	1.3%	1.1%	1.1%	1.3%	1.2%	1.3%	1.2%	0.9%	0.9%	0.9%
其他所得	0.8%	0.7%	0.3%	0.3%	0.2%	0.2%	0.2%	0.4%	0.6%	0.6%	0.5%	0.4%	0.6%	0.6%	0.5%	0.5%	0.4%	0.3%	0.2%
税款滞纳金、罚款收入	0.3%	0.3%	0.3%	0.4%	0.3%	0.3%	0.3%	0.2%	0.2%	0.2%	0.2%	0.2%	0.2%	0.2%	0.2%	0.2%	0.2%	0.2%	0.2%

资料来源：根据历年《中国税务年鉴》个人所得税收入数据整理得到。

表 5-2　历年财产转让所得收入与占个人所得税的比重　单位：亿元

年份	财产转让所得	其中：限售股转让所得	其中：房屋转让所得	其他财产转让所得	限售股转让所得比重	房屋转让所得比重	其他财产转让所得比重
2000	0.92	—	—	—	—	—	—
2001	1.70	—	—	—	—	—	—
2002	1.74	—	—	—	—	—	—
2003	4.28	—	—	—	—	—	—
2004	5.52	—	—	—	—	—	—
2005	9.92	—	—	—	—	—	—
2006	32.97	—	—	—	—	—	—
2007	72.81	—	37.03	35.78	—	50.86%	49.14%
2008	98.47	—	28.27	70.20	—	28.71%	71.29%
2009	167.26	—	79.39	87.87	—	47.47%	52.53%
2010	255.78	—	79.55	176.23	—	31.10%	68.90%
2011	464.25	—	114.85	349.40	—	24.74%	75.26%
2012	484.15	69.64	106.55	307.96	14.38%	22.01%	63.61%
2013	676.33	150.61	213.66	312.06	22.27%	31.59%	46.14%
2014	706.14	186.64	170.93	348.57	26.43%	24.21%	49.36%
2015	982.62	276.78	272.13	433.71	28.17%	27.69%	44.14%
2016	1 277.76	299.24	413.76	564.76	23.42%	32.38%	44.20%
2017	1 382.21	209.90	416.72	755.59	15.19%	30.15%	54.67%
2018	1 530.27	221.29	510.18	798.8	14.46%	33.34%	52.2%

资料来源：历年《中国税务年鉴》数据整理得到。

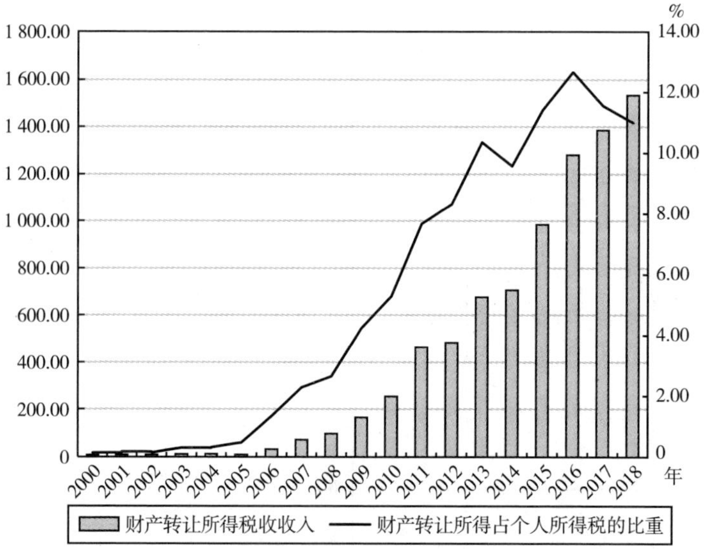

图 5-2　2000~2018 年财产转让所得收入与占个人所得税的比重（单位：亿元）

资料来源：历年《中国税务年鉴》个人所得税收入数据整理得到。

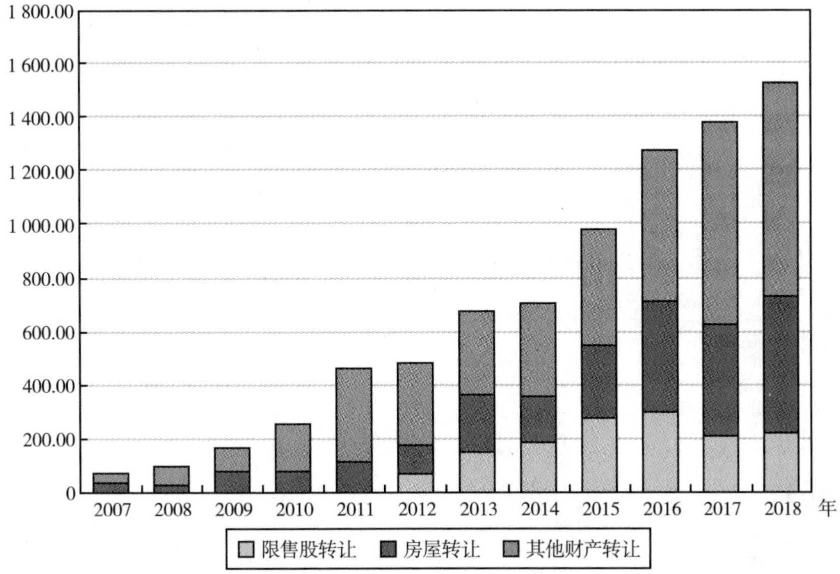

图 5－3　2000～2018 年财产转让所得税收收入（单位：亿元）

注：①2010 年、2011 年其他财产转让所得中包含限售股转让所得；

②资料来源于历年《中国税务年鉴》。

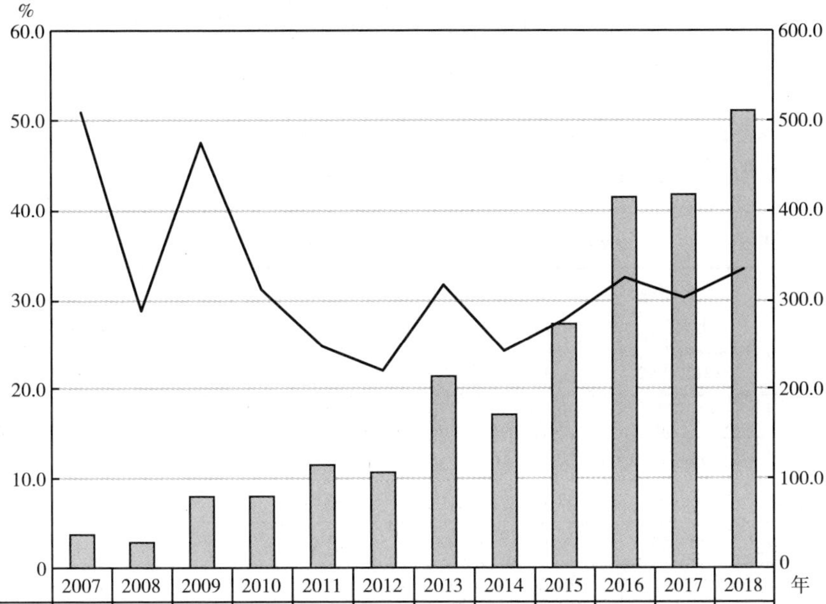

	2007	2008	2009	2010	2011	2012	2013	2014	2015	2016	2017	2018
房屋转让所得	37.0	28.3	79.4	79.6	114.9	106.6	213.7	170.9	272.1	413.8	416.7	510.2
比重（%）	50.9	28.7	47.5	31.1	24.7	22.0	31.6	24.2	27.7	32.4	30.1	33.3

图 5－4　2007～2018 年房屋转让所得税收收入与占财产转让所得的比重（单位：亿元）

资料来源：历年《中国税务年鉴》数据整理得到。

浙江、广东。个人财产转让所得占个人所得税的比例差异也比较大，占比最高的是厦门，比重为48.14%，占比最低的是甘肃省，比重为3.85%，个人财产转让所得占比超过20%的省市有福建、厦门，占比低于10%的省市有北京、天津、山西、内蒙古、辽宁、吉林、黑龙江、上海、山东、湖北、湖南、深圳、云南、陕西、青海、甘肃与宁夏，占全部的47%，其余省（市、区）占比在10%～20%，数量上也占全部省市的47%。见图5－5、表5－3。

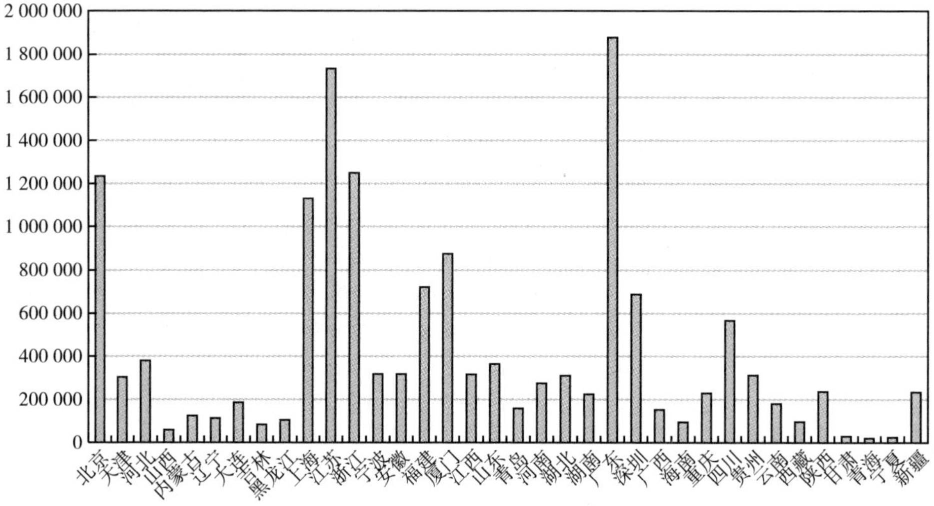

图5－5 2018年全国各省市个人所得税财产转让所得税收入（单位：万元）

资料来源：历年《中国税务年鉴》数据整理得到。

表5－3 2018年全国个人所得税总收入与财产转让所得收入 单位：亿元

地区	个人所得税收入	其中：财产转让所得	比重	地区	个人所得税收入	其中：财产转让所得	比重
合计	13 871.97	1 530.27	11.03%	青岛	121.91	15.78	12.94%
北京	1 824.24	123.39	6.76%	河南	256.85	27.42	10.68%
天津	324.44	30.27	9.33%	湖北	339.66	30.93	9.11%
河北	263.99	37.83	14.33%	湖南	269.84	22.37	8.29%
山西	139.55	5.84	4.19%	广东	1 236.49	187.70	15.18%
内蒙古	158.08	12.40	7.84%	深圳	933.72	68.70	7.36%
辽宁	151.34	11.27	7.45%	广西	152.06	15.21	10.00%
大连	96.66	18.52	19.15%	海南	79.38	9.46	11.92%
吉林	125.93	8.33	6.62%	重庆	222.58	22.90	10.29%

续表

地区	个人所得税收入	其中：财产转让所得	比重	地区	个人所得税收入	其中：财产转让所得	比重
黑龙江	118.15	10.43	8.82%	四川	446.47	56.60	12.68%
上海	1 925.52	113.04	5.87%	贵州	173.28	31.15	17.98%
江苏	1 171.03	173.10	14.78%	云南	218.61	17.98	8.23%
浙江	893.10	124.95	13.99%	西藏	62.99	9.67	15.36%
宁波	271.56	31.67	11.66%	陕西	256.44	23.59	9.20%
安徽	230.87	31.65	13.71%	甘肃	76.33	2.94	3.85%
福建	263.60	72.06	27.34%	青海	27.92	2.05	7.35%
厦门	181.50	87.38	48.14%	宁夏	33.50	2.50	7.45%
江西	222.53	31.51	14.16%	新疆	185.49	23.35	12.59%
山东	416.34	36.32	8.72%				

资料来源：2019 年《中国税务年鉴》数据整理得到。

5.1.2 财产转让所得收入快速增长的原因

5.1.2.1 限售股恢复征收个人所得税

为了解决“股权分置改革”后部分个人获取高额差价收益免征个人所得税的问题，自 2010 年 1 月 1 日起对个人转让限售股恢复征收“财产转让所得”个人所得税，为了堵塞避税途径，国家税务总局 2010 年对限售股课税范围进行重新确定。国家税务总局自 2012 年开始公布个人转让限售股个人所得税税收收入，2012 年至 2018 年共征收限售股个人所得税 1 414 亿元，分别收入为 69.6 亿元、150.6 亿元、186.6 亿元、276.8 亿元、299.2 亿元、209.9 亿元以及 221.3 亿元，分别占当年个人所得税收入的 1.2%、2.31%、2.53%、3.21%、2.96%、1.75%以及 1.6%，分别占当年财产转让项目个人所得税收入的 14.4%、22.3%、26.4%、28.2%、23.4%、15.2%以及 14.5%，税收收入规模非常的可观。对个人转让限售股恢复征收个人所得税是个人转让财产税目收入快速增长的重要因素，在未来也会为国家带来比较可观的财政收入。

5.1.2.2 房地产市场与资本市场的繁荣

财产转让所得税收收入的增长的本质原因在于房地产市场与资本市场的快

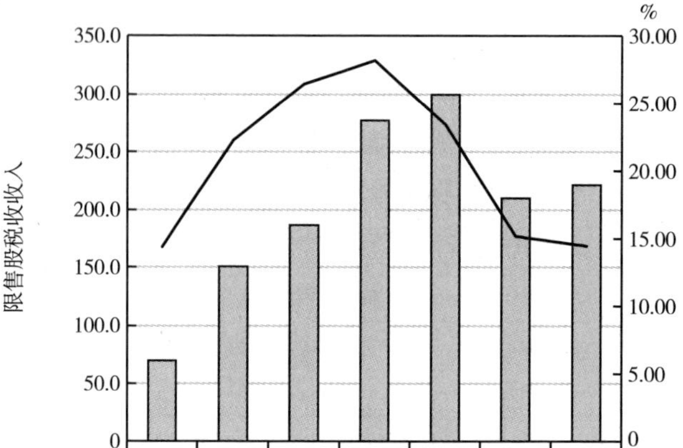

	2012	2013	2014	2015	2016	2017	2018 年
限售股收入	69.6	150.6	186.6	276.8	299.2	209.9	221.3
比重（%）	14.38	22.27	26.43	28.17	23.42	15.19	14.46

图 5－6　2012～2018 年个人转让限售股个人所得税收入以及占财产转让项目的比重（单位：亿元）

资料来源：历年《中国税务年鉴》数据整理得到。

速发展，实体行业的发展带来了税基的不断扩大。

20 世纪末，我国开始了住房制度的改革，建立了住房的商业化制度，1998 年以后住房市场化改革进一步推高了房价，在 20 年间，房地产价格快速增加，1998 年住宅商品房价格为 1 854 元/平方米，2018 年上涨至 8 544.11 元/平方米，增长了 4.6 倍，房价的快速上涨带来了二手房交易市场的繁荣，尤其是一线城市，由于土地供给紧张，二手房交易成为个人取得或改善住宅的首要选择。

1992 年中国证券监督管理委员会的成立标志我国资本市场的正式建立，之后“股权分置改革”、中小板与创业板建立、沪港通与深港通开通以及中国存托凭证陆续登上资本市场舞台，资本市场的开放程度不断增加，市场规模与交易量不断增加。以股票市场为例，证监会公开数据显示，2002 年国内上市公司数量为 1 335 家，股票市场总市值为 3.83 万亿元，年成交额为 2.8 万亿元；2020 年 2 月 28 日统计数据上市公司数量为 3 813 家，比 2002 年增加了 1.86 倍，股票市场总市值为 59.66 万亿元，增加了 14.6 倍，日成交额为 1.13 万亿元，约为 2002 年年成交额的 50%，股票市场的规模大大扩大了。

5.1.2.3　税务机关征管力度的加强

为了保证税款的及时入库，国家税务总局多次发文增加对财产转让的征管力度，房屋转让制度的完善以及沟通联络机制的建立使得税收征管能力不断加强，成为财产转让收入增加的制度原因。

（1）设立了房屋转让所得相关征收管理制度。

针对房屋费用扣除标准不明确以及纳税人刻意隐瞒房屋交易原值的情况，国家税务总局2006年发文[①]明确了不同种类的房屋原值的计算方式，对于查找不到原值的应采用核定征收税款的方式；对于房屋成交价格过低的问题，建立了房产交易最低计税价格的计征方法[②]。

（2）建立与其他机构的沟通联络机制。

为了保障房屋转让个人所得税的入库，税务机关与房地产管理部门对房屋历史交易信息进行共享，并要求纳税人先完税再办理房屋产权变更登记。在个人转让限售股政策的实行上，国家税务总局、证监会、证券机构以及证券交易所合作，首次公开发行上市公司在办理股份初始登记时应当向证券登记公司一同报送限售股成本原值信息，该信息会被植入证券结算系统，在股份转让时自动计算应当扣缴的个人所得税，在征收方式上采取证券机构直接代扣代缴的方式，实行源泉扣缴。

5.1.3 个人土地增值税收入

土地增值税是我国收入增长较快的税种，从2003年的37.3亿元增加至2018年的5 644.4亿元，增长了150倍，年均增速为39.7%，个人缴纳的土地增值税收入额增加较快，从2003年的2亿元增长至2018年的123.9亿元，但是，占土地增值税的总收入一直未超过5%，近年保持在2%左右(见图5-7)，个体经营土地增值税收入自2008年有比较明显的下降，主要是源于自2008年以后对个人出售住房免征土地增值税，个人经营的土地增值税收入主要来源于个人出售商业办公类不动产，但自2013年以后为了抑制房地产市场的炒作，部分城市尤其是一线城市对个人购买商业办公类不动产实施限购并收紧了信贷政策，调控措施的出台使得个人缴纳的土地增值税大幅下降，2014年个体经营土地增值税收入仅为2013年的45%。总体来说，个人缴纳的土地增值税总体规模比较小。

---

① 《国家税务总局关于个人住房转让取得征收个人所得税有关问题的通知》（国税发〔2006〕108号）。

② 《国家税务总局关于个人转让房屋有关税收征管问题的通知》（国税发〔2007〕33号）。

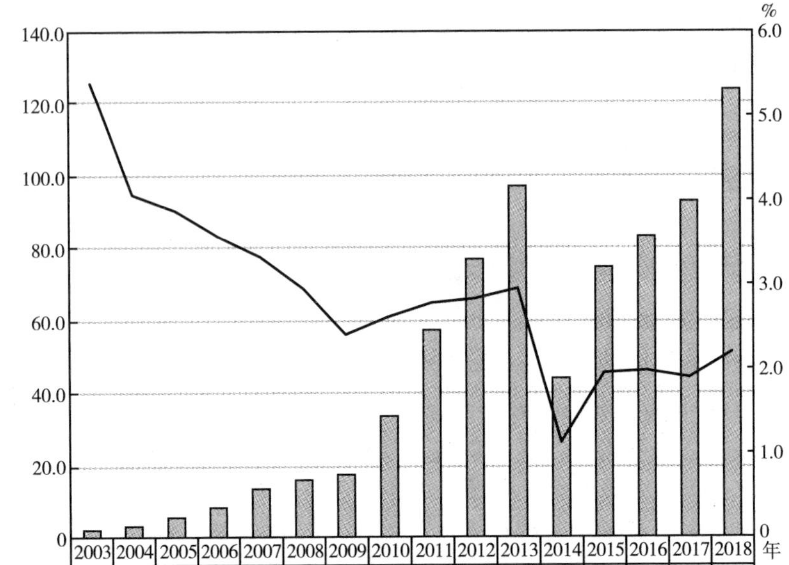

	2003	2004	2005	2006	2007	2008	2009	2010	2011	2012	2013	2014	2015	2016	2017	2018
其中：个人经营	2.0	3.1	5.4	8.3	13.4	15.8	17.3	33.4	57.3	76.9	97.1	44.0	74.7	83.2	93.0	123.9
比重（%）	5.4	4.1	3.9	3.6	3.3	2.9	2.4	2.6	2.8	2.8	2.9	1.1	1.9	2.0	1.9	2.2

图 5－7　2003～2018 年个人经营土地增值税收入与占土地增值税总收入的比重（单位：亿元）

资料来源：历年《中国税务年鉴》数据整理得到。

5.2　我国现行个人资本利得课税政策

5.2.1　个人转让股票与股权

按照股份是否可以为在二级市场公开交易将股份权证划分股票与股权，上市公司的股份权证称之为股票，而将非上市公司的股份权证称之为股权，个人转让股票与个人转让股权的划分见图 5－8。2018 年我国开始开展创新企业境内发行股票或存托凭证试点，中国存托凭证是以股票为基础的有价证券，投资者可以在市场上进行买卖，在本书中也将其归入个人转让股票（股权）范畴。

5.2.1.1　个人转让股票股权历史沿革

我国个人转让股票股权税收政策出台具有非常显著的时代性，政策出台比较集中的时期有：20 世纪 90 年代中后期、2005 年、2009 年至 2011 年以及 2014

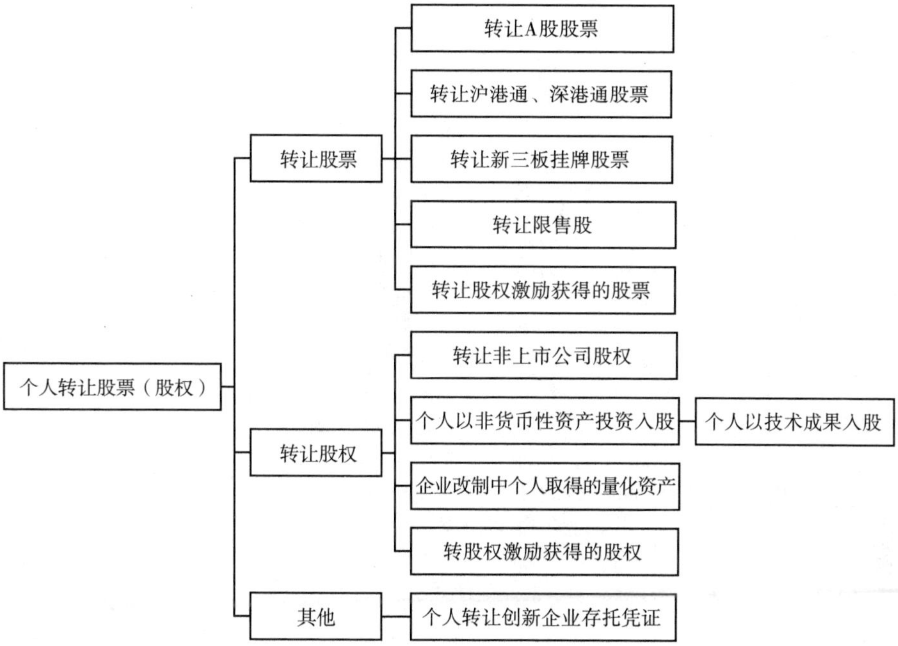

图 5－8　个人转让股票（股权）结构图

资料来源：根据现行政策整理得到。

年至今。这些时期都是我国资本市场起步与经济发展比较重要的时期，具体税收政策出台时间、内容与背景见表 5－4。

表 5－4　股权转让主要政策文件、内容与出台目的背景

出台年份	文件号	出台目的	主要内容	出台背景
1993	国税发〔1993〕45 号	明确外籍个人转让投资收益个人所得税问题	外籍个人取得超过投资额的转让收益，依 20% 的税率缴纳个人所得税	我国开展股份制试点，允许部分试点企业发行股票，对外商投资企业以及外籍个人转让股票（股权）收益征税进行明确
1994	财税字〔1994〕40 号	明确个人转让股票免征个税	股票转让取得的所得暂不征收个人所得税	1. 证券市场发展不健全； 2. 证券市场对税收政策非常敏感； 3. 配合企业股份制改制的顺利完成； 4. 为平稳度过金融危机
1996	财税字〔1996〕12 号	明确个人转让股票免征个税	1996 年股票转让取得的所得暂不征收个人所得税	
1998	财税字〔1998〕61 号	明确个人转让股票免征个税	1997 年 1 月 1 日起，个人转让上市公司股票取得的所得继续免征个人所得税	

续表

出台年份	文件号	出台目的	主要内容	出台背景
2005	财税〔2005〕35号	明确个人取得股票期权如何征税	行权时，实际购买价低于公平市场价的部分，按照“工资、薪金所得”缴纳个人所得税；行权后再转让时，获得的高于购买日市场价的差额，按照“财产转让所得”，适用当时个税征免政策	适应上市公司现代薪酬制度，加强员工股票期权个人所得税征收管理
2005	国税函〔2005〕319号	明确个人以非货币性资产置换公司股权所得税政策	个人以非货币性资产换取企业股权时，由于评估产生的增值部分暂不征收个人所得税，在投资收回、转让或清算时再按照“财产转让所得”项目征收个人所得税	1. 个人投资的兴起； 2. 个人使用房屋等非货币性资产投资的增加
2009	财税〔2009〕167号	明确个人转让限售股所得税政策	2010年1月1日起，个人转让限售股取得的所得，按照“财产转让所得”缴纳个人所得税	股权分置改革中非流通股股东在二级市场减持股票获得超额收益，引起公众对公平的广泛讨论
2009	国税函〔2009〕285号	加强个人转让股权个人所得税征收管理	纳税人应当先完税再在工商办理股权变更登记	1. 个人转让股权数量增加； 2. 纳税人利用股权转让的隐蔽性逃避税款； 3. 股权转让收入明显偏低情况普遍存在
2010	国家税务总局公告2010年第27号	明确个人转让股权核定方法	股权转让个人所得税计税依据偏低的，税务机关核定方法有“每股净资产法”与“类比法”	
2010	财税〔2010〕70号)	明确个人转让限售股的范围	对个人转让上市公司限售股的情形以及并证券机构预扣预缴税款相关征管问题进行明确	对于个人转让限售股的范围进行进一步的明确，堵塞部分个人采取各种方式逃避缴纳税款
2011	国税函〔2011〕89号	明确个人以股权参与定向增发属于“财产转让”	个人以持有的股权参与公司定向增发股票，属于股权转让行为，按照“财产转让所得”缴纳个人所得税	收入分配差距增大，国家税务总局加强个人对外投资取得股权的管理，对增资扩股、股权转让以及引入战略投资者等涉及个人财产转让的行为要重要监管

续表

出台年份	文件号	出台目的	主要内容	出台背景
2014	财税〔2014〕81号	明确个人转让沪港通股票免征个人所得税	个人通过沪港通投资香港联交所上市股票取得的转让差价，2014年11月17日至2017年11月16日暂免征收个人所得税	1. 扩大对外开放程度； 2. 打通个人投资者直接投资港股的渠道； 3. 更大程度的引入境外个人与机构投资者
2014	国家税务总局公告2014年第67号	对个人转让股票相关政策进行明确与统一	规定个人转让股权按照“财产转让所得”缴纳个人所得税；转让收入的核定办法有：净资产核定法、类比法等；原值的核定办法、个人转让股权的形式以及相管的征管事项	1. 股权转让的范围不确定； 2. 税务机关在核定转让收入时困难大； 3. 鉴证咨询机构资产评估不准确或明显偏低
2015	财税〔2015〕41号	明确个人以货币性资产投资应当按照“财产转让”缴纳个人所得税	个人以非货币性资产投资属于个人转让非货币性资产和投资同时发生，对于个人转让非货币性资产的所得，应按照“财产转让所得”缴纳个人所得税，缴纳困难的可以在5年内分期缴纳	1. 国家“大众创业、万众创新”政策； 2. 鼓励和引导民间个人投资； 3. 上海自贸区个人非货币性资产投资分期缴纳试点比较成功； 4. 解决纳税人没有现金流入，一次性缴税有困难
2015	国家税务总局公告2015年第20号	明确个人以货币性资产投资的相关征管问题	规定个人以非货币性资产投资的纳税人、原值确定、申报备案等税收征管问题	
2016	财税〔2016〕127号	明确个人转让深港通股票免征个人所得税	内地个人投资者通过深港通投资港股取得转让差价所得，自2016年12月5日至2019年12月4日止，暂免征收个人所得税	1. 打通个人投资者通过深交所投资港股的渠道； 2. 继沪港通试点成功后，更大范围的引入境外投资者，扩大对外开放程度
2016	财税〔2016〕101号	允许股权激励等可以实行递延纳税	员工取得的非上市公司的股票期权、股权期权、限制性股票和股权奖励可以实行递延纳税，在股权转让时按照“财产转让所得”缴纳个人所得税	1. 支持国家“大众创新、万众创业”创新战略实施； 2. 明确非上市公司股权激励纳税政策； 3. 技术成果投资入股享受递延纳税优惠

续表

出台年份	文件号	出台目的	主要内容	出台背景
2018	财税〔2018〕137号	明确个人转让新三板挂牌股票个人所得税政策	个人转让新三板挂牌公司非原始股，暂免征收个人所得税；个人转让原始股按照“财产转让所得”缴纳个人所得税	明确新三板挂牌公司股票转让个人所得税政策，促进新三板的长期稳定发展
2018	财税〔2018〕55号	允许创业投资相关主体以部分投资额抵扣应纳税所得额	天使投资个人使用股权直接投资与初创科技型满2年的，可以按投资额的70%抵扣该股权转让应纳税所得额	落实创新驱动发展战略，促进创业投资发展
2018	国家税务总局公告2018年第43号	规范创业投资主体抵免政策	对天使投资人税收抵免的政策口径与办理资料与流程进行明确	
2019	财政部、国家税务总局、证监会公告2019年第52号	明确个人转让创新企业CDR免征个人所得税	自首只创新企业CDR取得发行批文之日起三年内，对个人转让创新企业CDR取得的价差所得免征个人所得税	1. 为境内投资者提供投资境外上市企业的途径； 2. 鼓励创新企业在境内资本市场上市； 3. 配合国家存托凭证机制的发展
2019	财税〔2019〕8号	明确创业投资主体的核算方式与计税方式	创投企业可以选择按单一基金核算或按企业年度所得整体核算，按单一基金核算的，个人合伙人分别核算“财产转让所得”与“利息、股息、红利”所得；按照整体核算的按照“经营所得”缴纳个人所得税	保证地方已经实施的创投基金税收支持政策稳定，保证创投基金税负不上升，稳定投资者信心

资料来源：通过历年税收文件整理得到。

第一阶段：证券市场起步阶段。20世纪90年代，我国证券市场刚起步，改革开放努力让一部分人先富起来，市场经济为个人带来财富的积累，部分个人有剩余资金购买股票进行投资，证券市场发展不健全，并且对税收政策非常敏感，1997年7月爆发的亚洲金融危机造成亚洲大部分主要股市大幅下跌，资本市场的动荡造成实体经济受到冲击，在证券市场发展阶段与经济环境的双重影响下，我国决定对个人转让股票暂不征收“财产转让所得”个人所得税。

第二阶段：股权分置改革与股权激励制度的建立。2004 年 1 月，国务院启动“股权分置改革”，解决股权分置带来非流通股与流通股利益不一致问题，建立有效的证券市场定价机制，为了改革的顺利推进，财政部经过研究后确定在股权分置改革中非流通股股东向流通股股东支付的股份、现金等收入暂不征收个人所得税。另外，2005 年，我国出台了《公司法》和《证券法》，为了适应现代薪酬制度的建立，中国证监会颁布《上市公司股权激励管理办法（试行）》，为了保障公司股权激励计划的顺利实施，国家税务总局对个人取得股票期权征收个人所得税事项进行明确。

第三阶段：收入分配问题得到广泛的关注。2009 年之后，收入分配不公的问题是当时社会关注程度最高的问题，2008 年与 2009 年我国基尼系数为 0.49，是我国历史上最高的两年，为了缓解调节收入差距，个人所得税的调节作用受到关注，在《国家税务总局关于切实加强高收入者个人所得税征管的通知》（国税发〔2011〕50 号）中将自然人财产转让所得中的股权（份）转让征管问题作为首要目标。为了缓解贫富差距、增加财政收入，自 2010 年起对个人转让限售股按“财产转让所得”征收 20% 的个人所得税。

第四阶段：扩大资本市场开放与创新驱动战略。中共十八届三中全会上全会决定通过《国务院关于进一步促进资本市场健康发展的若干建议》（国发〔2014〕17 号），《建议》指出要扩大资本市场开放，发展多层次股票市场，之后几年中沪港通、深港通陆续开通，新三板正式挂牌、中国存托凭证开展试点，为了配合新兴市场，财政部与国家税务总局出台了配套的税收政策。同时，自 2014 年起，我国经济新旧动能转变，经济结构转型升级，开始实施创新驱动战略，为此，税收政策在创投企业、天使投资人、技术成果入股、非上市股权激励等方面出台了一系列税收优惠政策，从税收层面助力供给侧改革。

5.2.1.2 个人转让上市公司股票

我国暂停征收转让上市公司股票的个人所得税。按照我国 1993 年颁布的《个人所得税法》第一次修正案，个人转让股票应当属于个人转让财产，适用 20% 的比例税率，在 1994 年 1 月发布的《个人所得税法实施条例》中规定对于个人转让股票所得征收所得税的方案由财政部另行制定并报国务院批准实施。此后，在当年 6 月 21 日公布的《财政部、国家税务总局关于股票转让所得暂不征收个人所得税的通知》（财税字〔1994〕40 号）文件中决定在

1994～1995 年对个人转让股票暂不征收个人所得税，理由是当时证券市场发育不成熟，股份制还在试点阶段，在考察了其他国家的政策后决定在两年内暂不征收股票转让个人所得税。两年之后，分别在 1996 年、1998 年分别发布相应通知公布个人所得税免征政策，但免征的原因有所不同，1996 年免征个人所得税的理由增加了"我国证券市场对税收政策的调整变化比较敏感"，1997 年后继续免征个人转让股票所得税的理由是为了配合企业改制，促进股票市场的稳健发展。

直至目前，对于个人转让股票仍暂免征收财产转让项目个人所得税，从历史发展来看，对于暂免征收个人转让股票所得税的国家层面的原因主要有：

（1）证券市场发展不健全。

我国证券市场对国家政策的依赖程度很高，证券市场的价格不能反映资本市场资金的供求关系；

（2）证券市场对税收政策非常敏感。

中国台湾 1988 年 9 月决定自 1989 年起，对个人买卖股票征收资本利得税导致股市 18 个跌停，台湾地区的经验使得我国对于个人买卖股票暂免征收个人所得税，防止股市出现大幅震荡。

（3）配合企业股份制改制的顺利完成。

20 世纪 90 年代后期是我国国企改革的重要时期，为了配合企业股份制改制的顺利完成，鼓励有条件的企业发行股票上市募集资金对国有企业的改革意义重大，因此，对于个人转让股票暂不征收个人所得税。

（4）为平稳度过金融危机。

在市场比较低迷的时期实施紧缩性的财税政策可能会导致市场经济状态难以提振，为此，对个人转让股票暂不征收个人所得税。

由此可以看出，对于个人转让股票暂免征收个人所得税是基于当时的资本市场健全程度、改革重要时期以及当时的经济状况等因素综合决定的，也体现了我国在经济改革中顾大局、抓重点的思路。

5.2.1.3 转让沪港通、深港通股票

随着改革开放程度的不断深入以及投资多样化需求的升级，扩大对外开放范围是改革深入的必要要求。2007 年，中国证监会开始试行合格境内投资者，同年国家外汇管理局宣布了"港股直通车"计划，但由于反对意见的存在导致该计划实际上并未真正实施。虽然 QFII 与 QDII 为两地投资提供了渠道，但

也存在明显的不足：第一，个人只能通过机构进行投资，不能直接投资香港证券市场；第二，交易不便，QFII 与 QDII 的交易货币是美元，这使得个人投资者在投资前需要进行换汇，而在我国外汇是受到管制的，以上问题增加了投资者投资成本。为此，在中共十八届三中全会上全会决定通过《国务院关于进一步促进资本市场健康发展的若干建议》（国发〔2014〕17 号），该意见第二十一项：便利境内外主体跨境投融资，稳步开放境外个人直接投资境内资本为市场，有序推进境内个人直接投资境外资本市场，该意见的出台为沪港通提供了顶层设计。

顶层制度设计为开放个人境外投资扫清了障碍，沪港通应运而生，2014 年 11 月 17 日举行开通仪式，沪港通（沪港股票市场交易互联互通机制试点）是指上海证券交易所和香港联合交易所建立技术连接，两地的投资者通过当地的证券公司或经纪商买卖规定范围内的股票[①]。沪港通相比之前的投资方式范围更大，投资的额度与灵活性都有很大的提高与改善，可以更为有力的推动国内外资本的有序流动。

财政部、国家税务总局在综合考虑现行流转税、所得税以及内地与香港的税收安排下，于 2014 年 10 月 31 日发布《财政部、国家税务总局、证监会关于沪港股票市场交易互联互通机制试点有关税收政策的通知》（财税〔2014〕81 号），对于内地投资者通过沪港通投资港股的转让差价所得，2014 年 11 月 17 日至 2017 年 11 月 16 日之间 3 年内免征个人所得税，在政策到期后，后续发文将免征个人所得税的期限由 2017 年 11 月 16 日延长至 2019 年 12 月 4 日[②]。在沪港通试点获得成功后，深港通也于 2016 年 12 月 5 日正式启动，当日，财政部与国家税务总局也就相关税收政策进行了明确，政策内容与沪港通相关政策保持一致，即内地个人投资者通过深港通投资香港联交所上市股票的转让差价免征个人所得税。

在政策制定时，财政部与国家税务总局主要考虑两方面的因素：一是目前除限售股外，国内个人转让股票均暂免征收财产转让个人所得税。内地二级市场股票转让免征个人所得税，如果对沪港通个人投资者征收 20% 的个人所得税容易引起公平问题，也容易使得个人投资者在内地股票与香港股票

① 中国证券监督管理委员会网站《沪港通问答之一：沪港通概述》。

② 《财政部、国家税务总局、证监会关于继续执行沪港股票市场交易互联互通机制有关个人所得税政策的通知》（财税〔2017〕78 号）。

之间有所偏颇。二是内地与香港的税收安排对非居民股份转让所得基本不征税，少数情况除外。在存在税收安排的情况下，内地投资者可以享受免征股票转让个人所得税的待遇，但享受之前履行申请免税待遇的程序，耗时长、程序烦琐，为了减轻纳税人的征税成本，从政策上直接明确免征个人所得税比较合理。

5.2.1.4 转让新三板挂牌股票

为了解决非上市公司股权转让问题，2006 年中国证监会建立中关村科技园试点，将高科技的优质企业引入代办系统，在 2012 年 9 月 20 日，“全国中小企业股份转让系统有限责任公司”（新三板）正式注册，成为与上海证券交易所、深圳证券交易所平行的证券交易所[①]，截至 2019 年 12 月，新三板挂牌公司 8 976 家，总股本 5 638.19 亿股，其中流通股本 3 383.99 股[②]。

为了新三板市场的更好发展，国务院于 2013 年 12 月发布《国务院关于全国中小企业股份转让系统有关问题的决定》（国发〔2013〕49 号），在文件中指出新三板涉及税收政策，原则上比照上市公司投资者的税收政策处理，但并未对其具体实施方式进行发文明确，由于政策的模糊导致在 2018 年 2 月网络上流传部分地区地方税务局要对新三板股份转让按照“财产转让项目”征收 20% 的个人所得税，造成市场恐慌情绪。为了稳定投资者预期，财政部、国家税务总局于 2018 年 11 月 30 日发文《财政部、国家税务总局、证监会关于个人转让全国中小企业股份转让系统挂牌公司股票有关个人所得税政策的通知》（财税〔2018〕137 号），在文件中明确对新三板挂牌的股份按照原始股与非原始股分别对待，对于非原始股暂免征收个人所得税，而对于原始股按照“财产转让所得”适用 20% 比例税率，征收方式参照上市公司适用的财税〔2009〕167 号与财税〔2010〕70 号文件相关规定按照个人转让限售股政策施行。

总体上来说，新三板作为证券交易系统原则上应当与上交所与深交所待遇相同，也遵循了 2010 年之后形成的“一级市场股权转让征税、二级市场股权转不征税”的原则，保持上市公司与非上市公司股票交易相同的税收待遇也体现了税收的公平原则。

---

① 赵燕：“‘新三板’市场发展现状及对策研究”，《新金融》2016 年第 3 期。

② 来自全国中小企业股份转让系统官网“数据统计”模块。

5.2.1.5 转让限售股

个人转让限售股个人所得税目前是财产转让项目个人所得税的重要组成部分，为财产转让项目个人所得税的税款征收贡献很大，个人转让限售股也是我国在改革过程中关注程度非常高的财产转让项目，其税收政策的形成具有历史必然性。

1994 年之后，A 股上市公司的股份分为流通股与非流通股，流通股面向社会公开发行，一般是由个人持股，可以在二级市场上进行交易；非流通股一般是由法人或国有企业持股，不能在二级市场上进行公开交易，“股权分置”制度在设立初期对于保障公有制经济的主体地位发挥了重要作用。但随着资本市场的发展，“股权分置”严重影响了证券市场公平稳定，因此，在 2005 年 4 月经国务院批准，证监会启动股权分置改革试点，改革的实质为流通股股东与非流通股股东双方协商出利益平衡方案，使得非流通股可以上市流通，为了保障股票市场的稳定会为非流通股设定一定的限售期，因此，在“股权分置改革”之后，股票市场不再划分非流通股与流通股，转而区分为限售股与非限售股，限售股在限售期内不能进行流通，解禁后可以进入二级市场进行交易。由于非流通股获得时成本极低，有些甚至为零成本，上市流通后由于市场溢价会为持股者带来巨大的利益，对于流通股股东来说是显失公平，2009 年 9 月，华夏时报报道了“紫金矿业富豪避税事件”，按照 20% 的个人所得税税率计算，自然人股东免征了 7.1 亿元的巨额个人所得税，引发了社会的广泛关注，此次事件将个人转让限售股征收个人所得税推到了风口浪尖。

为了配合股权分置改革的顺利实施，发挥个人所得税的调节作用，财政部、国家税务总局于 2009 年 12 月 31 日发布《财政部、国家税务总局、证监会关于个人转让上市公司限售股所得征收个人所得税有关问题的通知》（财税〔2009〕167 号），其第一条规定：自 2010 年 1 月 1 日起，对个人转让限售股取得的所得，按照“财产转让所得”，适用 20% 的比例税率征收个人所得税，转让限售股的应纳税所得额为每次的转让收入减除限售股原值及合理税费。应当征收财产转让所得的限售股主要包含两种：一是股改限售股，是指上市公司股权分置改革完成后复牌日之前非流通股及送股、转股，也就是市场的“大非”与“小非”，两者的划分标准为非流通股占总股本的规模；二是新股限售股，是指 2006 年之后 IPO 产生的限售股及解禁前产生的送股及转股。截止到 2019 年 11 月 29 日，境内上市股份合计为 39 441.47 亿股，其中无限售流通股

35 005.18 亿股，占总股本的 88.75%；有限售流通股 4 436.29 亿股，占总股本的 11.25%。

限售股恢复征收个人所得税后又出现了一些新的避税方式，例如个人限售股的股东将限售股票一揽子置换交易型开放指数基金，再将置换得到的交易型开放指数基金在二级市场买卖达到避税的目的，针对出现的新情况，财政部、国家税务总局于 2010 年 11 月 10 日发布《财政部、国家税务总局、证监会关于个人转让上市公司限售股所得征收个人所得税有关问题的补充通知》（财税〔2010〕70 号）对出售限售的范围进行进一步的细化，将继承、家庭分割取得限售股、个人用限售股接受要约收购以及个人用限售股置换交易型开放指数基金等情况包揽在内，并重申具有转让限售股的交易均应缴纳个人所得税。

在税款征收管理上，依据财税〔2009〕167 号文件，采取证券机构预扣预缴、纳税人自行申报清算和证券机构直接扣缴相结合的方式，之后陆续国家税务总局发布了两个文件[①]对税收征管的操作问题进行了进一步的明确。针对由个人出资、企业代持限售股的问题，国家税务总局于 2011 年 7 月 7 日发布了《国家税务总局关于企业转让上市公司限售股有关所得税问题的公告》（国家税务总局公告 2011 年第 39 号），文件明确因股权分置改革造成个人出资由企业代持的情况，企业需要按照应税额计算缴纳企业所得税，完成纳税义务后直接将余额转付给实际所有人即可，不需再缴纳个人所得税。

5.2.1.6 个人转让非上市公司股权

个人转让非上市公司股权个人所得税课税制度是近十年起才逐步规范起来的。2000 年之前对于如何征收个人所得税并没有具体规范，实际中纳税人按照《个人所得税法》中“财产转让所得”项目缴纳相关个人所得税，但由于股权转让数量较小，并未引起太多的关注。2000 年之后，个人转让股权数量增加，由于个人股权转让本身独有的偶发性、隐蔽性以及不确定性等特点使得税务机关在实际征收过程中困难重重。

国家税务总局于 2009 年 5 月 28 日发布《国家税务总局关于加强股权转让所得征收个人所得税管理的通知》（国税函〔2009〕285 号），在该文件中增

① 2010 年 1 月 18 日《国家税务总局关于限售股转让所得个人所得税征缴有关问题的通知》（国税函〔2010〕23 号）；2011 年 12 月 30 日《财政部、国家税务总局关于证券机构技术和制度准备完成后个人转让上市公司限售股有关个人所得税问题的通知》（财税〔2011〕108 号）。

加了反避税条款：纳税人在签订股权转让协议后应当先扣缴财产转让个人所得税，完税后持相应完税凭证或不征税证明才可以在工商管理部门办理股权变更手续。在征收管理上，税务机关可以判定股权转让交易是否符合独立交易原则，不符合的可参照每股净资产及股权比例等指标核定转让价款，为了增加税务机关对个人股权转让的控制措施，税务总局要求各地税务机关建立个人所得税电子台账。国税函〔2009〕285 号虽然为个人转让股权征收个人所得税提供了法规依据，但在实际中也存在一些问题：一是缺乏判定交易价格是否公允的客观依据，价款核定方法也不具体，存在核定困难；二是缺乏征税前置的法律依据。依照《行政许可法》，不得设立企业或其他组织设立登记的前置性行政许可，因此在实际中并未按照征税前置进行执行。

针对第一个问题，国家税务总局于 2010 年 12 月 14 日公布《国家税务总局关于股权转让所得个人所得税计税依据核定问题的公告》（国家税务总局公告 2010 年第 27 号），对何为股权转让计税依据明显偏低，偏低的正当理由以及核定的方法进行具体明确，为税务机关的征收提供了法规支持。另外，依据当时税务总局的公告①个人因终止经营取得的股权转让收入应当按照“财产转让所得”项目征收个人所得税。

2011 年之后，我国资本市场进入了蓬勃发展的黄金时期，在资本退出方式的选择上，2011 年选择股权转让的投资者占总体的 8%，到 2016 年上升到 31%②，个人股权转让股权转让的迅速增多使得原有政策法规无法适应基层税务机关的税收征管需求，在股权转让的案例中“有税”比例很低，以北京市丰台园区税务所为例，在 2017 年 1 月至 9 月受理的 521 件个人转让股权案中，仅有 54 件需要实际缴纳税款，有税率仅为 10.36%。在资产评估环节，鉴证咨询机构会依据客户的需求选择最有利于客户的评估方式来压低评估价值，平价转让甚至是折价转让屡见不鲜。为此，国家税务总局于 2014 年 12 月 7 日发布了个人股权转让的纲领性文件《国家税务总局关于发布〈股权转让所得个人所得税管理办理（实行）〉的公告》（国家税务总局公告 2014 年第 67 号），在该试行办法中对以下事项进行明确：

①股权转让的范围进行了界定，个人股权转让不包括个人独资企业和合伙

---

① 《国家税务总局关于个人终止投资经营收回款项征收个人所得税问题的公告》（国家税务总局公告 2011 年第 41 号）。

② 清科研究中心：2016 年中国股权投资市场回顾与展望。

企业；

②个人转让股权按照“财产转让所得”征收个人所得税；

③股权转让确认范围与收入偏低的具体情况；

④主管税务机关核定股权转让的主要方法有净资产核定法与类比法；

⑤不同出资类型下股权原值的确认方式；

⑥纳税申报的期限方式以及税务机关征收管理的方法。

上述问题的明确为许多问题的解决提供了法律依据，税务总局 2014 年 67 号公告也是目前规定最为系统、详细的有关个人转让非上市公司股权的税收规范。

综上所述，对于个人转让非上市公司股权政策在逐步完善，但是本质问题并未得到解决，也就是转让上市公司股份与转让非上市公司股权面临不平等的税收待遇，在二级市场上转让上市公司股票是免征个人所得税的；另外，由于股权的价值难以准确计量，导致个人在转让的过程中可以通过与鉴证咨询机构合谋分享收益的可能性；再者，由于股权的来源形式广泛，也增加了股权原值确定的难度，在目前有限的征管资源的状况下，个人转让股权的征管难度是很大的，是基层税收征管的难点问题。

5.2.1.7 个人以非货币性资产投资及技术入股

随着社会主义市场经济体制改革的深入以及私营经济、民间投资的崛起，个人的财富不断的积累，个人投资形式也呈现多样化，在企业新设立、增值扩股、兼并重组的过程中出现了很多个人直接以股权、科技成果以及不动产进行投资的现象。

（1）政策演变过程。

按照政策制定的基本思路以及是否存在系统性文件支持可以将个人非货币性资产投资所得税政策划分为四个阶段：

第一阶段（2005～2007 年）：个人非货币性资产投资暂免征收个人所得税。

我国首次以规范性文件出现个人非货币性资产投资的是《国家税务总局关于非货币性资产评估增值暂不征收个人所得税的批复》（国税函〔2005〕319 号），这是国家税务总局对于福建省地方税局请示的批复，税务总局批示个人使用非货币资产进行投资时暂免征收个人所得税，直至股份处置且收益实现时才缴纳个人所得税。但是在实际过程中该规定也出现了一些问题：一是扣缴义务人的转变，当个人用非货币性资产进行投资时应由被投资企业进行代扣代缴税款，此时暂免征收个税，等到股权处置时，支付对价的为取得股权的企业，由于扣缴义务人发生变更所以会导致税款不能及时入库情况的发生。二是避税频发，超低价转让时有发生，也有部分纳税人将股权转换为股票来逃避税款。由于以上问题的频发以及后续文件的出台，该文件被国家税务总局公告2011年第2号所废止。

第二阶段（2008～2012年）：个人非货币性资产评估增值部分按“财产转让所得”征税。

按照当时的《公司法》，企业以非货币性资产进行投资时必须要进行资产评估，针对当时普遍存在的避税问题，在2008年12月9日，《国家税务总局关于资产评估增值计征个人所得税问题的通知》（国税发〔2008〕115号），在该文件中第二条指出，个人评估增值的非货币性资产对外投资取得股权的，对于增值部分个人需要按照“财产转让所得”缴纳个人所得税，由被投资企业履行代扣代缴义务。

个人以非货币资产进行投资再次出现是江苏税务局就个人以股权参与上市公司定向增发是否应当征收个税向税务总局进行请示，在2011年2月17日国家税务总局对江苏省地方税务的批复[①]中认为以上行为属于股权转让行为，应当按照“财产转让所得”项目缴纳20%的个税。2011年正值我国收入分配差距过大受到了公众广泛关注，有关个人所得税对收入分配的调节也被社会给予很高期待，在国家税务总局相关文件中也将“加强财产转让所得征管”作为当时税收征收管理工作重要方面，文件中明确要加强个人对外投资取得股权的管理，对增资扩股、股权转让以及引入战略投资者等涉及个人财产转让的行为要重要监管[②]。

第三阶段（2013～2015年）非货币性资产增值部分按“财产转让所得”征税并适用分期缴纳。

2013年9月29日，上海自由贸易试验区成立，为了促进自贸区的发展，国务院发文《国务院关于印发中国（上海）自由贸易试验区总体方案的通知》（国发〔2013〕38号），对注册自贸区个人股使用非货币性投资对外投资可以

① 《国家税务总局关于个人以股权参与上市公司定向增发征收个人所得税问题的批复》（国税函〔2011〕89号）。

② 《国家税务总局关于切实加强高收入者个人所得税征管的通知》（国税发〔2011〕50号）。

在 5 年内分期缴纳个人所得税，并将政策作为促进投资的税收政策重点实施，试点政策也为之后的全国性政策出台先行试水。

在 2014 年的夏季达沃斯论坛上，李克强总理提出“大众创业、万众创新”的国家政策，为了配合国家创业政策、鼓励民间投资，缓解投资人资金紧缺的情况，将自贸区的政策推广到全国实施，在该文件明确个人以非货币性资产投资实质上可以划分为两笔业务：第一笔是个人转让非货币性资产；第二笔是进行对外投资，在投资过程中资产的所有权已经转移，可以认定为个人持有的非货币性资产已经处置，因此非货币性资产的增值部分应当按照“财产转让所得”缴纳相应个人所得税，在收入额的确认上应当按照评估后的公允价值进行计量。但考虑到实际中可能没有现金流入或只有少量的现金流入，因此允许一次性缴税有困难的纳税人享受 5 年分期缴纳的优惠政策，自 2015 年 4 月 1 日起开始实施。截至目前，个人转让非货币性资产进行投资仍按照该办法执行。

第四阶段（2016 年～今）个人以技术成果投资入股可以享受递延纳税。

为了实施更大规模的创新战略，促进经济结构的转型升级，2015 年《促进科技成果转化法》实施，次年《实施〈中华人民共和国促进科技成果转化法〉若干规定》出台，以上规定的出台对于打通科技与经济的结合通道、鼓励科技人员转化科技成果有积极的意义。自 2016 年 9 月 1 日对个人以技术成果投资入股可以采用递延纳税待遇，技术成果如果是非货币性资产中的一种形式，属于无形资产，是相对房屋、机器设备等有形资产而言的资产。可以享受递延纳税的技术成果主要包含专利技术、计算机软件著作权、集成电路布图设计专有权等技术成果，是受法律保护、受国家认可的技术成果。个人使用技术成果入股可以享受在技术成果投资入股当期不纳税，在股权转让时缴纳个人所得税。同时，非技术成果入股仍可以享受延期 5 年内缴纳个人所得税的政策。

（2）政策演变逻辑。

个人以非货币性资产对外投资是个人资本利得征税理论最为关注的方面，在我国个人非货币性资产投资税收政策与当时经济环境结合是非常紧密的。在最初个人使用非货币性资产换取股权不征税，待股权处置时进行征税，主要考虑到在第一步非货币性资产换取股权的过程中个人未实际取得现金收益，不足以履行纳税人的纳税义务，等到股权转让、清算后个人获得现金收益一并就个人取得的资本利得缴纳个人所得税，实质上是个人所得税的延期缴纳，但在实际中我国转让股票并不征税，导致个人可以通过股权换股票的形式合理避税，导致个人可以将征税的非货币性资产转换为了不征税的股票，造成税源的流失。因此，2008年国家层面考虑在个人使用非货币性资产换取股权时应当就增值部分进行征收个人所得税，《公司法》要求非货币性资产入股一定要经过资产评估，因此，在实际中对增值部分（资本利得）进行征税也是现实可操作的，但是在2008年该思路并未公开的进行宣传。直至2011年，收入差距过大的问题非常突出，调节部分高收入人员的收入水平也成为个人所得税征收工作的重点，2010年开始对限售股解禁进行征税也为对非货币性投资产生的资本利得进行征税进行了铺路，社会上对较高的资本性收入征税的理念也在逐步地建立，在此时财政部与国家税务总局出台了国税函〔2011〕89号，明确个人的非货币性资产投资行为应当按照“财产转让所得”征收20%的个人所得税，并且个人取得的现金部分应当优先用于履行纳税义务，上述提到股权置换过程中由于收益并未实现所以社会上对征税期限异议颇多。在第三阶段，我国经济进入新常态，增速下调，经济下行压力增大，供给侧改革走上历史的舞台，优先发展科学技术，促进大众创业对缓解经济压力与就业压力的意义重大，因而我国当时的政策重点为“大众创新、万众创业”，同时也为了稳固民间投资力量，鼓励个人进行投资，我国于2015年正式出台了非货币性资产投资个人所得税延期缴纳，文件中一方面明确个人非货币性投资行为应当就资本利得部分缴纳“财产转让所得”个人所得税，另一方面允许纳税人享受延期缴纳的政策，既保证了税法的合规，也对纳税人的实际困难有所缓解。在2016年，财政部与国家税务总局专门就技术成果入股政策进行了调整，调整后个人以技术成果入股可以在投资入股当期不纳税，股权转让时才需要缴纳个人所得税，政策的本质与国税函〔2005〕319号是相同的，主要意图是鼓励个人以技术成果入股，以科学技术为经济增长提质增效，为消除技术成果投资的税收障碍，调整后个人以技术成果投资缴纳个人所得税的征收方式也更符合资本利得课税理论中的“实现”原则。

5.2.1.8 企业改组改制中个人取得的量化资产

1997年的亚洲金融危机对我国的出口产生了很大压力，国有企业面临大面积的亏损以及严重的债务问题，同时，金融机构的坏账率居高不下使得中央与地方的财政压力持续加码，依据当时的政策，改革开放20年时外商投资企业的经营年限陆续到期，在内资外资双重压力下，中央政府决定开展市场化改革，通过对国有企业的产权化改造，将外资、民营资产引入到国有企业的经营中，组建多元化的股权结构。按照《股份制试点办法》和《公司法》，企业股份制有两种方式：第一是新组建股份制企业；第二是将现有企业改造为股份制企业，在改制过程中，部分计提企业将部分资产量化给予职工个人。

针对这种现象，国家税务总局于2000年3月29日发布《国家税务总局关于企业改组改制过程中个人取得的量化资产征收个人所得税问题的通知》（国税发〔2000〕60号）：对职工以股份形式取得的拥有所有权的企业量化资产，暂缓征税个人所得税，待个人将股份转让时，以转让收入额，减除个人取得该股份时实际支付的费用支出和合理转让费用后的余额，按照“财产转让所得”项目计征个人所得税。实际上是给予个人在取得时不征税，后续转让再征税，对于个人取得量化资产时的溢价予以免税，以个人实际支付的价格作为资产的公允价值，在财产转让时按照“财产转让”项目征收个人所得税，对征税进行了简化，免除了个人在取得量化资产时的成本。

5.2.1.9 个人股权激励

（1）上市公司股权激励。

在我国，个人转让上市公司股权与转让非上市公司股权享受不同的税收待遇，个人取得的股权激励政策也按照标的股份是否上市有所区别。税法上第一次出现股权激励是在《国家税务总局关于个人认购股票等有价证券而从雇主取得折扣或补贴收入有关征收个人所得税问题的通知》（国税发〔1998〕9号），在该文件中将雇员凭借雇主授予的认股权证以事前约定价格认购公司股票的属于雇员取得“工资薪金所得”，雇员再转让取得有价证券适用有价证券转让所得征收所得税。

个人取得上市股票期权的纲领性文件是《财政部、国家税务总局关于个人股票期权所得征收个人所得税问题的通知》（财税〔2005〕35号），该文件认为员工实际购买价格（施权价）低于当时市价的差额与员工的表现、业绩相关，所以是任职受雇所得，按“工资、薪金所得”缴纳个人所得税；员工取得股票后在二级市场上转让股票是个人转让财产行为，按照“财产转让所得”缴纳个人所得税，目前在二级市场上转让股票暂免征收个人所得税。考虑到一次性收入过高会导致纳税人税收负担过重，允许纳税人依据收入除以规定月份后的商数选择适用税率，以减轻纳税人的税收负担，对于税款计算上的一些问题，国家税务总局于 2006 年进行了明确[①]。2019 年开始的个人所得税改革中，允许纳税人不将股权激励的工资薪金并入综合所得，期限至 2021 年 12 月 31 日。按照财政部、国家税务总局 2009 年发布的文件[②]，个人从上市公司的取得股票增值权所得和限制性股票也都参照个人取得上市公司股权激励办法（财税〔2005〕35 号）征收个人所得税，由于股票增值税与限制性股票与股票期权之前存在的差异，为了消除理解上的差异，国家税务总局于同年 8 月发布通知[③]，对三项股权激励应纳税所得额的计算方式进行明确，由于限制性股票存在一定的限制期，为了减轻纳税人的税收负担，在限制性股票应纳税所得额的收入计算上采用登记日与解禁日市价的均值。值得注意的是，以上规定只适用于个人取得上市公司股票，非上市公司并不适用。

（2）非上市公司股权激励。

为了吸引人才，非上市公司也比照上市公司实施股权激励计划，由于变现能力相对较差，未来不确定性较高等现实困难，且非上市公司实施股权激励 20 年来一直参照国税发〔1998〕9 号实施，已明显与现代需求不相契合，非上市公司也希望得到国家财税政策的支持。在考虑了非上市公司的实际需求，结合“双创”战略实施，财政部、国家税务总局于 2016 年出台《财政部、国家税务总局关于完善股权激励和技术入股所得税政策的通知》（财税〔2016〕101 号），允许非上市授予员工的股权激励实施递延纳税人，即个人在取得时暂不纳税，在股权转让时按照“财产转让所得”缴纳个人所得税，但也在激励的人数以及持有期间方面设立一些限制性条件。

（3）股权激励税收政策制定原则。

第一，是否直接取得股份或股权。在股权激励方案中股票增值权是授予员工获得规定数量股票价格上涨的权益，个人仅获得等值的现金收益，并不直接取得股票（股权），因此个人取得股票增值权是对员工工作的奖励，属于工薪范畴，应当按照“工资薪金所得”缴纳个人所得税。相对比，股票期权、股权期权、限制性股票都实际获得了股票（股权），因此需要按照不同方式缴纳相应个人所得税。

---

① 《国家税务总局关于个人股票期权所得缴纳个人所得税有关问题的补充通知》（国税函〔2006〕902 号）。

② 《财政部、国家税务总局关于股票增值权所得和限制性股票所得征收个人所得税有关问题的通知》（财税〔2009〕5 号）。

③ 《国家税务总局关于股权激励有关个人所得税问题的通知》（国税函〔2009〕461 号）。

第二，区分个人取得上市公司流通股与非上市公司股权。目前，个人取得上市公司股票可以划分为两个阶段，首先是股票的取得，个人取得股票与员工的表现有关，员工在授权时享受的“折扣”按照“工资薪金所得”进行征税，员工取得股票后再在二级市场上转让属于个人转让财产，按照“财产转让所得”适用征免政策，目前该阶段是免征个人所得税的。而对于非上市公司的股权，由于不能在市场上公开交易，暂不区分工薪部分与财产转让部分，合计在股权转让时按照“财产转让所得”缴纳个人所得税，适用20%的税率。

本质上，个人股权激励涉及的资本利得税仍为个人转让股权（股票），但由于个人取得时不是直接认购的，而是需要满足一定的条件，因此在缴纳个人所得税时需按照取得所凭借的因素划分为“工资薪金所得”与“股权转让所得”，再将工薪部分刨除，剩下的只需按照目前股权转让政策执行即可。

5.2.1.10 转让创新企业境内发行存托凭证

中国存托凭证（CDR）是指已经在境外证券市场上市，以境外股票为基础允许在境内发行的可转让凭证，境内投资者可以通过证券交易机构购买的投资凭证，与股票相比，存托凭证并无投票权，发行程序也更为复杂与高昂，但为境内投资者投资境外上市企业提供了可能性。

财政部、国家税务总局于2019年4月3日出台存托凭证交易相关税收政策，《财政部、国家税务总局、证监会关于创新企业境内发行存托凭证试点阶段有关税收政策的公告》（财政部、国家税务总局、证监会公告2019年第52号），在文件中规定自首只创新企业CDR取得发行批文之日起3年内，对个人转让创新企业CDR取得的价差所得免征个人所得税，股息红利政策参照目前相关政策执行。本质上，我国的存托凭证是以股票为基础的有价证券，属于个人的资本资产，个人转让存托凭证应当属于“转让财产所得”范畴，是个人资本利得的一部分，所以政策适用上总体上保持二级市场股票转让免征个人所得税的原则。

5.2.1.11 促进创业投资的相关政策

创业投资基金的发展壮大对促进科技型新产业发展以及我国经济结构转型升级有重要意义，创业投资基金可以为初创企业提供股权融资以及先进的管理经验，帮助初创企业渡过最艰难的设立期。

创业投资基金一般都采用合伙制形式组建，2018年以前，对于有限合伙制基金普遍按照20%的税率征收所得税，在国家税务总局的检查中被认定为税法适用错误，有限合伙制基金应当按照“生产经营所得”适用累进税率，创投基金的体量一般都在亿元以上，应税所得极大概率会超过50万元，适用35%的个人所得税税率，这引起了合伙制创投基金的恐慌。为此，国务院为了保障创投基金税负政策稳定，于2019年1月出台《财政部、国家税务总局、国家发展改革委员会、证监会关于创业投资企业个人合伙人所得税政策问题的通知》（财税〔2019〕8号），允许创投企业在单一基金核算或创投企业年度整体核算两种核算方式选择其一，其中单一投资基金核算方式是指从不同投资项目取得的转让所得与股息红利所得分别按照目前个人所得税相关规定计算，对于发生基金股权转让的，按不同投资项目所得和损失项递减后的余额计算应当缴纳的“财产转让所得”个人所得税。这项政策对于保证地方已经实施的创投基金税收支持政策稳定，保证创投基金税负不上升，稳定投资者信心方面意义重大。

另外，为了鼓励创投企业积极投资，允许公司制创投企业、有限合伙制创投企业以及天使投资个人使用股权直接投资与初创科技型企业满2年的，可以按投资额的70%抵扣该股权转让取得应纳税所得额，当期不足抵扣的允许递延，天使投资个人税收政策自2018年7月1日实施，其他两项政策自2018年1月1日起实施。

两项政策的目标均是为了鼓励创业投资的发展，创业投资基金政策选择是通过核算方式的自由选择，在法律允许的基础上，将现在适用的“经营所得”转换为“财产转让所得”和“利息、股息、红利所得”以降低适用税率；而投资额抵免是通过直接税额抵免的方式直接减少纳税人当期应缴纳的税款，两者税收减免的力度都是比较大的，属于资本利得税制中对投资基金的支持政策。

5.2.1.12 个人转让资产收取竞业禁止收入

竞业禁止收入是特定主体为保护其商业秘密、经营利益或维持其竞争优势，要求特定主体在约定时期内不得从事特定经营行为的收入。竞业禁止制度的发展主要源于知识产权制度与商业秘密法律制度的发展，从法律渊源上，我国的竞业禁止制度主要是在对外开放程度不断加深、知识产权制度不断完善的过程中从境外逐步引入的。

对于经营资产收购的过程中个人取得的竞业禁止收入，在税款征收管理实操中，我国在财产转让过程中个人取得的竞业禁止收入未按照“财产转让所得”征收个人所得税，而是对竞业禁止收入单独按照“偶然所得”税目进行征税。其法律依据为财政部与国家税务总局2007年对江苏省地方税务局的回复：“对于外商投资企业在购买内资企业经营资产过程中向自然人股东支付的不竞争款项，应当属于个人因偶然因素取得的一次性所得，应当按照‘偶然所得’项目计算缴纳个人所得税，税款由购买方代扣代缴。”

5.2.2 个人转让基金

5.2.2.1 封闭式基金与开放式基金

一般认为，银行业、证券业、保险业与基金业共同构成了现代金融体系。根据基金单位是否可以增加或赎回，可将基金分为开放型基金与封闭式基金。

我国基金行业起步是从封闭式基金开始的，1991年，中信基金成立，标志着我国投资基金市场的诞生，1998年之后，封闭式基金又进入了快速增长阶段。为了配合基金行业的发展，财政部与国家税务总局于1998年8月6日发布《财政部、国家税务总局关于证券投资基金税收问题的通知》（财税字〔1998〕55号）对封闭式证券投资基金涉及的营业税、印花税与所得税问题进行了明确，对于个人投资者买卖基金单位获得差价收入，在对个人买卖股票的差价收入未恢复征收个人所得税以前，暂不征收个人所得税。

2001年9月以后，我国进入了开放式基金的发展阶段①，截止到2006年，我国已设立的开放基金有254只，资产净值为6 941.41亿元，占我国基金市场资产净值的81%。为了更好地规范我国开放式基金的税款征收，财政部与国家税务总局于2002年8月22日发布《财政部、国家税务总局关于开放式证券投资基金有关税收问题的通知》（财税〔2002〕128号），对个人投资者申购和赎回基金单位取得差价收入，在对个人买卖股票的差价收入未恢复征收个人所得税以前，暂不征收个人所得税。

封闭式基金与开放式基金转让价差的个人所得税是相同的，税收政策制定思路与个人买卖股票的差价收入税收政策保持一致，在个人买卖股票的差价收入不征税的时期买卖基金取得价差也不征收个人所得税，政策设计初衷是保持股票与基金相同的税收待遇，两者作为个人投资手段，在收益率、操作便捷程

① 引自中国证券监督管理委员会网站《关于我国基金发展的历史》。

度以及面临的风险方面不存在本质性差异，替代性非常高，如果两者税收待遇不同必然会使得投资在基金与股票投资之间进行转换，因此，目前两者税收待遇相同，均暂停征收转让过程取得所得的个人所得税。

5.2.2.2 个人通过内地与香港基金互认买卖基金

为了拓宽内地机构与个人投资者的投资渠道，2015 年 5 月 22 日，中国证监会与香港证监签署《中国证券监督管理委员会、香港证券及期货监察委员会联合通告》，在公告中确定两地基金互认工作于 2015 年 7 月 1 日正式实施，互认基金的实施为内地投资者拓宽了投资的渠道，有利于投资者投资结构的优化，同时也可以使得境内投资者享受内资产管理机构的现代服务。

为了配合基金互认的顺利开展，财政部等相关单位对相关税收政策进行明确，在 2015 年 12 月 4 日发布的《财政部、国家税务总局、证监会关于内地与香港基金互认有关税收政策的通知》（财税〔2015〕125 号），该通知明确内地个人从香港基金分配取得收益由代理人代扣代缴 20% 的个人所得税，香港个人从内地基金分配的收益由内地的分配机构代扣代缴 10% 的个人所得税；内地个人赎回基金单位取得的转让差价所得在 3 年内免征个人所得税，香港个人赎回基金单位取得的转让差价所得，暂免征收个人所得税。可以看出，个人投资者取得的股息红利所得遵照执行个人所得税股息红利所得征税方式，按照 20% 的比例税率缴纳个人所得税，而香港投资者个人与企业均适用 10% 的比例税率，与目前企业所得税法中的规定保持一致，而对于内地与香港个人转让基金单位取得的资本利得暂免征收个人所得税，不同的是内地个人取得的资本利得设定了 3 年的期限，而香港个人取得的资本利得并未设定期限。在 2018 年 12 月 17 日，内地个人所得税政策到期后，财政部等部委又发布了《财政部、国家税务总局、证监会关于继续执行内地与香港基金互认有关个人所得税政策的通知》（财税〔2018〕154 号），将个人投资取得的资本利得的免征期延长至 2019 年 12 月 4 日。总体来说，两地基金互认资本利得政策与个人其他基金政策保持一致税收待遇。

5.2.3 个人转让不动产

5.2.3.1 政策演变过程

按照目前个人所得税政策，个人转让二手房按照“财产转让所得”税目缴纳个人所得税，税率为 20%，我国个人转让房屋财产的征税方式经历了不断完善与发展的过程。

第一阶段（1994～1999 年）：1994 年税制改革后，只有很少的纳税人在出售房产时缴纳个人所得税，2000 年我国财产转让税目个人所得税仅为 0.92 亿元，当年个人所得税收入为 660.37 亿元，仅占个人所得税收入的 0.14%，收入微乎其微。为了适应当时房地产的发展需要并保障税收法定的严肃性，财政部、国家税务总局与建设部于 1999 年 12 月 2 日下发了《关于个人出售房屋所得征收个人所得税有关问题的通知》（财税字〔1999〕278 号），在该文件中明确个人出售自有房屋应当按照“财产转让所得”缴纳个税，并规定对于出售住房后一年内重新购房的纳税人可以免除部分或全部个人所得税纳税义务。另外，为了保障个人的实际居住需求，对于个人转让满五年、家庭唯一住房免征个人所得税。这是首次明确将个人转让房屋纳入个人财产转让的范畴，在该时期，财产转让项目个人所得税收入由 2000 年的 0.92 亿元增加到 2005 年的 9.92 亿元，增加了 9.8 倍。截止到 1999 年 8 月 1 日之前个人转让住房都正常计算缴纳土地增值税。

第二阶段（2000～2006 年）：自财税字〔1999〕278 号文件公布后，虽然个人所得税的征收入库得到一定程度的保障，但也存在一些问题：一是对于应当扣除的费用不明确，各地在实际执行标准也不一致；二是纳税人隐瞒房屋交易的相关信息，瞒报房屋原值，由于税务部门与住建部门信息交换不及时，导致税款流失；三是部分地方存在对二手房交易执法松弛，征收不严的情况，造成了税收的流失。为此，针对上述问题，国家税务总局于 2006 年 7 月 18 日发布《国家税务总局关于个人住房转让所得征收个人所得税有关问题的通知》（国税发〔2006〕108 号），在该文件对转让取得的收入以及费用扣除进行了规定，明确房屋实际成交价格为转让收入。另外，对于无法提供原值的个人省级地方税务局可以采用核定征收的方式，按照 1%～3% 的征收率核定应缴纳的个人所得税，例如，北京地区按照 1% 的征收率核定征收个人所得税，以上政策均于 2006 年 8 月 1 日起开始实施。在新政实施后，个人转让财产个人所得税收收入从 2005 年的 9.92 亿元增加到 2006 年的 32.97 亿元，2007 年财产转让项目个人所得税为 72.81 亿元，财产转让项目个人所得税占个人所得税收入的比重也从 2005 的 0.47% 增加到 2006 年的 1.34%，再到 2007 年 2.29%，当年房产转让个人所得税收入为 37.03 亿元，占财产转让所得个人所得税收入的 50.86%，房屋转让所得的重要性逐步上升。1999 年以后，考虑到土地增值税征管成本较高，同时也为了鼓励个人购买改善住宅，自 1999 年 8 月 1 日起，对居民个人转让拥有的普通住宅时暂免征收土地增值税，但对于个人转让商业办公类不动产以及非普通住宅仍需要缴纳土地增值税。

第三阶段（2007 年 ~ 今）：2007 年之后，国家税务总局就房屋转让个人所得税征收中遇到的实际问题对政策进行了完善，并通过建立最低计税价格制度、与房地产管理部门沟通联络制度等方式保障房屋转让个人所得税的及时入库。其中，比较重要的文件有国家税务总局于 2007 年 3 月 21 日发布《国家税务总局关于个人转让房屋有关税收征管问题的通知》（国税发〔2007〕33 号），在该文件中建议各地要建立房屋交易最低计税价格管理制度，在实际中也被称为“最低过户指导价”，指导价的制定要参考房屋坐落地点、建筑结构与年限以及同类房屋交易价格等因素综合制定，同时该文件中对“家庭唯一生活用房”的判定标准进行明确。同期，各地区在国家税务总局的指导下对本地区的征管事项进行明确。个人房屋转让个人所得税的征收进入了比较稳定的阶段，社会也普遍认同房屋转让应当征收个人所得税，并在房屋产权变更时能够积极配合税务机关扣缴相关个人所得税。为了进一步减轻个人出售住宅的不动产税收负担，自 2008 年 11 月 1 日起，个人销售住房暂免征收土地增值税，但对个人转让商业办公类住宅仍继续征收土地增值税。

5.2.3.2 个人转让不动产现行政策

（1）个人所得税。

个人转让房屋取得的所得按照“财产转让所得”项目征收个人所得税，适用 20% 的比例税率，在计算个人所得税的应纳税所得额时，以房屋转让收入额减除财产原值与合理税费后的余额为计税基础，营改增之后，个人转出房屋的应税收入中不包含增值税，但个人取得房屋时支付的增值税可以计入房屋原值[①]。关于个人转让不动产现行政策主要有：

①个人转让自用五年以上、同时也是唯一的家庭生活用房取得的财产转让所得，暂免征收个人所得税。

②无法核实房屋原值按照相应征收率核定征收，在个人无法提供完整、准确的房屋原值凭证时，可以对个人应当缴纳的税款核定征收，按照适用的征收

① 《关于营改增后契税、房产税、土地增值税、个人所得税计税依据问题的通知》（财税〔2016〕43 号）。

率（1%～3%）乘以住房转让收入缴纳财产转让所得个人所得税，为了防止纳税人逃避税款，税务机关应当通过税收征管系统、房屋登记系统或房屋交易权属系统对售房人及家庭成员住房登记记录进行查询和核验。

③个人取得的拆迁补偿款免征个人所得税。被拆迁人按照国家有关城镇房屋拆迁管理规定的标准取得的拆迁补偿款，免征个人所得税[①]；另外，个人因房屋被征用取得的赔偿费（实物与现金），属于补偿性质的收入，免征个人所得税[②]。

④个人将经济适用房转让给直系亲属，房屋的性质转为商品房，视同卖方处理。

⑤个人出售已购公有住房视同卖方。

⑥自 2010 年 10 月 1 日起，个人出售自有住房并在 1 年内重新购房的纳税人不再享受减免个人所得税政策。[③]

⑦通过离婚析产夫妻双方对共有财产进行处置，离婚办理房屋产权过户手续不征收个人所得税[④]。

⑧受赠人将无偿受赠的不动产再次出售时，在缴纳个人所得税时以财产转让收入减除受赠及转让过程中发生的税金及其相关合理费用后的余额为应纳税所得额，按照 20% 的税率计算缴纳个人所得税。

（2）土地增值税。

自 2008 年 11 月 1 日起，个人销售住房暂免征收土地增值税[⑤]，但对于个人转让商业办公类等非住宅类型的不动产仍继续征收土地增值税。

5.2.4 个人转让其他财产

5.2.4.1 个人转让拍卖所得

国家税务总局自 1997 年开始关注个人取得的拍卖所得税收问题，2007 年国家税务总局出台了关于拍卖所得的专项文件《关于加强和规范个人取得拍

① 《财政部、国家税务总局关于城镇房屋拆迁有关税收政策的通知》（财税〔2005〕45 号）。

② 《关于个人取得被征用房屋补偿费收入免征个人所得税的批复》（国税函〔1998〕428 号）。

③ 《财政部、国家税务总局、住房和城乡建设部关于调整房地产交易环节契税个人所得税优惠政策的通知》（财税〔2010〕94 号）。

④ 《国家税务总局关于明确个人所得税若干政策执行问题的通知》（国税发〔2009〕121 号）。

⑤ 《关于调整房地产交易环节税收政策的通知》（财税〔2008〕137 号）。

卖收入征收个人所得税的有关问题的通知》（国税发〔2007〕38 号），依照该文件的规定，个人拍卖的除文字作品原稿及复印件外的其他财产，应当按照“财产转让所得”缴纳个税，个人拍卖的文字作品原稿及复印件按照“特许权使用费”税目缴纳个人所得税，两项均适用 20% 的比例税率。

无法确定原值时可以采用核定征收，一般情况主管税务机关核定按照拍卖品收入金额的 3% 的征收率缴纳个人所得税；如果拍卖品被文物部门认定是海外回流文物，则按照拍卖品的 2% 的征收率缴纳个人所得税。

5.2.4.2 转让虚拟货币

面对虚拟经济的繁荣，国家税务总局于 2008 年发函，对个人转让虚拟货币的所得如何征税进行明确，个人取得的转让虚拟货币所得属于个人所得税的应税范围，按照“财产转让项目”，适用 20% 的比例税率[①]，转让虚拟货币的原值为个人收购时所支付的价款及相关税费，不能提供原值证明的情形由主管税务机关核定。

5.2.5 继承与赠与

5.2.5.1 股权与股票

2010 年以后，我国将亲属之间转让股权股份明确为“股权转让计税依据明显偏低且有正当理由”[②]，2014 年以后，将继承加入到上述范围，按照国家税务总局 2014 年第 67 号公告的规定：“继承或将股权转让给其提供法律效力身份关系证明的配偶、父母、子女、祖父母、外祖父母、孙子女、外孙子女、兄弟姐妹以及对转让人承担直接抚养或赡养义务的抚养或赡养人”转让股权收入明显偏低视为有正常理由，该政策的实质是对继承以及亲属或法定抚养、赡养义务人之间转让股票给予免征个人所得税政策。

5.2.5.2 不动产

按照赠与人与受赠人的关系可以分为两类：

---

① 《国家税务总局关于个人通过网络买卖虚拟货币取得收入征收个人所得税问题的批复》（国税函〔2008〕818 号）。

② 《国家税务总局关于股权转让所得个人所得税计税依据核定问题的公告》（国家税务总局公告 2010 年第 27 号）。

（1）将房屋产权赠与亲属、继承人、抚养人及赡养人免征个人所得税。

按照《财政部、国家税务总局关于个人无偿受赠房屋有关个人所得税问题的通知》（财税〔2009〕78 号）规定，房屋产权所有人将房屋产权无偿赠与符合条件的直系亲属、抚养人、赡养人或依照《继承法》取得房屋产权的继承人或受遗赠人不需缴纳“财产转让所得”个人所得税。

（2）将房屋赠与其他个人按照“偶然所得”项目缴纳个人所得税。

2009 年，财政部与国家税务总局发文，将房屋产权无偿赠与除亲属、继承人、抚养人及赡养人以外的其他个人，按照“其他所得”缴纳个人所得税，适用 20% 的比例税率。2018 年《个人所得税法》修订后，个人所得的类型由 11 类变更为 9 类，将“经国务院财政部门确定征税的其他所得”删除，为了适应个人所得税法的调整，将部分原按照“其他所得”征税的项目调整为按照“偶然所得”项目征税，该部分所得具有偶然的性质，仍适用 20% 的税率，税负保持不变，在此次调整中，房屋产权所有人将房屋赠与其他个人，按照“偶然所得”项目计算缴纳个人所得税 。[①]

从性质上来看，不动产的赠与、遗赠都属于个人资本利得课税的范畴内，但是，在赠与、遗赠是实现的过程中并没有实现收益，不符合资本利得课税中收益实现原则，因此，收益在本次交易中进行滚转，在下次交易中再缴纳个人所得税。

5.3 现行政策主要问题

5.3.1 资本利得课税存在不公平

目前我国个人资本利得课税存在税赋不均，主要表现在以下三个方面：

（1）劳动性所得与资本性所得的公平问题。

我国课征的个人劳动性所得有工资薪金所得、劳务报酬所得、稿酬所得；资本性所得有特许权使用费所得、利息股息红利所得、财产租赁所得与财产转让所得，按照区别定性的原则，劳动性所得属积极所得，其税收负担应当总体

---

① 《财政部、国家税务总局关于个人取得有关收入适用个人所得税应税所得项目的公告》（财政部、税务总局公告 2019 年第 74 号）。

上低于资本性所得，以鼓励个人多参与生产劳动。但在我国工资薪金所得适用3% ~45%的累进税率，年应纳税所得额14万~30万元的部分适用20%的税率，超过30万元适用25%，而财产转让所得的适用20%的比例税率，近年个人所得税中的2/3是中等收入个人缴纳的工薪税，实际上真正富裕个人其收入中资本性收入由于占比较高，实际税负可能会低于中等收入阶层。另外，随着资本市场开放程度不断加深，持有股份的企业高管通过出让股权以及限售股获得了巨额收益，这些数额达百万、千万甚至上亿元的收益实际税负只有20%，不及工资薪金最高边际税率45%的一半，进一步加深了收入分配的差距，引发了公众对个人所得税公平性普遍质疑。

（2）一级市场与二级市场之间的公平问题。

按照个人取得方式的不同，可以将股票分为限售股与非限售股，限售股为个人通过一级市场或股权激励方式取得股票，成本较低，目前个人转让限售股须缴纳20%个人资本利得税，而个人转让非限售股暂免征收个人所得税。另外，个人转让非上市公司的股权均要缴纳20%的个人所得税，但个人转让上市公司股票免征个人所得税，实际上形成为“一级市场征税、二级市场不征税”的征税方式，目前个人在二级市场上获得巨额收益的情况也经常发生，以股民关注的“打新股”来说，新股上市后收益巨大，Wind数据显示，365只新股理论最低平均收益率为3.03倍，最高平均收益最高为7.13倍，更有新股上市后出现连续26个涨停，为中签的股东创造了巨大的利益。在股市上扬的时期，大部分股民都能获得不菲的收益，有些远超过部分限售股股东获得的收益。另外，相比于上市公司，非上市公司成立时间短、规模相对较小、面临风险较高的特点，非上市公司的股东在转让股权获得高额收益的难度会更大，对于转让投资风险更高的非上市公司股权课征20%的财产转让所得个人所得税，而对转让风险较低的上市公司股票免征个人所得税也是明显不合理的。因此，“一级市场征税、二级市场不征税”的原则本身体现了税收政策歧视，不符合税收公平原则。

（3）个人通过股权激励计划取得上市公司与非上市公司股份面临不同的税收待遇。

股权激励计划作为一种现代薪酬制度在现代公司中广泛使用，对于上市公司股权激励的计税原则在2006年就进行了明确，个人在购买股票时实际购买价低于当日市场价的部分属于员工任职受雇收入，按照“工资薪金所得”缴纳个人所得税，在取得股票后在二级市场上转让股票按照“财产转让所得”

项目征收个人所得税；而对于非上市公司股权激励计划可以实行递延纳税政策，即员工在取得时暂不纳税，待到股权转让时按照“财产转让所得”计算缴纳个人所得税。目前，“工资薪金所得”属于综合所得，按年适用3%～45%的税率，其中年度应纳税所得额在14.4万元至30万元之间适用20%比例税率，超30万元则适用25%的，而“财产转让所得”不纳入综合所得，适用20%的比例税率。公司给予员工的股权激励金额一般较高，再加上员工当年个人取得工资等收入，有很大概率在行权当年适用20%及以上的个人所得税税率，而非上市公司员工取得的股权激励一直适用20%的比例税率。因此，同样是通过股权激励方式取得的股份，但在转让时依据标的股份是否可以上市交易则适用不同的税收待遇，对于是否应当区分“工资薪金所得”部分与“财产转让所得”部分、非上市公司股权激励是否应当递延纳税引起了广泛的争议。

5.3.2 个人转让房地产存在重复征税

按照目前法定的征税范围，个人转让房地产既需要缴纳“财产转让所得”个人所得税，也需要缴纳土地增值税。2018年修订的《个人所得税法实施条例》：“财产转让所得，是指个人转让有价证券、股权、合伙企业中的财产份额、不动产、机器设备、车船以及其他财产取得的所得”，《土地增值税暂行条例》第三条：“转让国有土地使用权、地上建筑物及其附属物并取得收入的单位和个人为土地增值税的纳税义务人”，《土地增值税法（征求意见稿）》第一条：“在中华人民共和国境内转移房地产并取得收入的单位和个人为土地增值税的纳税人。”两者本质上都是对个人转让不动产（房地产）取得的法定增值额（应纳税所得额）进行征税，课税对象高度相似，存在重复征税的可能性。

自2008年起我国对个人销售住房暂免征收土地增值税，但是，在2019年土地增值税法征求意见，在征求意见稿中个人转移房地产取得收入时仍为土地增值税的法定纳税人，如不改变，未来个人资本利得项目仍被分散在“个人财产转让”与“土地增值税”两个税种税目中，从税法角度看，对个人转让房屋仍为土地增值税的应税范围。究其本质，个人转让不动产征收个人所得税与个人转移房地产征收土地增值税都是对个人转让房地产的资本利得进行课税，应当对税法进行调整，避免重复征税。

5.3.3 政策制定缺乏整体规划

目前，我国对于个人转让财产缺乏系统的课税规则与体系，尤其是个人在资本市场投资取得差价收益，只存在于单行条例与临时性的规定中，缺乏整体规范。我国个人转让财产税收政策与时代有紧密的联系，表5-5比较了资本市场新生事物与相应税收政策的建立时间，从表中可见我国现在关于个人资本利得政策基本是随着事项走，“有需求才设立”的政策风格明显，多数文件都是临时性的，缺乏长期规划。个人转让股权股票所得税主要是为了解决当时的难题：证券市场发展不成熟时暂免征收转让股票个人所得税；为了适应现代薪酬制度而对个人股权激励确定征免政策；为了解决收入分配问题而对限售股征收股票转让个人所得税以及为资本市场开放暂免征收个人所得税等，个人资本利得是否征税与当时经济状况与宏观政策目标直接相关，个人所得税作为财政政策手段固然应当以宏观调控为使命，但是“头痛医头脚痛医脚”的政策风格却不利于税收公平原则的贯彻实施，政策反复变化也不利于纳税人形成稳定的预期，干扰正常的经济活动。

表5-5 部分个人财产转让项目开始时间与税收政策设立对照时间

项目	开始时间	税收政策设立时间
封闭式基金	1992年11月	1998年8月
开放式基金	2001年9月	2002年8月
限售股	2005年4月	2010年1月1日
股权激励	2005年12月31日	2005年10月28日
新三板	2012年9月20日	2018年11月30日
沪港通	2014年11月17日	2014年10月30日
香港与内地基金互认	2015年8月	2015年12月
深港通	2016年12月5日	2016年12月5日
存托凭证	2018年3月22日	2019年4月3日

资料来源：根据现行政策整理得到。

5.3.4 税率设计未考虑个人综合税负水平

2018年个人所得税改革后，四类所得工资薪金所得、劳务报酬所得、特许权使用费所得与稿酬所得为综合所得，按年计算个人所得税，而财产转让所得适用分类计征，适用比例税率20%，比例税制的优点在于方便计算，但是缺点是不能体现税收公平，也就是说穷人处置多年持有的房屋取得资本利得与富人处置资产取得的资本利得都适用相同的税率，按照支付能力标准，两者的支付能力有本质区别，在适用税率上，年综合收入96万元以上的个人最高边际税率为45%，年经营所得50万以上的个人最高边际税率为35%，年综合收入36 000元以下的个人边际税率为0，年经营所得3万以下的个人最高边际税率为0，因此对财产转让统一适用比例税率并不能体现税收的纵向公平原则。

5.3.5 政策存在空白领域

按照被转让资产的类型可以将个人资本利得分为四类：有价证券利得、不动产利得、有形动产利得以及无形资产利得。在我国的财产转让政策中内容最丰富的是个人转让股票与股权；其次为个人转让房屋；最后为个人转让基金产品，对于个人转让拍卖品等其他类型的财产只有在个别文件中有所涉及，在税收政策的完善程度方面明显存在不平衡。更为重要的是，目前对于个人交易期货等金融衍生产品方面几乎是空白，随着资本市场的逐渐开放，个人交易金融衍生产品的情况会越来越普遍，如果税收政策不对其作出明确，会导致不同类型的投资人之间税负不均。

5.4 个人资本利得课税政策的分散性

我国个人资本利得税政策总体上最大的特点是分散性，表现为个人资本利得课税缺乏统一的税收制度，更缺乏统一的课税原则。政策与制度的分散化又进一步带来了重复课税、税负不均、政策变化频繁以及政策空白等一系列的问题，因此建立个人资本课税制度与体系才可以从根本上解决目前存在的问题。

结合我国个人资本利得课税的历史个人资本利得政策呈现分散性的原因主要有：历史传统、缺乏核心政策目标、个人信托制度完善程度与个人投资市场的发展等。

5.4.1　分散性的表现形式

我国个人资本利得课税政策的分散性体现在以下几个方面：

5.4.1.1　个人所得税与土地增值税

我国目前的个人资本利得税政策主要分散在个人所得税与土地增值税两个税种。个人财产转让所得主要对个人转让财产进行课税，应税财产包含有价证券、股权、合伙企业的财产份额、不动产、机器设备、车船以及其他财产；土地增值税对个人转让国有土地使用权、地上建筑物及其附着物进行课税。目前，个人转让非住宅类不动产需要同时缴纳土地增值税与个人所得税，个人转让其他财产一般只涉及个人所得税。

5.4.1.2　个人转让财产所得与偶然所得

个人转让财产一般按照“财产转让所得”缴纳个人所得税，但也有部分情况适用其他类型的所得。例如，个人转让资产时取得竞业禁止收入按照“偶然所得”征税①，而转让资产所支付的其他价款按照“财产转让所得”征税，目前个人财产转让所得以转让财产的收入额减除财产原值和合理费用的余额为计税基础，而偶然所得以每次的收入额为计税基础，两者都适用20%的比例税率，由于两者的计税基础存在差异，因此存在税收筹划的空间。本质上，个人转让资产时收入的任何名目的收入都是基于财产权转移取得的，应当统一纳入资本利得计算计税基础，将个人转让财产分散于两个税目会为个人提供税收筹划的空间，增加了税制的复杂性。

5.4.1.3　赠与政策混杂于财产转让政策

我国并未设立单独的遗产税与赠与税，个人在发生财产赠与与继承时适用财产转让个人所得税政策，依据受让对象与财产类型分别适用不同的政策。目前，我国对于个人赠与股权与个人赠与房屋产权分别适用不同的政策，个人将

---

① 《财政部、国家税务总局关于企业向个人支付不竞争款项征收个人所得税问题的批复》（财税〔2007〕102号）。

股权转让给直系亲属、抚养人与赡养人允许低价转让，政策没有明确可以享受免税，但可以通过降低股权转让价款实现免税；对个人将房屋产权赠与直系亲属、抚养人、赡养人免征“财产转让所得”个人所得税，而将房屋产权无偿赠与除亲属、继承人、抚养人及赡养人以外的其他个人，按照“偶然所得”缴纳个人所得税；但对个人赠与非住房类的不动产未予以明确应当如何征税。

个人财产赠与政策整体上没有确定性方式，只有对个人赠与房屋财产财产进行了政策明确，对于赠与其他类型的财产总体上非常模糊，另外，个人通过交易转让财产按照“财产转让所得”缴纳个人所得税，而个人将房屋赠与非直系亲属、抚养人及赡养人的其他个人则按照“偶然所得”缴纳个人所得税，同时个人赠与股权时又按照“财产转让所得”计征个人所得税，政策导向不明确相应也会使得个人发生财产转让时缺乏判断的依据。见图 5－9。

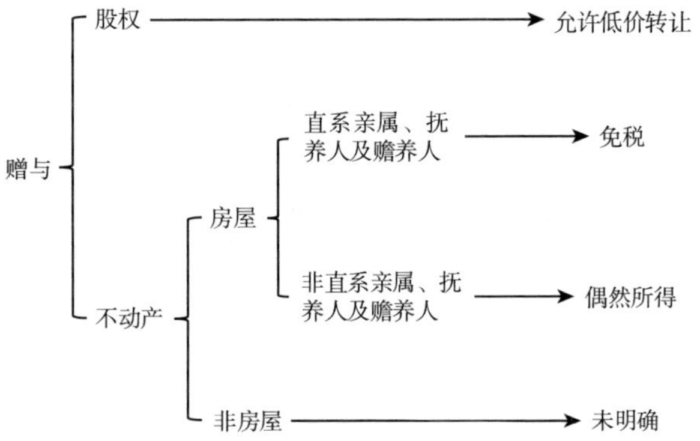

图 5－9　赠与财产适用的个人所得税政策

资料来源：根据现行政策整理得到。

5.4.2 历史传统

我国个人资本利得课税自民国时期开始，民国时期个人资本利得课税主要分散在财产出卖所得税与土地税的土地增值税税目，其中财产出卖所得税是我国财产转让所得税的前身，土地增值税是我国现行土地增值税的前身。

新中国成立后，我国税制重新建立，由于我国实行公有制经济，新中国成立后至改革开放以前国有企业上缴利润占财政收入的主要部分，税收的作用并没有发挥出来，再者我国当时的经济水平比较落后决定了税收的主体是以农业税为主体，而资本利得课税是在有一定资本积累、经济相对较为发达以及个人收入有一定差距时才能产生。改革开放以后我国税收制度逐步建立，建立的基础一方面要考察国际经验，另一方面结合我国的历史传统与民众的思想基础，我国个人资本利得课税政策分散的特点得到了延续，直至今日，我国的个人资本利得课税制度仍主要分散于个人财产转让所得税与土地增值税。

5.4.3 缺乏核心政策目标

我国个人资本利得税政策缺乏总体目标，个人资本利得项目的变迁是服务于不同时期的宏观政策目标而产生的，并没有一个核心的要素不断推动资本利得课税制度发展与完善，这也是造成我国个人资本利得课税政策呈现分散状态的主要原因。

1980 年对技术转让所得征收所得税是适应对外开放的需要。1978 年改革开放以后，对外资采取的“引进来”的策略，且重点是引入外资先进的生产技术与管理方法，在此背景下，外籍个人进行技术转让的情况越来越频繁，将个人技术转让纳入当时的“特许权使用费所得”是适应对外开放、技术引进的改革策略的选择。

1994 年税制全面改革是贯彻当时税制改革的主要趋势——“宽税基、简税制”。尽可能扩大税基是当时国际税制改革的主要方向，在此背景下三项个人所得税统一，“个人财产转让所得”与“个体工商户的生产经营所得”“企业事业单位的承包经营、承租经营所得”“偶然所得”与“稿酬所得”一同纳入个人所得税的征税范围。

1994 年开征土地增值税主要目的是对当时过高的房地产收益进行调节，1999 年对个人销售普通住房免征土地增值税，2008 将个人销售非普通住房一并纳入免税范畴，对个人销售商业办公类房屋仍然课征土地增值税，主要目的仍是防止房地产市场过热，对个人投资性的房产资本利得进行调节。

2014 年以后我国新出台的个人财产转让所得税优惠政策都是服务于国家鼓励投资与创新宏观经济政策的。2014 年，我国为了鼓励个人投资，对个人使用非货币性资产对外投资可以享受在 5 年内分期纳税的政策；2016 年之后为了鼓励科技人员转化科技成果，提高国家整体的创新能力，对于个人以技术成果投资入股可以享受投资入股当期不纳税，股权转让时再缴纳个人所得税的政策。

综上所述，我国个人资本利得课税政策从建立、完善到改革的主要目标都是服务于宏观经济政策与宏观经济目标的，而宏观政策是随着时代的发展不断变化的，不断变化的宏观政策带来了不断变化的个人资本利得税政策，缺乏居于核心的激励要素使得我国个人资本利得税政策缺乏系统性，同时这也是导致政策分散化以及变动频繁的深层次原因。

5.4.4 个人信托制度不完善

经济制度的特点直接影响国家税收制度的建立，个人信托制度所特有的财产所有权与收益权分离对所得税课税时点有独特的要求，因此，个人信托制度是个人资本利得课税制度的产生与发展的重要催化剂。

国际上对资本利得单独设立税种的国家，英国个人资本利得税制度的建立与英国发达的信托制度关系密切，现代信托制度起源于英国，信托制度在英国适用非常广泛，例如英国的个人养老金都是采取基金信托的形式，英国的土地信托业务也非常普遍，英国信托主体以个人信托为主，信托的标的物主要涉及房屋与土地不动产等。信托制度对课税方式带来了挑战，主要表现在信托的所有权与收益权的分离问题，委托人、受托人与受益人之间形成了以信托财产为中心的复杂的财产权利义务关系，受托人主要享有财产的占有、处分与使用权，而受益人享受财产的受益权。由上述问题的存在导致实际上对于信托是采用实质课税为指导的，不能简单按照其他类型所得普遍适用的原则设计税收制度，对基于信托制度而产生的财产所有权的转移应当予以单独考虑。因此，在发达的信托制度的催化下，英国针对个人单独设立了资本利得税的税种，并在其中就个人信托制度单独设立了相关的税收政策。例如，针对信托单独设立豁免额；个人储蓄账户或个人股权计划的股票免征资本利得税（ISA①、PEP②）；

---

① 个人储蓄账户（Individual Savings Accounts，ISAs），个人储蓄账户共有四种类型：现金个人储蓄账户、股票与股权个人储蓄账户、创新金融个人储蓄账户、终生个人储蓄账户。个人储蓄账户设有免税额度，2018～2019年度的免税额度为20 000英镑。其中对于终生个人储蓄账户，个人在18～50岁可以每年存入4 000英镑，英国政府可以再增加25%，但每年不超过1 000英镑，终生个人储蓄账户中的可以用来购买首套房屋或用于以后生活消费。

② 个人股权计划（Personal Equity Plan，PEP）自1987年1月1日起实施，以鼓励更广泛的参股，但自1999年4月5日之后，PEP计划停止实施，个人储蓄计划（SIPs）接替了PEP，PEP以及SIPs中符合条件的投入可以免征个人所得税和资本利得税。

雇主股权激励计划的股票转让免征资本利得税（SIPs[①]）等都带有明显的信托制度的痕迹。

因此，信托制度的发展刺激资本利得课税制度的形成，英国由于个人信托制度的繁荣要求建立统一且完善的个人资本利得税，相比之下，我国的信托业发展非常缓慢，改革开放以后才逐步建立起以银行为主体的信托产业，经过数次清理整顿后，2001 才颁布《信托法》，2008 年以后随着《信托公司管理办法》等一系列监管法律的出台，信托行业才住进入快速发展阶段，但直至目前信托行业中个人主体的参与程度仍然很低，缺乏信托业的催化，我国的个人资本利得课税制度并没有统一的动力，仍零散的分布在个人所得税与土地增值税中。

5.4.5 个人投资市场发展不充分

个人资本利得分为生产型利得与消费型利得，随着个人财富的增长，个人用于投资的资产的比重与总额也越来越大，个人投资行为要求个人资本利得课税制度随之建立与发展。因此，在个人投资市场比较发达的地区，个人资本利得课税制度会相应发展改变以适应个人投资的需要，个人投资行业的发展程度决定了个人资本利得课税制度的完善程度。

美国对于个人资本利得税虽然没有单独设立税种，但其个人资本利得，尤其是长期资本利得课税整体上自成体系，这与个人投资产业的发展是密不可分的，以税收制度激励个人投资发展的政策导向十分明显。美国的资本化程度很高，并且社会财富多集中在个人手中，1929 年美国最富裕家庭占有美国 44% 的财富，该比例在 1945 年为 29.8%，在之后的年度基本保持在 30% 左右[②]，由此决定美国个人或富裕的家庭是从事创业投资的重要主体。美国在 20 世纪

---

① 股权激励计划（Share Incentive Plan, SIPs），如果通过股权激励计划获得公司股份并持续持有5年将不需要缴纳个人所得税以及国民保险，出售股权激励计划的股票免征资本利得税，如果将股票从股权激励计划中取出持续持有，之后再出售可能需要缴纳资本利得税。获得 SIPs 的途径有以下四个：第一，免费的送股。每个雇员在一个纳税年度最多可以获得 4 600 英镑的股票；第二，合伙股份。雇员可以适用工资在税前购买股份，但是每年有限额，1 800 英镑或收入的 10%，两者孰小；第三，配股。每个雇员就购买的上述合伙股份每股可以配送最多 2 股；第四，股利。雇员可以使用分得的股利来购买股票，股利股票持有 3 年以上免征个人所得税。

② 王家庭、杨庭："当代美国收入分化的演进历程及其政策启示"，《学习与实践》，2012 年第 8 期。

40 年代就意识到个人资本利得税对投资具有锁住效应，因此在个人所得税的征收上特别注意课税对个人投资的影响程度，为了鼓励个人进行投资美国对个人资本利得税收制度进行了调整，自 1942 年开始对个人取得的资本利得给予 50% 的减计比例，1942 年至 1980 年随着个人所得税边际税率的下降，个人资本利得实际税率也相应下调，1981 年，随着经济复兴法案的出台，个人的资本利得税率从 28% 下降至 20%，税收制度的鼓励与其他政策的合力使得美国创业投资额从 1979 年的 25 亿美元增加至 1997 年的 6 000 亿美元，为了鼓励个人进行长期投资，在 1997 年税制改革中将个人资本利得分为长期利得与短期利得，对长期利得适用特别税率，个人投资市场的兴旺推动个人资本利得课税制度不断完善。

相比之下，我国经济开放较晚，在新中国成立后很长时间内个人收入水平较低，个人投资规模小，尤其是个人从事实体投资的规模更小，个人投资市场发展不健全使得没有建立完整的个人资本利得税制的必要性。

5.5 本章小结

（1）我国个人财产转让所得税收收入快速增长。

财产转让所得是个人所得税应税所得中增加最快的项目，2000 年至 2018 年财产转让所得年均增速为 51%，占个人所得税的比重由 2000 年的 0.14% 增加至 2018 年 11%。快速增加的主要原因为：一是对限售股恢复征收个人所得税；二是房地产市场与资本市场的繁荣；三是税务机关征管力度加强。

（2）我国现行个人转让财产所得税政策梳理。

按照财产类型与时间顺序对现行个人转让财产所得税政策的出台背景与演变过程进行研究，按照财产类型分为个人转让股票与股权、个人转让基金、个人转让不动产以及个人其他财产，其中个人转让股票与股权的政策内容最为丰富，变化也最为频繁。

（3）现行个人转让财产所得税政策存在的问题。

我国现行个人转让财产所得税政策主要存在五方面的问题：一是个人资本利得课税存在税负不均；二是个人转让房地产存在重复征税；三是缺乏系统的个人资本利得课税政策且政策变化频繁；四是税率设计未考虑个人综合税负水平；五是目前个人财产转让税收政策存在空白领域；六是现行个人资本里利得

税政策存在分散性。现行个人资本利得税政策最大的问题在于分散性，政策与制度的分散化又进一步带来了重复课税、税负不均、政策变化频繁以及政策空白等一系列的问题。造成分散性的原因有历史传统、缺乏核心政策目标、个人信托制度不完善以及个人投资市场发展不充分等。

6 个人资本利得课税政策选择与国际经验

6.1 个人资本利得课税意义

个人资本利得是个人来源于资本性财产的所得，是个人所得的重要组成部分。一般认为，个人资本利得课税的主要意义有三方面：一是完善个人所得税制度；二是为国家筹集财政资金；三是通过政策设计促进资本流动并鼓励个人投资。

6.1.1 完善个人所得税制度

经济合作与发展组织（Organization for Economic and Development，OECD）将个人资本利得税列为经合组织税收分类中重要组成部分，并对税收进行了分类（见表6－1），并于1973年之后每年依据分类标准公布组织成员国的收入统计数据，按照该税收分类方法，在现代各国实际征收的个人所得税实际上包

表6－1　　经济合作与发展组织税收分类表

1000　对所得、利润和资本利得课征的个税		
	1100 对个人所得、利润和资本利得征的税	
		1110 所得和利润税
		1120 资本利得税
	1200 对所得、利润和资本利得征的公司税	
		1210 所得和利润税
		1220 资本利得税

续表

2000　社会保障税			
	2100 雇员缴纳的社会保障税		
	2200 雇主缴纳的社会保障税		
	2300 自费或非雇佣人员缴纳的社会保障税		
	2400 其他类型的社会保障税		
3000　工薪和劳动力税			
4000　财产税			
	4100 对不动产课征的经常税		
		4110 家庭	
		4120 其他	
	4200 对净财富课征的经常税		
		4210 个人	
		4220 公司	
	4300 遗产和赠与税		
		4310 遗产税	
		4320 赠与税	
	4400 金融和资本交易税		
	4500 对财产课征的其他非经常税		
		4510 净财产税	
		4520 其他非经常税	
	4600 对财产课征的其他经常税		
5000　对商品和劳务的课税			
	5100 对商品的生产、销售、转让、租赁、交货和劳务的提供征的税		
		5110 一般税	
			5111 增值税
			5112 销售税
			5113 对商品和劳务课征的其他一般税
		5120 对特定商品和劳务征的税	
			5121 货物税
			5122 转卖利润
			5123 海关税和进口税
			5124 出口税
			5125 投资商品税
			5126 特定劳务税

续表

			5127 对国际贸易和交易课征的其他税
			5128 对特定商品和劳务课征的其他税
		5130 其他税	
	5200 商品使用、允许使用商品进行活动课征的税		
		5210 经常性税	
			5211 家庭缴纳的汽车税
			5212 其他缴纳的汽车税
			5213 其他经常税
		5220 非经常税	
	5300 非 5100 与 5200 类型的其他税		
6000　其他税			
	6100 专由企业缴纳的税		
	6200 非企业类型纳税人缴纳的税		

资料来源：K. C. 麦锡尔著：《经济合作与发展组织成员国的税收政策选择与冲突》，第 32 页。

6.1.2　筹集财政资金

个人资本利得税的主要作用之一是为国家筹集财政资金，但资本利得税的收入水平与国家整体税制结构关系密切，部分国家资本利得收入水平较高，例如美国个人资本利得税收收入占税收总收入的 4% ~5%；部分国家资本利得税收入水平相对较低，例如英国资本利得税在英国税收收入中占比基本保持在 0.5% ~2% 之间。

6.1.2.1　英国

英国中央政府的税收收入分为产品税类、所得与财产税类以及其他三大类，其中产品税类、所得与财产税类合计占税收收入的 95%，是英国税收的主体。所得与财产税类包含自我评估所得税（Selfassessed income tax）、资本利得税（Capital gains tax）、收入所得税（PAYE IT）、其他所得税类（Other income tax）、企业所得税（Corporate tax）、石油所得税（Petroleum revenue tax）与杂项税（Micellaneous）。

英国资本利得税的收入增速很快，1998 年至 2019 年 21 年间资本利得税税收收入在 15 亿英镑至 92 亿英镑之间（见表 6 - 3），其中 2015 年之后，资本利得税税收金额有较大幅度的上升，2013/2014 财政年度到 2018/2019 财政年度资本利得税税收增长较快，其税收金额分别为 39.10 亿英镑、55.58 亿英镑、70.60 亿英镑、83.79 亿英镑、77.94 亿英镑与 91.99 亿英镑，增长率分别为 42.15%、27.02%、18.68%、-6.98% 与 18.03%。同时，英国资本利得税的占比却比较稳定，常年保持在 0.5% 至 2.0%（见图 6-1），只有 2008/2009 财政年度超过 2%，2015 年之后基本保持在 1.5%。见表 6-2。

表 6-2　英国 2017/2018 财年至 2018/2019 财年税收收入与比重　单位：亿英镑

项目	2017/2018	2017/2018（比重）	2018/2019	2018/2019（比重）
税收收入合计	5 294.69	100.00%	5 575.02	100.00%
产品税类	2 682.91	50.67%	2 799.35	50.21%
增值税	1 427.66	26.96%	1 514.24	27.16%
酒税	115.85	2.19%	120.97	2.17%
烟草税	87.66	1.66%	91.52	1.64%
燃料税	278.78	5.27%	279.93	5.02%
商业（房产）税	274.69	5.19%	279.90	5.02%
印花税（股票）	35.19	0.66%	36.19	0.65%
印花税（土地和财产）	135.95	2.57%	128.88	2.31%
企业支付的车辆税	22.59	0.43%	23.92	0.43%
其他	304.54	5.75%	323.80	5.81%
所得和财产税类	2 433.38	45.96%	2 592.76	46.51%
自我评估所得税	282.95	5.34%	315.18	5.65%
资本利得税	77.94	1.47%	91.99	1.65%
收入所得税（PAYE IT）	1 549.22	29.26%	1 634.70	29.32%
其他所得税	-26.29	-0.50%	-24.62	-0.44%
企业所得税	547.26	10.34%	575.35	10.32%
石油所得税	-5.68	-0.11%	-7.44	-0.13%
杂项税	7.94	0.15%	7.60	0.14%
其他税收收入	178.40	3.37%	182.91	3.28%
电视牌照税	31.81	0.60%	32.27	0.58%
家庭支付的车辆税	41.03	0.77%	43.59	0.78%
银行税	26.04	0.49%	24.96	0.45%
其他	79.52	1.50%	82.09	1.47%

资料来源：英国政府网 Official Statistics：Database of forecasts for the UK economy. PAS6D。

表 6－3　　英国 1998/1999 财年至 2018/2019 财年资本利得税收入与在税收收入总额中占比

单位：亿英镑

财政年度	资本利得税收入	增长率	税收收入总额	资本利得税占税收收入比重
1998/1999	20.02	—	2 520.13	0.79%
1999/2000	21.28	6.29%	2 720.76	0.78%
2000/2001	32.36	52.07%	2 897.57	1.12%
2001/2002	30.48	-5.81%	2 936.21	1.04%
2002/2003	15.96	-47.64%	2 977.36	0.54%
2003/2004	22.25	39.41%	3 155.63	0.71%
2004/2005	22.78	2.38%	3 388.27	0.67%
2005/2006	30.41	33.49%	3 639.16	0.84%
2006/2007	38.12	25.35%	3 863.68	0.99%
2007/2008	52.57	37.91%	4 065.98	1.29%
2008/2009	78.51	49.34%	3 854.66	2.04%
2009/2010	24.92	-68.26%	3 786.87	0.66%
2010/2011	36.01	44.50%	4 133.00	0.87%
2011/2012	43.36	20.41%	4 278.34	1.01%
2012/2013	39.27	-9.43%	4 309.87	0.91%
2013/2014	39.10	-0.43%	4 502.62	0.87%
2014/2015	55.58	42.15%	4 685.29	1.19%
2015/2016	70.60	27.02%	4 863.60	1.45%
2016/2017	83.79	18.68%	5 144.78	1.63%
2017/2018	77.94	-6.98%	5 294.69	1.47%
2018/2019	91.99	18.03%	5 575.02	1.65%

资料来源：英国政府网 Official Statistics：Database of forecasts for the UK economy. PAS6D。

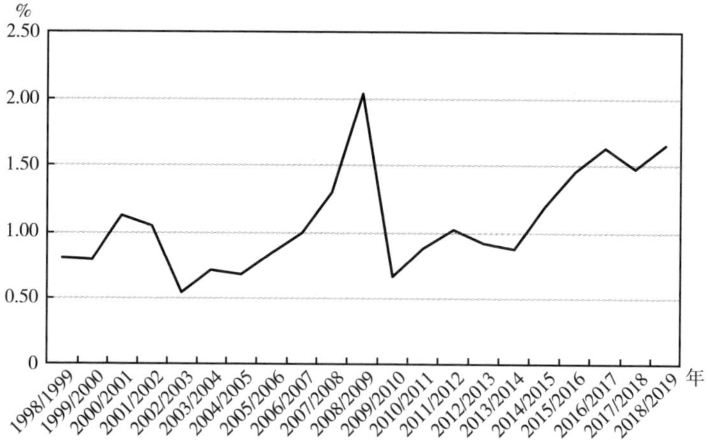

图 6－1　英国 1998/1999 财年至 2018/2019 财年资本利得税占税收总收入的比重

资料来源：英国政府网 Official Statistics 历年税收数据整理得到。

6.1.2.2 美国

美国联邦个人所得税是美国最重要的税收，占全部税收收入的比重常年保持在45%～50%，个人所得税包含个人资本利得课税与普通所得课税两个部分，总体上资本利得的税负水平低于普通所得，个人资本利得税收收入占个人所得税总收入的9%左右，普通所得占个人所得税总收入的91%左右，个人资本利得收入是美国税收的重要组成。

按照IRS的统计规则，将个人所得税的应纳税所得额与税收收入按照两种方式进行统计：第一是按照全税率（at all rate）统计；第二种是按照边际税率（at marginal rate）统计，其中全税率中的“调整后的应纳税所得额”与“税收收入”是全部合计金额以各税率的形式列示，各税率分类之前是互斥的；边际税率形式中的“调整后的应纳税所得额”与“税收收入”仅为该税率下的金额，各税率分类之间不互斥。本书采用“边际税率”方式下的统计数据进行分析，在该统计方式下可以直观地反映不同税率下对应的税收收入。根据表6－4，2017年调整后的应纳税所得额为79 950.26亿美元，税收收入16 210.6亿美元，总体平均税率为20.3%，可以计算个人资本利得税的平均税率为16.79%，说明个人资本利得税税负水平低于个人所得税税负水平。结合美国个人资本利得税的征收方式，更为准确的表述为美国个人长期资本利得税税负水平低于美国个人所得税税负水平。分税率的税收收入显示20%资本利得税的税收收入最多，2017年占个人所得税的6.4%，之后我依次为15%资本利得税、25%资本利得税以及28%资本利得税。

表6－4　2017年美国联邦分税率个人所得税收入（边际税率）　单位：万美元

税率	调整后的应纳税所得额		税收收入	
	金额	比重	金额	比重
合计	799 502 611.1	100.00%	162 105 568.6	100.00%
资本利得税合计	89 155 422.3	11.15%	14 967 614.3	9.23%
0	0	0	0	0
0%（资本利得）	8 258 780.5	1.03%	0	0
10%	141 098 410.3	17.65%	14 109 841	8.70%
10%（来自于8814）	4 958.5	0	495.8	0
15%	263 389 752.8	32.94%	39 508 462.9	24.37%
15%（资本利得）	26 744 101.4	3.35%	4 011 615.2	2.47%

续表

税率	调整后的应纳税所得额		税收收入	
	金额	比重	金额	比重
20% （资本利得）	51 885 464.1	6.49%	10 377 092.8	6.40%
25%	131 281 002.9	16.42%	32 820 250.7	20.25%
25% （资本利得）	1 862 500.1	0.23%	465 625	0.29%
28%	47 158 710.4	5.90%	13 204 438.9	8.15%
28% （资本利得）	404 576.2	0.05%	113 281.3	0.07%
33%	39 794 120.3	4.98%	13 132 059.7	8.10%
35%	5 689 085.3	0.71%	1 991 179.9	1.23%
39.6%	81 491 727.7	10.19%	32 270 724.2	19.91%
来自于8615	439 420.4	0.05%	100 501.1	0.06%

注：①来自 8814 为父母选择申报的子女的利息、股利；

②来自 8615 为对未取得收入的儿童征收的个人所得税；

③本文数据来自 IRS 网站 Tax Stats，Facts&Figures 模块，网址：https：//www. irs. gov/statistics。

6.1.3 促进资本流动与鼓励投资

资本利得课税最大的问题在于课税对资本的“锁住效应”，资本利得课税在不同程度上影响资本的形成、资本的内部结构以及资本的投资方式，进而影响市场资源配置效率。美国是世界上最早对资本利得进行征税的国家之一，也是最早注意到资本利得课税会对投资产生负面效应的国家，为了缓解资本利得税的“锁住效应”、促进资本流动并鼓励个人投资，美国经历了四次重要的改革，改革的主要内容是降低个人资本利得的税负水平，促进资本的自由流动，鼓励个人进行长期投资以及对小企业进行投资。

第一阶段（1942～1986 年），美国逐渐认识到资本利得税的征收会增加资本投资成本，为此，对资本利得征税给予了税收优惠政策，资本利得适用的实际税率逐渐降低，该时期优惠的主要形式为减计应纳税所得额。应纳税所得额减计比例 1942 年至 1978 年为 50%，此时的个人资本利得税的税率为 28%，实际税率则为 14%，1979 年至 1981 年减计比例提高至 60%。同期一般个人所得税的税率非常高，1940 年到 1963 年个人所得税最高边际税率为 80%～94%，1964 年个人所得税最高边际税率为 77%，1965 年至 1981 年个人所得税最高边际税率为 70%。1981 年，里根总统上台后实施了大规模以减税为主要特征的税制改革方案《1981 年经济复兴法案》，该法案主要受到“供给经济学派”的影响，实施供给性减税，法案实施后，个人所得税所得税的最高边际税率由 70% 降低至 50%，对于资本利得仍然实行 60% 减征比例，在《1981 年经济复兴法案》的作用下，美国的经济慢慢从衰退中恢复。

第二阶段（1986 ~ 1996 年），为了增加政府财政收入，美国于 1986 年进行了以简化税制、扩大税基、降低税率为主要特征的《1986 年税收改革法案》。按照《1986 年税收改革法案》对个人所得税进行了较大的改革，该法案将各类所得分为积极性所得与消极性所得，资本利得属于消极所得，对于纳税人发生的消极性亏损只能抵减其他消极性收入，不能抵减积极性所得。

第三阶段（1997 ~ 2010 年），美国于 1997 ~ 1998 年进行了税制改革，在此次改革中对资本利得税制进行了细化，将长期资本利得与短期资本利得的时间界限划定为一年，持有时间超过一年的为长期资本利得。短期资本利得并入一般所得缴纳个人所得税，长期资本利得适用优惠税率，其中一般所得适用 10% 与 15% 的税率，个人获得的长期资本利得适用 5% 的税率，一般所得适用 25%、28%、33% 与 35% 的税率，个人取得长期资本利得适用 15% 的税率。2003 年起美国资本利得税率进一步下降，主要降低低收入者的资本利得税率，原适用 5% 税率的低收入者税率降低至 0。

第四阶段（2011 年 ~ 今），对个人持有符合条件的小企业股票免征个人所得税，以鼓励个人投资小企业。

6.2 课税模式与课税对象

6.2.1 课税模式

20 世纪 80 年代后，资本利得税作为拓宽税基方式也逐渐被各国所采纳，在课征模式是一般有两种方式：一是单独开征资本利得税。如英国、爱尔兰与葡萄牙选择单独开征资本利得税，英国是个人信托制度的发源国，个人信托制度的兴盛使得英国的所得税制度以及资本利得税制度受到信托制度的影响，为了鼓励个人信托制度的发展，英国于 1965 年正式开征个人资本利得税。二是将个人资本利得并入综合所得征收个人所得税。以美国为代表的绝大多数国家选择这种方式，该种模式的优势在于税制相对简单，使得个人所得税体系更为完整。部分开征资本利得税的时间与具体征收方式见表6-5。

表6-5　　经济合作与发展组织各国开征资本利得税时间表

国家	开征年度	征税形式
澳大利亚	1986	资本利得并入所得税综合征收
加拿大	1972	资本利得并入所得税综合征收
丹麦	1958	单独征收资本利得税
芬兰	1920	资本利得并入所得税综合征收
法国	1976	资本利得并入所得税综合征收
德国	—	资本利得并入所得税综合征收
希腊	—	资本利得并入所得税综合征收
爱尔兰	1975	单独征收资本利得税
意大利	—	资本利得并入所得税综合征收
日本	1946	资本利得并入所得税综合征收
卢森堡	1979	资本利得并入所得税综合征收
荷兰	—	资本利得并入所得税综合征收
新西兰	2019	资本利得并入所得税综合征收
挪威	1911	资本利得并入所得税综合征收
葡萄牙	1965	单独征收资本利得税
西班牙	1978	资本利得并入所得税综合征收
瑞典	1928	资本利得并入所得税综合征收
瑞士	—	个人资本利得税属于州税，各州按照自身情况开征资本利得税
英国	1965	单独征收资本利得税
美国	1913	资本利得并入所得税综合征收

注："—"为未查询到相关数据，资料主要来源于网络。

不论是单独开征个人资本利得税，还是将个人资本利得并入一般所得综合征收，为了使税制更加适应日益频繁的国际交流活动，建立个人资本利得税体系是国际上的通行做法。

6.2.2 课税对象

一般来说只对已经实现的资本利得进行征税。例如，所有OECD国家都以实现制为基本原则，即在相关财产出售或规定的情况下（例如赠予）才需要征收资本利得税，计税基础为收益实现日与获取日之间的差额，也有部分OECD国家在考虑折旧与利息成本因素后对收益进行调整。绝大多数OECD国家都是以名义资本利得①作为计税依据，但也有一些国家例外：荷兰对推定收益征收所得税，在实际变现时不再重复征收；智利、以色列、墨西哥和葡萄牙对购入价格进行通货膨胀调整，对于部分资产的实际资本利得进行征税，例如以色列将利息收益与通货膨胀程度挂钩，对实际收入征收25%的资本利得税实际相当于名义税率14% ~15%左右。

在对资本资产的界定主要有正列举与反列举两种方式：

6.2.2.1 正列举

正列举即只对列明的项目进行课税。英国采用该方式，英国规定处置以下应税资产需要缴纳资本利得税：一是价值超过6 000英镑的大部分个人财产，如珠宝、艺术品、古董、货币及邮票，但不包括个人拥有的汽车；二是非主要使用房屋的不动产，如用来买卖的房产、营业建筑、土地、继承的财产；三是股票（非个人储蓄账户或个人股权计划），例如公司股票、信托、特定债券；四是商业财产，例如土地和建筑物、固定设备及配件、工厂和机器、股票、注册商标、商誉。处置资产一般是指不再拥有该资产，例如出售、抛弃、转移、以及以物易物等。在资本利得税的概念中，部分处置也可能会涉及缴纳资本利得税，例如将所继承的房屋部分所有权进行处置。

6.2.2.2 反列举

反列举即列明不需征收的项目，除此之外的其他项目均需课税。美国采用该种方式，依照《美国国内收入法典》的规定，其他个人销售或交换资本资产产生的利得或损失为资本利得（损失），依照第1221节的规定，资本资产是指由纳税人所持有的，但不包括以下财产：

①纳税人用于交易的物品或在纳税年度终了时纳税人所拥有的存货，以及纳税人所持有主要在日常交易中用于出售的财产；

②纳税人生产经营中所使用的，按规定允许进行折旧摊销的财产以及日常经营过程中使用的不动产；

---

① 名义资本利得即由出售价格减去购入价格得到的差额，未进行通过膨胀调整，相应的实际资本利得是由名义资本利得通过通货膨胀调整得到。

③由纳税人个人努力所创造的专利、发明、模型、设计（不论是否具有专利）、配方秘密、版权、文学作品、音乐作品、艺术创造、信件及备忘录以及类似的财产；

④纳税人在日常生产经营过程中因提供服务或销售财产所获得的应收账款或应收票据；

⑤纳税人收到的从美国政府或其代理机构获得的出版物（包含国会记录），该类出版物不是在市场上向公众进行公开出售的，这类出版物出售或交换时的计税基础参照销售该类出版物的经营者的定价；

⑥衍生品金融工具交易者所持有的商品衍生品金融工具[①]；

⑦在取得、产生或签订的结束日之前被确定为套期保值交易[②]；

⑧纳税人在日常生产经营过程中使用或日常消费的供应品。总体来说，为了投资、日常、娱乐等目的持有的非经营性资产都是资本资产，而资产持有者持有资产的目的是区分经营性资产与资产性资产的重要标准，即持有资产是为了出售、获利等目的均被列为经营性资产。

6.3 短期资本利得与长期资本利得

许多国家对长期资本利得与短期资本利得采取不同的税收待遇，为了鼓励长期投资，抑制短期投资炒作，短期资本利得税率高于长期资本利得税率，在持有时间的选定上，对于不同财产类型各国判别差异较大，在对资本利得判定方式的选择上，大多数国家选择单一持有时间断定方式，也有部分国家选择依据持有时间持续性地降低税收负担，例如韩国不动产资本利得、法国不动产资本利得、匈牙利以及斯洛文尼亚的不动产资本利得等。

---

① 依照《美国国内收入法案》，衍生品金融工具是指商品合约或金融工具，其价值的确定依赖于特定的指数，但公司的股票份额、合伙企业或信托中受益人的利益、票据、债券、公债或其他债务证明等除外，其中特定的指数是指固定利率、价格、数量或变动的利率、价格、数量中的一种或几种的结合体。

② 依照《美国国内收入法案》，套期保值交易是指纳税人在日常生产经营过程中发生的任何交易行为用来：一是管理纳税人所持有财产发生的价格或货币波动产生的风险；二是管理纳税人发生或将要发生借款以及纳税人承担的、将要承担的义务的利率水平、价格、货币波动产生的风险；三是管理其他风险，例如部长发布的禁令等。

6.3.1 划分标准

采用单一时间划分标准的国家较为普遍，在时间的选择上呈现以下特点：

（1）大多分国家对个人出售不动产设立了长期资本利得时间节点。

各国制定资本利得税政策时特别关注不动产，一般会对个人长期居住以及主要住宅予以税收优惠政策，采用持有时间区分投资性不动产与自用不动产是行之有效的方式。

（2）不动产的持有时间要长于股份。

这是由资产本身的属性所决定的，房屋及不动产可以自用以可以用作生产经营，个人一旦选择了某种生产经营方式往往不易发生改变，而个人持有股份的主要目的多数是用来投资，总体上个人投资股份的时间短于个人持有不动产的时间，因此在时间节点的确定上不动产要长于股份。

（3）时间选择上呈现集中性。

在个人转让股份的时间节点上，选择最多的是 1 年（4 个），之后是 0.5 年（2 个）、也有国家选择了 10 年与 20 年；在个人转让不动产的时间节点上，选择最多的是 5 年（7 个），之后是 1 年（3 个），10 年（3 个），个别国家选择了 2 年、20 年与 30 年。见表 6 – 6。

表 6 – 6　部分国家长期资本利得与短期资本利得的划分时间标准

序号	国家	股份	不动产
1	澳大利亚	1 年	1 年
2	奥地利	—	35 年
3	比利时	—	5 年
4	智利	1 年	1 年
5	捷克共和国	—	5 年
6	芬兰	10 年	10 年
7	法国	—	30 年
8	德国	—	10 年
9	匈牙利	5 年	15 年
10	意大利	—	5 年
11	日本	—	5 年
12	韩国	—	10 年

续表

序号	国家	股份	不动产
13	卢森堡	0.5年	2年
14	波兰	—	5年
15	斯洛伐克	—	5年
16	斯洛文尼亚	20年	20年
17	土耳其	1年	5年
18	美国	1年	1年

资料来源：通过毕马威网站整理得到。

6.3.2 长期资本利得的减免税方式

各个国家对个人取得的长期资本利得一般会采取更为优惠的税收政策来，例如对超过固定期限的国家采取免税、应纳税所得额的减计、降低税率等方式。长期资本利得减免税方式主要包含以下三种类型：

1. 降低税率

通过降低长期资本利得适用的税率来降低个人的税收负担。例如卢森堡个人出售持有不超过2年的不动产作为普通收入征税，超过2年的不动产取得的资本利得按照原税率的1/4征税；日本将个人出售和转让土地建筑物的资本利得划分为长期资本利得与短期资本利得，对于短期资本利得适用税率30.63%（含附加税）和9%的当地居民税，对超过5年的长期资本利得适用税率15.315%（含附加税）和5%的当地居民税；

2. 豁免部分或全部税款

例如芬兰个人常住房屋在持有期间自住2年以上免税；例如卢森堡个人出售持有6个月以上的股份取得资本利得免税；捷克共和国将个人资本利得划分对不超过3年的短期资本利得纳如一般所得征收个人所得税，对超过3年的长期资本利得免税；意大利对于个人出售持有时间超过5年的主要住宅获得的资本利得免税；土耳其对于持有时间超过1年股份利得免税，对持有5年以上的部分不动产利得免税。

3. 变更课税方式

短期资本利得与长期资本利得分别适用不同的课税方式，例如美国以 1 年为界限，将资本利得分为短期资本利得与长期资本利得，短期资本利得并入个人普通所得计征个人所得税，适用 10% ~37% 的累进税率，而超过 1 年的长期资本利得适用税率为 0 ~28%，长期资本利得税率水平更低。见表 6 –7。

表 6 –7　各国长期资本利得的税收优惠方式

计税方式	降低税率	豁免	变更计税方式
国家与财产类型	日本（不动产）	土耳其	澳大利亚
	卢森堡（不动产）	捷克共和国	美国
	韩国（不动产）	匈牙利	奥地利（不动产）
		斯洛文尼亚	葡萄牙（不动产）
		意大利（不动产）	
		法国（不动产）	
		波兰（不动产）	
		比利时（不动产）	
		芬兰（不动产）	
		斯洛伐克共和国（股份）	
		卢森堡（股份）	

资料来源：OECD《股利、利息与资本利得税收》工作报告整理得到。

6.4　税率设计

在资本利得的税率设计上主要分为三种：一是个人资本利得合并至总所得适用统一税率；二是个人资本利得适用单独的税率，有些国家会就个人转让股份与不动产设立不同的适用税率；三是参照总所得水平确定个人资本利得适用税率，也就是资本利得税率要参照个人一般所得的水平进行确定，总体呈现累进税制，这样做的主要原因是为了体现税收纵向公平，代表国家主要有英国与美国。

6.4.1　适用统一税率

个人资本利得合并至普通所得，再按照得到的总所得适用统一的税率，代表国家有澳大利亚、墨西哥、加拿大、法国（证券）采用这种方式。

澳大利亚规定资本利得税不单独征税，均包含到个人应纳税所得额中，按照个人边际税率征税，澳大利亚适用19% ~45%的累进税率。瑞典将利息、股息、资本利得以及住宅租金收入归并投资收入，投资收入按照30%的税率征税。法国对于出售证券的资本利得适用法国累进税率，税率为14% ~45%，并加收15.5%的附加税。墨西哥个人取得的资本利得按照一般累进税率征收所得税，税率为1.92% ~35%。

6.4.2 设立单独税率

有些国家为个人资本利得制定了单独的税率，意大利，冰岛、希腊、爱尔兰、瑞典、以色列、西班牙、波兰以及法国出售不动产采用该种方式（见表6-8）。其中，多数国家设立了单独资本利得适用税率，有些国家将个人资本利得与利息、股利与租金等资本性收入合并为投资所得适用同一税率，也有国家对个人转让证券与转让不动产分别设立不同的税率。

表6-8 部分国家个人资本利得税率适用政策（单独设立税率）

序号	国家	个人资本利得税适用税率
1	法国	个人出售非主要住宅的房产利单独适用税率19%，但要加征15.5%的附加税
2	意大利	非商业人士赚取的证券资本利得统一适用26%的比例税率，同时个人的其他所得适用23% ~43%的累进税率
3	希腊	个人处置房地产自2020年1月1日起征收15%的资本利得税，自2014年个人出售上市公司证券及衍生产品征收15%的资本利得税，但这些上市公司证券应当是在2009年1月1日以后获得的且占实体股本的0.5%以上
4	冰岛	个人出售财产取得资本利得属于C类税收，适用税率22%
5	爱尔兰	个人处置财产应缴纳资本利得税，税率为33%，一般个人所得适用20% ~40%的累进税率
6	波兰	个人处置资产取得的资本利得适用特殊税收制度，按照特别的统一税率单独征税，海外获得的资本利得适用19%的统一税率
7	西班牙	个人处置资产取得的个人资本利得适用累进税率，应税所得不超过6 000欧元的税率为19%，6 000~50 000欧元税率为21%，超过50 000欧元税率为23%，2019年西班牙的就业收入适用19% ~45%的累进税率

续表

序号	国家	个人资本利得税适用税率
8	以色列	个人劳动收入税率为10%～50%，自2012年起以色列对于个人取得的资本利得适用的税率不超过25%
9	瑞典	资本利得等投资收入适用统一税率30%，个人不动产可以90%计入应税所得

资料来源：依据毕马威网站整理得到。

6.4.3　参照总所得水平确定适用税率

部分国家资本利得的适用税率是参照个人的总所得水平进行确定的，具体来说，将个人资本利得加上个人其他所得得到个人的总所得，再根据个人的总所得适用税率确定其中资本利得部分的适用税率，比较有代表性的国家有英国与美国。参照个人一般所得水平确定资本利得使用的税率更能体现纵向税收公平，能更为准确的衡量个人的支付能力，也更符合综合所得的理念，在此基础上实施累进税制也更有意义。但是，如此方式确定资本利得的适用税率也会使资本利得税制更为复杂。

（1）美国。

美国以1年为期限将资本利得分长期资本利得与短期资本利得，短期资本利得并入个人普通所得计算缴纳个人所得税，长期资本利得可以适用低税率，美国长期资本利得税的税率共有五档，分别是0、15%、20%、25%与28%，2018年以后美国个人所得税税率为10%、12%、22%、24%、32%、35%与37%。在确定长期资本利得时首先要计算长期资本利得与一般所得的总和，然后找到适用的一般所得最高税率，最后按照该档次替换为长期资本利得适用的税率。

美国联邦个人资本利得税收入随个人收入水平的增长而增加。表6－9可以看到总收入水平越高则资本利得税的比重越大，总收入在40 000美元以下实际缴纳的个人资本利得税为0美元，随着收入的进一步增加，个人缴纳的资本利得税也随之增加，总收入在4万美元至5万美元的纳税人资本利得税的占比为0.01%；总收入在20万美元至50万美元的纳税人资本利得税的占比为5.95%；总收入在100万美元至150万美元的纳税人资本利得税的占比为11.84%；总收入在500万美元至1 000万美元的纳税人资本利得税的占比为22.7%；

表 6－9　**2017 年美国联邦分收入等级分税率个人所得税收入（边际税率）**

单位：亿美元、%

调整后的总收入	各税率收入合计	资本利得税收入	资本利得税比重	各税率														
				0	0（资本利得）	10%	10%（来自 8814）	15%	15%（资本利得）	20%（资本利得）	25%	25%（资本利得）	28%	28（资本利得）	33%	35%	39.60%	来自于 8615
合计	16 211	1 497	9.23%	0	0	1 411	0	3 951	401	1 038	3 282	47	1 320	11	1 313	199	3 227	10
2 000 美元以下	0	0	0.00%	0	0	0	0	0	0	0	0	0	0	0	0	0	0	0
2 000～4 000 美元	1	0	0.00%	0	0	0	0	0	0	0	0	0	0	0	0	0	0	1
4 000～6 000 美元	0	0	0.00%	0	0	0	0	0	0	0	0	0	0	0	0	0	0	0
6 000～8 000 美元	1	0	0.00%	0	0	1	0	0	0	0	0	0	0	0	0	0	0	0
8 000～10 000 美元	2	0	0.00%	0	0	2	0	0	0	0	0	0	0	0	0	0	0	0
10 000～12 000 美元	4	0	0.00%	0	0	4	0	0	0	0	0	0	0	0	0	0	0	1
12 000～14 000 美元	8	0	0.00%	0	0	8	0	0	0	0	0	0	0	0	0	0	0	0
14 000～16 000 美元	11	0	0.00%	0	0	11	0	0	0	0	0	0	0	0	0	0	0	0
16 000～18 000 美元	16	0	0.00%	0	0	15	0	0	0	0	0	0	0	0	0	0	0	0
18 000～20 000 美元	20	0	0.00%	0	0	19	0	1	0	0	0	0	0	0	0	0	0	0
20 000～25 000 美元	78	0	0.00%	0	0	57	0	20	0	0	0	0	0	0	0	0	0	1
25 000～30 000 美元	114	0	0.00%	0	0	64	0	50	0	0	0	0	0	0	0	0	0	0
30 000～40 000 美元	322	0	0.00%	0	0	143	0	178	0	0	0	0	0	0	0	0	0	0
40 000～50 000 美元	392	0	0.01%	0	0	137	0	253	0	0	1	0	0	0	0	0	0	1
50 000～75 000 美元	1 179	9	0.73%	0	0	280	0	687	8	0	202	0	0	0	0	0	0	1
75 000～100 000 美元	1 226	15	1.20%	0	0	206	0	701	14	0	303	0	1	0	0	0	0	1
100 000～200 000 美元	3 526	101	2.86%	0	0	331	0	1 464	96	0	1 453	5	171	0	5	0	0	1

续表

调整后的总收入	各税率收入合计	资本利得税收入	资本利得税比重	各税率														
				0	0(资本利得)	10%	10%(来自8814)	15%	15%(资本利得)	20%(资本利得)	25%	25%(资本利得)	28%	28(资本利得)	33%	35%	39.60%	来自于8615
200 000 ~ 500 000 美元	3 228	192	5.95%	0	0	106	0	483	178	1	1 064	13	840	0	522	9	9	2
500 000 ~ 1000 000 美元	1 670	153	9.14%	0	0	17	0	78	68	76	176	8	209	1	527	122	389	1
1 000 000 ~ 1 500 000 美元	734	87	11.84%	0	0	4	0	17	15	68	38	4	46	1	119	31	393	0
1 500 000 ~ 2 000 000 美元	437	61	13.91%	0	0	1	0	7	6	52	15	2	18	0	48	13	273	0
2 000 000 ~ 5 000 000 美元	1 094	188	17.15%	0	0	2	0	9	10	169	21	6	26	2	68	18	762	1
5 000 000 ~ 10 000 000 美元	601	136	22.70%	0	0	0	0	2	3	128	5	3	6	2	16	4	430	0
10 000 000 美元以上	1 547	556	35.94%	0	0	0	0	1	3	544	3	6	4	4	10	2	970	0

注：①来自于 8814 为父母选择申报的子女的利息、股利；

②来自于 8615 为对未取得收入的儿童征收的个人所得税；

③数据来源于 IRS 网站 Tax Stats，Facts&Figures 模块，网址：https：//www. irs. gov/statistics；

④资本利得税比重 = 资本利得税收入/各税率税收收入合计（计算）。

总收入在 1 000 万以上的纳税人资本利得税的占比为 35.94%，远高于平均水平 9.23%，收入越高，个人资本利得税占比增长速度越快，见图 6－2。

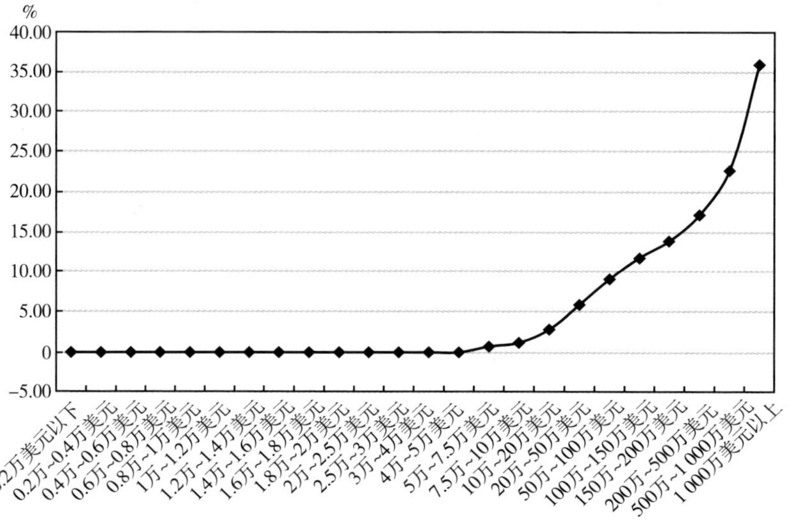

图 6－2　2017 年美国联邦分收入等级资本利得税占个人所得税比重图

数据来源：美国 IRS 网站 Tax Stats，Facts&Figures 模块数据计算得到，网址：https：//www.irs.gov/statistics。

（2）英国税率。

英国个人资本利得的税率有 10%、18%、20%、28% 四个档次（见表 6－10），个人所得税基础税率纳税人适用的资本利得税税率依据资本利得的规模、应纳税所得额、是否为住宅或其他资产进行确定，税率表 6－11。具体来说在确定税率时应“先和后分”，将个人资本利得加上个人所得得到总所得税，按照总所得确定适用的个人所得税税率，再根据适用的个人所得税税率确定个人资本利得适用的税率。

具体计算步骤为：

第一步，计算个人所得税应纳税所得额，由收入减去个人免税津贴及可以享受的所得税优惠（该金额设为 a）；

第二步，计算课税资本利得（该金额为 b）；

第三步，用上一步的计算的课税资本利得金额减去当年度资本利得税免税额（b－z，z 为当年度资本利得免税额）；

第四步，将上一步计算的金额加到第一步计算的应纳税所得额上（a＋b－z），确定纳税人适用的个人所得税税率，见表 6－11；

表 6-10　　个人资本利得税税率表

序号	项目	税率
1	个人所得税零税率及基础税率纳税人	其他 10%
		房屋 18%
2	个人所得税高税率及超额税率纳税人	其他 20%
		房屋 28%
3	信托受托人与死亡人代理人纳税人	其他 20%
		房屋 28%
4	享受企业家优惠的纳税人	10%

注：①如果当年取得的资本利得税同时包括房屋利得与其他类型所得，那就可以先减除免税津贴并按照最高税率进行征收；

②资料来源于英国政府网 Capital gains tax 以及 Capital gains summary notes（2019）SA108。

表 6-11　　英国 2018~2019 年度个人所得税税率

等级	应纳税所得额	税率
个人免税额	低于 11 850 英镑	0
基础税率	11 851~46 350 英镑	20%
高税率	46 351~150 000 英镑	40%
超额税率	≥150 000 英镑	45%

资料来源：英国政府网（2019）。

第五步，如果该金额适用个人所得税基础税率则当年适用的资本利得税为 10%（房屋为 18%），对于超出部分适用的税率为 20%（房屋为 28%）。

例如，纳税人甲 2018 年度个人所得税的应纳税所得额为 20 000 英镑（收入总额减去个人免税额与税收优惠）（a），同时，该纳税人的取得的资本利得为 12 300 英镑（b），该项资本利得非销售房产利得。首先，先从应纳税所得额中减去资本利得税免税金额，2018~2019 年度的免税金额是 11 700 英镑，则剩余的 600 英镑（b-z）需要缴纳资本利得税，将这 600 英镑加到个人所得税应纳税所得额上，为 20 600 英镑（a+b-z），该金额少于 46 350 英镑，适用税率 10%，则当年需要缴纳的资本利得税为 600×10% =60 英镑。

总体来说，通过这种“先和后分”的计算方法优点是可以依照纳税人的综合所得税水平确定税率，更为准确地体现了纳税人的支付能力，彰显公平。个人适用免税额（税率为 0）或基础税率（20%）则个人资本利得税率为 10%（房屋 18%），如果个人使用高税率（40%）或超额税率（45%）时那个人资本利得税的税率为 20%（房屋 28%），每一类低收入个人比高收入个人少缴纳10%的个人资本利得税。

6.4.4 最高边际税率

最高边际税率是对取得最高利得水平的最高税率档次，代表了对个人投资最强烈的抑制作用。表6-12列出部分国家对个人转让股份与不动产实际缴纳的最高边际税率，有些国家有应纳税所得额折征政策已经体现在该实际税额中，如澳大利亚、加拿大、南非以及瑞典。总体来看，个人资本利得综合税率水平处于10%～40%之间，大部分集中在20%～35%，部分国家对个人转让股份与不动产适用相同的税率，如澳大利亚、加拿大、爱沙尼亚、芬兰、荷兰、爱尔兰以及葡萄牙，也有国家对个人转让股份与不动产分别适用不同的税率，例如墨西哥、英国对个人转让股份税率低于个人转让不动产，重点鼓励个人进行股份投资；瑞典等国家对个人转让不动产予以90%的税基折征以减轻个人转让不动产的税收负担。

表6-12　2019年部分国家个人资本利得实际最高边际税率

国家	股份	不动产	国家	股份	不动产
澳大利亚	22.5%*	22.5%*	墨西哥	10.0%	35.0%
奥地利	27.5%	30.0%	荷兰	30.0%	30.0%
比利时	—	—	新西兰	30.0%	—
加拿大	26.8%*	26.8%*	挪威	28.8%	25.0%
智利	—	40.0%	波兰	19.0%	—
哥斯达黎加	—	—	葡萄牙	28.0%	28.3%*
捷克	—	—	新加坡	—	—
爱沙尼亚	20.0%	20.0%	斯洛伐克	19.0%	—
芬兰	34.0%	34.0%	斯洛文尼亚	—	—
希腊	15.0%	15.0%	南非	16.4%*	16.4%*
匈牙利	—	—	西班牙	23.0%	23.0%
冰岛	22.0%	22.0%	瑞典	30.0%	27%*
爱尔兰	33.0%	33.0%	瑞士	—	—
以色列	25.0%	25.0%	土耳其	—	—
意大利	26.0%	—	英国	20.0%	28.0%
卢森堡	—	20.0%	美国	28.0%	—

注：①本表中的税率为适用的实际最高边际税率，已经考虑了税基折征的影响；

②*代表可以享受计税基础折征优惠；

③资料来源于OECD工作报告。

6.5 资本损失处理方法

6.5.1 损失抵免的类型

资本损失的处理方式是资本利得政策的重要政策选择。政府对资本损失的处理方式反映了政府与纳税人共担风险的态度，如果政府允许对发生的资本损失予以抵免或递延则资本利得课税是对一段时期内的净资本利得进行课税，在这种情况下政府与个人共同承担投资风险，有利于鼓励个人进行继续投资；如果不允许资本损失予以抵免或递延则资本利得课税是对当期名义资本利得进行课税，此时政府只与纳税人分享投资收益但不共同承担风险，不利于鼓励个人进行投资，同时也降低了个人投资的收益率水平，使得个人面临的风险与收益出现不对等的情况。

绝大多数对资本利得进行课税的国家都允许个人对发生的资本损失进行抵免与结转，但少部分国家不允许损失进行结转，在允许亏损抵免的国家中抵免所得的类型上也存在差异。一般来说，可以分为以下几类：

（1）不允许抵免。

实际中只有个别国家不允许对发生的资本损失进行抵免，例如，比利时对个人发生的资本损失原则上不允许递减资本利得。巴西对个人发生的资本损失也不允许扣除。这种方式虽然最有利于获取税收收入并且征管简便，但是也会对个人投资产生负面效益，造成个人投资市场的萎缩，所以实际中很少有国家选择。

（2）允许抵免资本利得。

允许个人发生的资本损失只能抵免资本利得是比较普遍的资本损失抵免方式，该种方式：一方面可以与投资者分担投资风险，另一方面又可以避免抵免范围过大侵蚀税基，在征收管理上相对简便，所以实际中有很多国家选择这种方式。

（3）允许抵免普通所得。

允许个人资本损失抵免普通所得对个人是最为有利的损失抵免政策，但从国家筹集财政收入的角度会侵蚀所得税的税基，所以在实际中选择该政策的国家并不多。例如，挪威将个人出售股票等资产取得资本利得纳入个人普通所得，发生的损失也可以从普通所得中扣除。但是有时为了扶持某个主体或行业也会有针对性的允许抵免普通所得，例如为了鼓励个人投资小企业，美国对个人出售或处置特定小企业投票损失在50 000美元（夫妻联合申报为100 000美元）的部分可以计入一般损失，不计入资本损失。特定小企业股票需要满足以下条件：第一，在股票发行时，该公司为小企业；第二，股票在发行时以现金或其他资产作为支付对价（股票或债券除外）；第三，在发生损失的近5个纳税年度，该小企业的50%以上的收入来自于特许权使用费、租金、股息、利息、年金以及股票、证券交易方式之外的方式。

（4）允许抵免同类利得。

资本损失允许抵免同类利得也是在实际征税中被广泛使用的税收抵免政策。该政策是指个人发生的资本损失只能抵免相同类型的资本利得。例如，股票资本损失抵免股票资本损失，不动产处置损失抵减不动产资本利得。该种方式对税基的侵蚀也相对较小，但对税收征管的要求相对较高，要求有比较完整的资产交易信息作为基础。

（5）其他抵免形式。

少数国家允许个人资本损失用于抵免其他类型的所得。例如，日本允许在满足一定条件下，上市股票交易发生的资本损失可以通过上市股票股利和利息收入来弥补。有些国家允许个人将资本损失抵销个人缴纳的其他税费。例如，墨西哥对个人发生的股份资本损失首先除以持有份额的年数（以10年为限），其结果可以与其他收入相抵，其余的损失可以抵销其他财产销售产生的税收。瑞典对资本损失不超过10万瑞典克朗的部分，纳税人有权享受相当于损失30%的税收抵免，超过10万瑞典克朗的部分可以享受21%的税收抵免，该抵免包含国家和市政所得税和市政不动产费，本质上都是给予资本损失相应的弥补措施，鼓励个人投资。见表6-13。

表6-13　　主要国家资本损失抵免类型与政策主要内容

序号	损失抵免类型	国家	资本损失抵免政策主要内容
1	允许抵免资本利得	奥地利	允许当年发生的资本损失抵减当年的资本利得
2		澳大利亚	对个人发生的资本损失允许抵减当年实现的收益，未抵减完的损失可以向之后年度结转，但是不同于长期资本利得，资本损失不可以通过指数化方法进行调整
3		美国	当年资本利得与损失进行抵销，净损失可以向后期结转，夫妻两人每个纳税年度合计最多为3 000美元

续表

序号	损失抵免类型	国家	资本损失抵免政策主要内容
4	允许抵免资本利得	加拿大	个人资本损失用于抵减当年以及以前年度的资本利得
5		芬兰	个人资本损失抵免当年以及之后5年的资本利得
6		卢森堡	个人资本损失可以从同一年度的应税资本利得中扣除，不得进行结转
7		葡萄牙	个人资本损失从取得的资本利得中扣减
8		西班牙	个人财产转移时发生的资本损失可以用同年或随后4年的资本利得来进行补偿
9		瑞典	个人资本损失与资本利得相抵，同时也可以抵销一部分其他税费
10		印度	个人资本损失可以与取得的资本利得相抵销，最多可抵减8年
11		英国	个人已经申报的损失金额可以从当年的利得中减去，损失递延的年度为5年。如果将资产处置给“关联人员”则不能申报该项资产处理的损失
12	允许抵免普通所得	挪威	个人出售股票等资产取得资本利得纳入个人普通所得，发生的损失也可以从普通所得中扣除
13		美国	美国对个人出售或处置特定小企业投票损失在50 000美元（夫妻联合申报为100 000美元）的部分可以计入了一般损失，不计入资本损失
14	允许抵免同类利得	捷克共和国	出售证券造成的资本利得损失只能与出售其他证券所得的收益相抵销，出售不动产发生的损失只能从出售其他不动产利得中抵销，且均不能结转
15		波兰	某一财政年度发生的一个收入来源的损失，可从该收入来源在随后5个课税年度内从该来源赚取的收入中扣除。然而，这些年中任何一年的这种扣减额不得超过这类损失额的50%（一次最高可达500万兹罗提）
16		丹麦	个人投资未上市股票发生的损失可以从股票收入中抵销
18		法国	个人出售证券发生的资本损失，可以从相同性质的资本利得中扣除，或抵减未来10年的收益
19		冰岛	对于个人出售不动产发生的资本损失可以从同年出售类似财产所得中扣除
20		意大利	资本损失可以进行结转，但只能抵销同样性质的资本利得
21		波兰	个人资本损失从税后的5个课税年度中予以扣除，但每年的扣除额度不能超过总损失的50%

续表

序号	损失抵免类型	国家	资本损失抵免政策主要内容
22	其他抵免形式	日本	在满足一定条件下，上市股票交易发生的资本损失可以通过上市股票股利和利息收入来弥补
23		墨西哥	对个人发生的股份资本损失首先除以持有份额的年数（以10年为限），其结果可以与其他收入相抵，其余的损失可以抵销其他财产销售产生的税收
24		瑞典	资本损失不超过10万瑞典克朗的部分享受相当于损失30%的税收抵免，超过10万瑞典克朗的部分可以享受21%的税收抵免，该抵免包含国家和市政所得税和市政不动产费

资料来源：根据毕马威的网站整理得到。

6.5.2 损失抵免的期限

一些国家只允许抵免当年的资本利得，如奥地利、卢森堡等国家；但是，绝大多数国家允许未使用的资本损失向以后年度结转，这种方式可以减轻以后期间个人的资本利得税收负担，鼓励个人进行投资，在结转年限上多数国家选择了5年，也有部分国家选择2～4年，澳大利亚与爱尔兰允许无限期结转（见表6－14）。个别国家，如加拿大与美国，允许向以前年度结转，向以前年度结转可以抵减以前年度缴纳的税款，为本期带来现金流入，缓解当期的投资损失状况。

表6－14　主要国家资本损失抵免期限表

序号	国家	期限	序号	国家	期限
1	匈牙利	2年	9	葡萄牙	5年
2	波兰	5年	10	西班牙	4年
3	日本	3年	11	英国（1995/1996以后）	5年
4	意大利	5年	12	英国（1995/1996以前）	无限期
5	加拿大	前3年	13	澳大利亚	无限期
6	芬兰	5年	14	爱尔兰	无限期
7	法国	10年	15	美国	前3年后5年
8	印度	8年			

资料来源：根据毕马威的网站整理得到。

6.6 通货膨胀调整

资本利得税的课税对象为资本性资产，资本性资产的特点在于持有时间较长，因此资产的价格受到通货膨胀因素的影响比较大，尤其是在通过膨胀比较严重的国家。因此，在资本利得课税时无法忽视的问题是如何处理通货膨胀影响下名义所得与实际所得的差距。

6.6.1 不进行通货膨胀调整

绝大多数国家不对资本利得中的通货膨胀因素进行调整，主要原因在于：

（1）通货膨胀调整措施会增加税制的复杂程度。

尤其是以指数化方式对资本利得进行调整时涉及一列政策选择问题，例如调整指数如何选择、是否相应对资本损失进行调整等，同时会使资本利得税的计算过程更为复杂，使个人难以直接计算应纳税额，进而影响个人的交易行为，也与目前的简化税制的改革目标不相符合。

（2）通货膨胀调整措施对维持物价稳定造成负面作用。

个人资本利得税的指数化调整也可能被公众看成是政府维持货币价值稳定努力失败的表现，如果一个政府急于推行反通货膨胀政策，那么在税收领域的指数化体系就和官方政策相抵触。如果一个政府拒绝进行税制通货膨胀调整，把过去的通货膨胀收益看成是不合时宜的偏差，并保证将来货币价值稳定，那么这个政府的反通货膨胀决心是极其坚定的，从而意味着名义税制和实际税制并无任何差别。

6.6.2 指数化方式

为了消除通货膨胀的影响，一些国家选用指数化的方式对资本利得的金额进行调整，经常使用的是使用物价指数或政府固定的价格对购入价格进行调整，采用这种方式的国家有墨西哥、智利、以色列、西班牙以及葡萄牙（见表 6-15）。

表 6－15　　部分国家对通货膨胀指数化调整方式

国家	股份	不动产
智利	购入价×CPI	购入价×CPI
以色列	购入价×CPI	购入价×CPI
葡萄牙	不进行调整	购入价×政府公布的货币系数
西班牙	不进行调整	购入价×政府预算公布的法定系数
墨西哥	以所持股票的平均成本代替购入价计算应税资本利得	[建筑物成本[a]×（100%－3%×持有年份）＋土地成本]×通货膨胀因素

注：①建筑成本无法确定的按照80%计算。
②资料来源于 OECD 报告。

葡萄牙、智利与西班牙通过指数化的方式调整资产的收购价格。智利使用购买时与转让时之间的消费者价格指数变化对购入价进行调整；葡萄牙对于个人持有两年以上的不动产与股票可以享受指数调整，葡萄牙政府每年会公布货币系数，依据该系数对资产价格进行调整；类似的，西班牙会依据购买年份的法定系数对不动产的购入价格进行调整。以色列将实际利得与名义利得相除得到应税资本利得，其中名义收益是用以色列消费者价格指数调整资产的收购价格计算得到的。墨西哥对个人持有的不动产与股份适用不同的通货膨胀调整方式，对于不动产墨西哥首先从购入价格中分离土地成本与建筑物成本，对于建筑物的价值依据持有年份，每年减少3%，上限为20%，土建筑剩余价值加上土地价值使用通货膨胀因子进行调整，该通货膨胀因子依据财产持有的月份有所不同。墨西哥对于个人持有的股票在转让时资本利得的计算由购入价格减去所持有的股票的平均价值，而不是收购价格，由此对通货膨胀进行调整。

指数化调整的方式在计算上相对复杂，另外考虑到不同资产的上涨程度也不同，对不同财产适用统一指数并不公平。因此在税制改革中，原来实施指数化方式的国家，澳大利亚、英国与爱尔兰分别在1999年、1998年与2002年废除了指数化调整。

6.7 税收优惠政策选择

6.7.1 鼓励持有小企业股票

小企业作为市场经济最活跃的主体，对于保障社会就业、增加国家创新能力等多方面都具有重要作用，小企业是民间投资的主要对象，小企业的繁荣的发展至关重要。2010 年以后，国际上普遍认识到小企业的重要作用，为了支持小企业的发展各国针对中小型企业出台相关政策，在税收政策中小企业对个人资本利得税政策最为敏感，从投资结构上，小企业以个人投资为主要组成，而个人投资的主要课税税种为资本利得税，因此，为了促进小企业的发展，各国对个人投资小企业都设立了相关税收优惠政策，政策优惠类型主要有应税所得减征、享受豁免额以及降低税率等方式。

（1）减计应税所得。

减计应税所得以美国的政策最具有代表性，美国规定纳税人持有符合条件的小企业股票满 5 年后可以享受 50% 至 100% 的应纳税所得额免征比例，尤其是在 2010 年《创造小企业就业法案》颁布日之后取得小企业股票可以全额免征个人资本利得税，个人出售小企业股票发生的损失可以直接计入一般损失。具体是：

①在 2009 年 2 月 17 日之后且在 2010 年 9 月 27 日《创造小企业就业法案》颁布日及之前获得股票，出售或置换该股票取得的利得的 75% 免于计入毛收入。

②在 2000 年 12 月 21 日之后获得的授权区（可以理解为开发区）符合条件商业实体[①]的股票，出售或置换该股票取得利得的 60% 免于计入毛收入，但在 2018 年 12 月 31 日之后取得的该类股票不能适用该比例。

③在 2010 年 9 月 27 日《创造小企业就业法案》颁布日之后获得的“符合条件的小企业”股票的 100% 免于计入毛收入，也就是全额免征个人所得税[②]。

但是对于不予计入收入的股票资本利得存在上限，上限为在该纳税年度内

---

① 授权区的商业实体（qualified business entity in empowerment zone）是指依照美国《国内收入法》第 1397C（b）部分规定的、符合特定条件的商业实体，该商业实体须满足：第一，在授权区进行经营；第二，总收入的 50% 来自于企业的积极经营；第三，绝大部分有形资产的适用是在授权去；第四，雇员为其提供的绝大部分服务是在授权区；第五，其雇员中至少有 35% 是授权区的居民等条件。

② “符合条件的小企业”是在境内的 C 型公司，同时该公司的总资产不超过 5 000 万美元，并同意提交相关报告给秘书或股东以接受相关约束，公司的总资产是指企业所持有的现金以及形式财产的总和。“符合条件的小企业股票”是指在 1993 年《收入调节法》颁布之日后由 C 型公司初始发行的股票，该股票自行之日其，该公司为符合条件的小企业，并且纳税人在初始发行时以现金、股票、提供服务等支付对价的形式直接取得该股票或通过承保人取得。并且在纳税人持有该小企业股票的欧期间，小企业的生产经营要满足积极业务要求（Active business requirement），该要求为小企业至少价值 80% 以上的资产要被用来从事一至多项合格的贸易或商业行为（qualified trade or business）。该商业行为采用反向列举的形式进行说明，按照美国《国内收入法》第 1202（e）（3）部分的规定，合格的贸易或商业行为是指除以下以外的任何贸易或业务：（1）涉及卫生、法律、工程、建筑、会计、精算科学、表演、咨询、体育、金融服务、经济服务以及任何以雇员的声誉或技能作为主要资产的类似业务；（2）任何银行、保险、融资、租赁、投资及类似的业务；（3）任何农业经营；（4）任何经营酒店、汽车旅馆、参观或类似的业务。

出售或处置的股票计税价格的10倍以及1 000万美元[①]两者中的较高者。

（2）享受豁免额。

享受豁免额是指对个人投资小企业股份在处置后取得的资本利得享受一定额度的豁免额。例如，加拿大居民持有“合格小企业公司股份”身份的个人在2019年1月1日后处置农场财产或渔业财产时可以获得866 912加元至1 000 000加元的终身豁免额。该政策目的是鼓励个人投资小企业。

（3）低税率。

通过降低个人转让小企业股票资本利得的税率减少个人投资者缴纳的税款。例如，韩国的个人资本利得是根据财产的类别，采用固定税率或累进税率课征的，2019年个人出售持有时间不足1年不动产税率为50%，1年至2年税率为40%，2年以上的按照资本利得金额适用6%～42%的累进税率，个人处置中小企业股票享受优惠税率10%，出售其他企业股票税率为20%。

6.7.2 鼓励资本利得再投资

为了减轻资本利得课税对投资的“锁住效应”，对于个人获得生产型利得，也就是个人将取得的资本利得用于再投资的情况予以相应的税收优惠政策，以减轻资本课税对资本的侵蚀，为了保障税收公平并避免对税基的过度侵蚀，鼓励投资的资本利得课税优惠政策很少会选用免税优惠，实际中比较常见的税收优惠形式有滚动递延纳税与降低税率两种方式：

（1）滚动递延纳税。

滚动递延纳税是指个人取得的资本利得用于再投资时，可以对本次取得的资本利得暂不征税，等到新投资资产处置时与新取得的资本利得合并计算应当缴纳的资本利得税。对生产型资本利得采取滚动递延纳税可以减轻纳税人当期的税收负担，保障纳税人的现金流，很大程度降低资本利得课税对投资的锁住效应。实施滚动递延纳税的国家有英国、美国等。

英国允许个人出售资产置换其他公司股份延迟纳税，即再投资股份在最终处置时才需要缴纳税款，对于置换取得现金部分正常缴纳税款。为了享受公司合并税收优惠，必须满足两个条件：一是该纳税人是唯一的商人或商业伙伴；二是将该公司的所有业务和资产（除现金外）出售并置换为购买公司的股票。

---

① 对于已婚夫妻分别计算的，该金额为500万美元。

该项税收优惠在符合条件时自动获得，无须申报。在计算资本利得税时，首先计算出应当缴纳税款的资本利得的金额再减去置换得到的股份的市场价值。如果在出售时同时取得了现金和股份，则仅就取得的股份部分享受税收减免，但对取得的现金部分仍应当缴纳资本利得税。例如，A出售的商业资本价值100 000英镑，其中80%（80 000英镑）是股份，20%（20 000英镑）是现金，A共取得了50 000英镑，则A可以将其中80%的利得（40 000英镑）进行延迟纳税，也就是可以在这些股份出售时缴纳资本利得税，在当年A仍就以20%的利得（10 000英镑）缴纳资本利得税。

（2）降低税率。

为鼓励个人投资，对个人取得的资本利得采取降低税率的形式降低个人的税收负担。降低税率相对于滚动递延纳税更为简便，条件也更宽泛，唯一的缺点在于对纳税人当期的现金流有一定的影响，实行降低税率税收优惠政策的国家主要是英国。

英国设立企业家减免政策，符合条件的企业家个人在出售部分或全部商业业务时可以享受10%的优惠税率。主要包含以下情况：

①出售部分或全部商业业务。要享受该项税收优惠应当同时符合以下两个条件：一是单独经营者或是合伙人；二是截至销售之日已经持续经营至少1年。当该项业务办理注销也应符合以上条件，并且在3年内应当完成处置行为。

②出售股权或债券。要想享受该项税收优惠，以下条件截至实际销售之日均要满足1年：一是该公司的股权或者供职人员（或者是一个集团公司的）；二是该公司的主要业务是交易活动（即非交易行为例如投资），或者该公司是由交易集团持股。根据该股份是否属于企业管理激励计划（Enterprise Mangement Incentive，EMI）①，仍需要满足其他规定②。

---

①　企业管理激励计划（Enterprise Management Incentives，EMIs），如果所就职的公司的资产不超过3 000万英镑，该公司可能会提供企业管理激励计划，该公司在3年内所提供的股票期权最高价值为250 000英镑；如果购买的股票至少达到了获得股权期权的市场价值，那将无需缴纳个人所得税或国民保险；如果在购买时价值低于市价，将按照市场价值与实际支付的金额之间的差额缴纳个人所得税或国民保险；如果该股票被出售有可能会缴纳资本利得税。但以下行为不允许提供EMI，银行业、农业、房地产开发、提供法律服务、造船业。

②　如果该股份属于企业管理激励计划那股票购入时间必须是在2013年5月之后且在出售之前的一年内拥有购买权。如果该股票属于EMI，则在股票出售之前的一年，该公司必须是“个人公司”，这以必须拥有不少于5%的股份、投票权，同时还必须至少拥有以下其中一项的：当公司清算时可以用于分配的的利润或资产的5%或当公司被出售时的处置收益的5%。另外，当该公司不再是一个交易类的公司时，如果在3年内出售股份仍然可以享受税收优惠。

6.7.3 设立免征额

设立免征额是最为普遍的减免税政策之一，一般来讲设立免征额主要是为了减轻低收入者的税收负担，体现税收纵向公平。依据税收心理学，设立免税额可以增加公众对于征收的接纳程度，增加税收遵从程度。

设立免征额的另外一个目的是为了调整通货膨胀资本利得的影响。2000年以前以英国、爱尔兰为代表的国家通常会选用指数化的方式对通货膨胀进行调整，在之后以简化税制为主要特点的税制改革中许多国家都放弃了指数化方式，转而对个人取得的资本利得设立免征额，设立免征额可以抵消部分通货膨胀的影响，可以减轻低收入个人的税收负担。从征收成本的角度看，设立免征额在征收管理上又简便易行，征收成本也比较低的，根据税源管理实践，税收收入呈现高度集中，重点税源纳税人贡献了绝大多数的税收，对低收入采取部分免税措施也财政收入的影响也是很小的。因此，使用免征额代替指数化成为税制改革的主要方向。按照免征额是否逐年改变可以将免征额分为固定免征额与浮动免征额两种主要的形式：

6.7.3.1 固定免征额

固定免征额是指免征额度在各年相同，不发生改变，其最大的优点在于简便易行。例如，德国对于一个公历年度内予以个人资本利得 600 欧元的免征额；美国对于一般资本利得适用 3 000 美元（夫妻）的免征额；爱尔兰个人处置财产应缴纳资本利得税，税率为 33%，2003 年之前应课税收益是在对基本成本进行指数化调整后计算的，以便充分考虑到从购置年度到销售年度之间的通货膨胀。指数化通货膨胀减免在 2002 年 12 月 31 日之后不再适用，任何须缴纳资本利得税的个人，在每个课税年度内均可获豁免第一笔 1 270 欧元的应课税收益。

6.7.3.2 浮动免征额

浮动免征额是指免征额度在各年不同，一般会随物价水平逐渐上涨，其最大的优点在于可以反映每年的通货膨胀水平，在实施的国家中以英国最具有代表性。

英国纳税人按照当年的标准可以享受资本利得税年度豁免额（Annual Exempt Amount，AEA），只有当资本利得税应纳税所得额超过年度豁免额才需要缴纳资本利得税，英国每个财政年度都会公布当年的年度豁免额，豁免额的确定考虑了通货膨胀因素每年都适当上浮，近5年上浮的比例在1%～4%之间。2014年至2019年资本利得税年度见表6－16，英国的免征额对两种不同类型的个人分设立不同金额的免征额，但是在英国国内没有住所，并且已经申请了对国外的收入和利得进行征税的纳税人不能享受资本利得税年度豁免额。

表6－16　2014～2019年资本利得税年度豁免额　单位：英镑

类型	2014/2015	2015/2016	2016/2017	2017/2018	2018/2019
个人、残障人员的代表以及信托基金	11 000	11 000	11 100	11 300	11 700
其他信托基金	5 500	5 550	5 550	5 650	5 850

资料来源：英国 HM Revenue&Customs 网站。

（1）遗嘱执行者以及个人代表。

死者遗产的遗嘱执行人或代理人可以在管理期间享受完整的年度豁免额，管理期间通常是指为死者处理事务或遗嘱认证的时间。管理人可以在死亡发生当年以及之后的2年享受资本利得税年度豁免额，超过2年取得的资本利得不能享受免税优惠政策；

（2）残疾人信托。

作为残疾人信托管理人可以享受优惠税率，对于资本利得税，残疾人是指存在精神健康问题，或者适用中档或获得中档及高档出勤津贴和残疾人生活津贴的人士。

6.7.4　个人出售不动产

个人出售不动产主要包含个人出售土地产权、房屋建筑物、土地使用权、不动产权、土地股权、认购权以及其他相关权益。不动产资本利得是个人资本利得的重要组成部分，由于房屋及不动产通常是家庭资产中最重要的，占总资产的比重也较高，同时自身带有居住与生产属性，对个人出售不动产课税的方式与税负直接影响个人的生活水平与经济状况。因此，各国在制定资本利得政策时都对其采用单独的计税方式或给予特别的税收优惠，有些国家甚至采用了多种减免税政策结合的方式，例如，韩国同时存在出售主要住宅直接免税与税率随持有时间而降低两项政策。主要的税收优惠方式有：

（1）出售主要住宅直接免税。

对个人出售主要住宅减免税是普遍采用的减免税方式，一般只对个人出售住宅或唯一住宅予以减免税，税收征管上也相对比较简便。例如，法国对于个人出售主要住宅取得的资本利得免税，对于出售其他房产按照19%的税率征税，同时需要缴纳15.5%的附加税。爱尔兰对于个人出售主要私人住所免征资本利得税，主要住所一般是指个人所有权持有期间将其作为唯一或主要住所，但第二套住房不能享受该政策。韩国规定如果个人只拥有一套住宅且持有三年以上的可以豁免资本利得税。

（2）设立单独的计税方式。

单独设立计税方式会增加税制的复杂性，实际采用的国家并不多。在实践中，只有日本采用这种方式，日本对个人出售土地与建筑物、个人出售股票以及个人出售主要住宅分别设立了独立的课税制度，对于个人出售主要住宅且资本利得不超过3 000万日元原则上予以免税，对持有10年以上的主要住宅资本利得超过3 000万日元且不超过6 000万日元的部分，征10.21%的国税与附加税外加4%的地方居民税；对于超过6 000万日元的部分，征15.315%的国税与附加税外加5%的地方居民税。

（3）持有超过规定年限后享受减免税。

一些国家对于持有时间超过规定年限的住宅予以减免税，在政策优惠上要比直接免税更为严格，优点在于可以抑制个人频繁交易房地产，降低投机成分，更好的保障住房的居住属性。例如，芬兰对个人出售持有两年以上的住宅免征资本利得税。德国对于出售持有时间超过10年的不动产免征资本利得税，未满足规定条件的需要正常纳税。希腊对于个人处置房地产取得的资本利得在满足资本利得金额不超过25 000欧元且持有时间超过5年时免征资本利得税。冰岛对于个人私有住宅拥有2年以上且规模满足标准的不动产出售资本利得免税。意大利对个人出售购买超过5年的房屋取得资本利得免税。美国规定两年内夫妻两人可以享受50万美元的资本利得免征额，但需要满足出售前至少2年以该住宅为主要居住场所且拥有该房屋的所有权。也有国家对于持有超过规定期限的采取降低税率的方式，例如，卢森堡对于出售持有时间不超过2年的不动产取得的资本利得作为普通所得征税，持有时间超过2年税率降至原税率的1/4。

（4）税率随持有时间增加而降低。

个人缴纳的税款随持有时间的增加呈逐级下降的趋势，这种优惠在实施上相对较为复杂，但从税收的角度鼓励个人长期持有不动产，避免频繁交易。例如，匈牙利对于个人出售不动产按照15%的税率征税，从持有当年开始后，持有年限每增加1年则计税基础减少1%，持有超过5年后享受免税。韩国规定，对个人转让不动产随时间使用累进税率，持有不足1年的税率为50%，持有1~2年的税率为40%，持有2年以上的适用6%~42%的超额累进税率，对于出售未登记的不动产税率为70%。

（5）满足特定条件享受减免税。

在满足特定条件下，个人可以享受减免税，条件的设定主要有：交易价格、资本利得金额、居住时间、不动产面积、享受的次数、是否唯一以及个人的年龄等。例如，墨西哥个人出售主要居所予以免税，但应当满足：①销售价格不超过3 703 000比索；②交易由公证人正式确定；③过去5年内没有出售其他主要居所享受该豁免政策。西班牙个人出售主要住宅在满足一定条件时可以享受免税，条件是个人将取得的买卖收入用于再投资购买新的主要住所或个人的年龄超过65岁。为了鼓励个人将取得的资本利得进行再投资，巴西规定个人出售住宅及房地产产生的资本利得予以豁免需要满足：个人将取得的销售收入重新购置住宅房地产且距离出售时间不超过6个月且该豁免政策每5年可以享受一次。英国规定个人处置私人住宅免征资本利得税，但需要满足以下条件，包含个人有且仅有一处住宅、总面积不超过5 000平方米以及房屋用途为非投资获利。见图6-3。

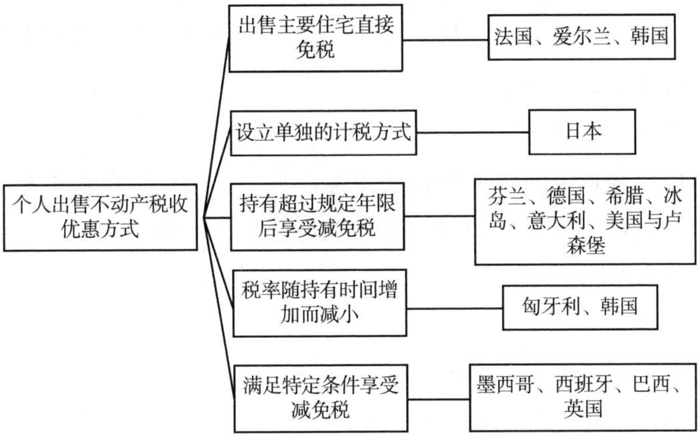

图6-3 个人出售不动产主要税收优惠种类与代表国家

资料来源：根据毕马威的网站整理得到。

6.8 本章小结

本章主要对个人资本利得课税的政策选择进行了研究，并对各种政策中有代表性的国家进行了介绍与归纳总结，具体内容有：

（1）个人资本利得课税的意义。

主要有完善个人所得税制度、筹集财政资金与促进资本流动与鼓励个人投资。

（2）个人资本利得的课税模式与课税对象。

课税模式主要分为单独设立税种与个人资本利得并入综合所得两种方式，后一种为主流模式；在各国对课税对象的界定上，主要分为正列举法与反列举法。

（3）资本利得的划分。

依据资本资产的持有时间将个人资本利得分为长期资本利得与短期资本利得，有些国家制定了统一的划分标准，有些国家对股票与不动产分别制定划分标准；长期资本利得的减免税方式主要有降低税率、豁免部分或全部税款以及变更课税方式，其中豁免部分或全部税款最为普遍。

（4）税率的选择。

个人资本利得的确定方式主要有三种：合并至一般所得适用统一税率、设立单独税率与参照总所得水平确定适用税率，其中参照总所得水平确定适用税率可以最大程度的彰显税制公平。

（5）资本损失的处理。

资本损失的处理方式主要包含：不允许抵免、允许抵免资本利得、允许抵免普通所得、允许抵免同类利得及其他抵免方式，其中允许抵免资本利得与允许抵免同类利得最为普遍。

（6）通货膨胀调整。

2000年以前最为广泛使用的调整方式为指数法，2000年以后部分国家放弃指数法，不单独对通货膨胀进行调整。

（7）税收优惠政策。

个人资本利得常见的税收优惠政策有：第一，鼓励个人持有小企业股票以支持小企业的发展，优惠方式包含减计应税所得、享受豁免额与降低税率三种方式。第二，鼓励资本利得再投资的税收优惠政策有滚动递延纳税与降低税率两种方式。第三，设立免征额的目的一方面是为了照顾低收入纳税人，另一方面也可以粗略对通货膨胀进行调整，免征额包含固定免征额与浮动免征额两种。第四，个人出售不动产相关优惠政策，政策类型有出售主要住宅直接免税、设立单独的计税方式、持有超过规定年限后享受减免税、税率随持有时间增加而降低与满足特定条件享受减免税。

7 我国个人资本利得课税制度改革方案设计

7.1 我国个人资本利得税课税原则

7.1.1 保障税收公平

按照社会心理学理论，个人对税收公平的感知会直接影响个人的税收遵从程度，个人越感觉到税收平等，越愿意主动、积极地履行纳税义务。个人所得税作为与个人利益最为紧密的税种，在税种的设计上要更加注重公平公正，尤其目前税收差距仍较大，个人所得税承担了“缩小贫富差距”的要务，通过对超高收入者取得的所得进行征税、增加高收入者的个人所得税负担对于公众感知税收公平十分重要，有利于缓和社会矛盾。个人资本利得在分布上明显向富人偏移，在个人所得税税制的完善过程中，个人资本利得税制的建立又是重中之重。按照横向税收公平与纵向公平的相关理论，对个人资本利得税税制设计应当重点关注：

（1）普遍征收。

横向公平是税收公平的首要含义。为了做到税收横向公平，需要把个人取得资本利得的所有情况纳入个人资本利得税的征税范围，不留有例外，防止纳税人通过资产形式的改变达到逃避税款的目的，可以减少避税途径，在创造公平征收的同时保证税款及时入库。

（2）劳动所得与资本所得分别对待。

目前我国个人所得税税目中，依赖劳动力要素取得的所得有工资薪金所得、劳务报酬所得、稿酬所得；依赖资本要素取得的所得有特许权使用费所得、利息股息红利所得、财产租赁所得、财产转让所得；依赖劳动力加生产要素取得的所得为经营所得，获得所得依赖的要素反映了个人为取得所消耗的时间与精力，因此，应当将劳动所得与资本所得区别对待，以体现税收公平。

（3）持续性所得与偶然性所得区别对待。

持续性所得是经常取得的，个人对持续性所得普遍比较敏感，所以在税收设计上要对总体税负税收进行把握以及对低收入者进行照顾，而偶然性收入的税负敏感度相对较低，税制设计上应重点关注一次性取得超高收入的税负水平，以免引起公众的过分注意。

（4）不同市场取得的资本利得公平对待。

“一级市场征税、二级市场不征税”是我国证券市场个人所得税默认准则，然而，无论是从哪一级市场上取得有价证券，总是存在高收益者与低收益者，将市场分类作为是否征税的准则与公平原则相背离。“所得准则”是目前得到广为认可的公平衡量标准，因此，在个人资本利得税的税制设计上要摒除市场观念，回归所得理论，将个人在一定时期内取得的全部所得作为征收个人资本利得税的计税依据。

（5）税率设立参考纳税人的总所得水平。

按照纵向公平的要求，支付水平不同的人适用不同的税负水平，收入高的纳税人多负担税款，低收入的纳税人少负担税款。根据公平理论，个人在一定期间取得的所得作为征收个人所得税的衡量标准，所得包含个人资本利得与非资本利得，个人资本利得的税率设计上要参考个人总所得水平设计多个档次的税率，不宜设计单一的比例税率。另外，个人资本利得具备生产周期长的特点，大部分个人取得的资本利得都是经过数年的积累形成的，对多年积累的利得设立相关的优惠政策是十分必要的，例如，在各国的政策中对于家庭主要住房的出售取得的利得普遍设有相关减免税条款。

7.1.2　关注资源配置效率

资本利得税对资源配置效率的影响主要体现在资本利得税会增加交易成本、降低税后收益率以及影响资产交易的价格，从而使资产所得者的决策发生改变，有时会使个人推迟或放弃资本资产处置计划，将资源留在现有的投资组合中，形成“锁住效应”。与其他类型的所得相比，个人资本利得与投资行为的关系更为紧密，因此，对于个人资本利得税的再分配的关注会高于其他所得。

为了尽可能减弱“锁住效应”、提高资源配置的效率，个人资本利得税的税率水平总体上要与综合所得保持持平，或略低于综合所得的税负，与投资关系密切的个人资本利得应当予以轻税或给予税基折征、适用特别税率以及再投资递延纳税等税收优惠政策以减轻个人资本利得税的“锁住效应”，降低个人资本利得课税对资本配置效率的影响。

7.1.3 鼓励个人投资与技术创新

个人投资来源于个人可支配收入，个人取得的资本利得可能会用于个人消费或再投资，因此，可将个人资本利得分为消费型利得与生产型利得两个类型。在目前，我国经济增速换挡，投资因素对于经济发展以及产业结构调整仍十分重要，尤其是证券市场投资具有直接性、及时性与规模性，对于企业发展的作用很大，应当鼓励个人将取得的资本利得进行再投资，税收政策应在长期投资、股权投资方面倾斜，抑制短线投机行为，促进资本市场的稳定发展。

“十三五”规划将创新作为发展的第一动力，全面实施创新驱动发展战略，支持战略新兴产业的发展，2014 年以后，我国实施“双创”战略。风险性创业投资一般都是面向实体经济的直接投资，投资的对象一般为战略新兴产业，这些产业的失败风险很高，但只要创业成功就会带来极高的收益。根据 2019 年 10 月胡润研究院发布的《2019 胡润全球独角兽榜》，全球目前有 494 家独角兽企业①，我国拥有 203 家，占总体的 41.1%，全球前三的独角兽企业为蚂蚁金服、字节跳动、滴滴出行，均为我国的企业。风险性投资的目标为获取投资成功股权转让差价收入，一般来说收益十分巨大，因此风险性投资对于资本利得税的敏感程度是最高的。因此，在个人资本利得税税制的设计时要特别注意对风险性投资的支持，从而减轻征税对创新型企业发展的负面影响，政策选择上，在对长期投资予以轻税的基础上，允许损失抵免也是十分重要的，递延纳税政策对于支持风险性投资也是十分有效的。

7.1.4 扩大税基

根据现代税制理论，在发展中国家的税制改革中应当将扩大税基作为税收

① 投资界对于估值在 10 亿美元以上，创办时间在 10 年以内的未上市公司。

改革的主要方向。一般来说，发展中国家的个人所得税体系具有税基窄、税率高、收入少等特征，扩大税基是发展中国家税制改革的重要目标，为扩大个人所得税的税基，应当取消或减少相关免税及相关的扣除、优惠项目，堵塞各种漏洞，税收优惠项目越少纳税人越难偷漏税，从而简化征管工作，使税务部门可以更有效的分配征管力量。世界银行对各国家税制改革的经验表明扩大税基可以有效地达到增加收入、实现效率和公平的税制改革目标，在以增加财政收入为目标的税制改革中采用扩大税基的方式经常比提高税率更为有效，税率越高对经济的扭曲作用就越大，而扩大税基、较低税率以及减少税式支出可以缩小对不同部门和征税对象的税收差别，增加税收的公平程度，另外，取消减免税与税收优惠可以在扩大税基的同时简化税务管理，而建立针对经济困难部门经济活动的税收指标体系是扩大税基的有效方式。

建立个人资本利得税制度可以将个人的各项所得都纳入个人所得税的征税范围内，通过扩大税基的方式提高财政收入，扩大税基也同样要求个人资本利得税尽量减少减免税政策，减免税政策过多过滥会严重削弱税收的公平程度，减免税政策的制定要选择重点鼓励方向有重点的进行统筹规划。

7.1.5 税制简单

“宽税基、简税制、低税率、严征管”是目前得到广泛认可的税制改革的原则，在未来的个人资本利得税制度的设计上要遵循简化税制的原则，主要是考虑到自然人不具备专业的税收知识，税制设计得过于复杂会让人更加的费解，对于自身的税负水平难以准确衡量，不利于做出符合预期的经济决策行为。为了做到税制简单，需做到以下几点。

（1）适用税率档次不宜过多。

过多的税率档次会增加计算的复杂性，结合国外经验，个人资本利得税的税率档次不宜超过 5 档，税率档次过多为个人转换所得形式进行避税提供了可能性；

（2）税收优惠政策不宜过多。

税收优惠政策过多过滥会使得税制更为不公平，同时过多的减免税政策也增加了税制的复杂性，因此在税收政策的制定上应当有所侧重。

（3）简化征收方式。

个人资本利得的获得方式与其他所得有本质性的区别，个人资本利得的获取一定伴随着产权的转移，因此，在进行产权变更登记时由相关机构代扣代缴税款是十分便利的方式，也有利于税款及时足额入库。

7.2 课税模式的选择

7.2.1 课税模式方案

国际上个人资本利得课税的模式主要有两种：一是单独设立税种；二是并入个人一般所得综合进行征税。我国个人所得税 2018 年改革中，将个人所得税的分类征收逐步向综合征收转变，将 9 类所得中工资薪金所得、劳务报酬所得、稿酬所得与特许权使用费所得合并为综合所得，实行按月预缴、按年汇算清缴的方式，其他 5 类所得经营所得、利息股息红利所、财产租赁所、财产转让所得与偶然所得仍按照以前的方式分类计征。在可以预见的未来我国的个人所得税仍会向综合征收的方向发展。结合国际通行做法与我国个人所得税改革方向，考虑到目前我国现状，个人资本利得的改革方案主要有三种，分别为：

方案一：单独设立个人资本利得税税种。

单独设立个人资本利得税税种，征税范围为资产所有权转移时个人取得的所得，以收入减去成本费用的差额作为资本利得，只对已经实现的资本利得进行征税。个人取得的其他类型所得仍按照个人所得税进行征收，采取综合税制，该方案在整体上与英国类似。

方案二："综合所得 + 资本利得 + 经营所得" 个人所得税税制模式。

将个人资本利得税作为个人所得税的重要组成部分进行征税，形成"综合所得 + 个人资本利得 + 经营所得" 的征税模式，具体见图 6 - 1，划分的依据为不同类型的所得取得所依据的资源以及各自的特点。

(1) 个人综合所得。

个人依赖劳动以及资本使用权获得的收益均应纳入综合所得范畴。

(2) 个人资本利得。

个人处置资本资产所有权取得的所得为个人资本利得。

(3) 个人经营所得。

个人依赖"资本 + 劳动力" 取得的所得作为经营所得，由于经营所得的计算允许扣除发生的成本与费用，与个人综合所得与资本利得计税方式区别较大，目前我国合伙企业、个人独资企业均按照经营所得征收所得税，经营所得暂适宜单独计征（见图7－1）。

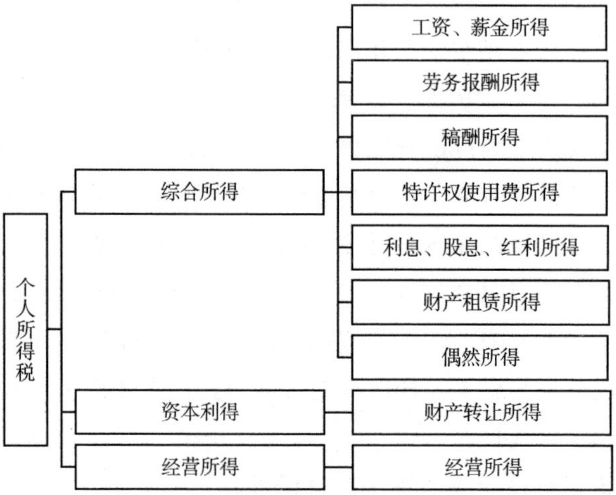

图7－1　个人所得税税制构成（方案二）

资料来源：根据方案二整理得到。

方案三："综合所得＋资本利得"个人所得税税制模式。

方案三与方案二类似，两者都将个人资本利得并入个人所得税中，两者的区别在于个人经营所得的处理方式，方案二将个人经营所得独立征收，方案三将个人经营所得合并至个人综合所得（见图7－2）。

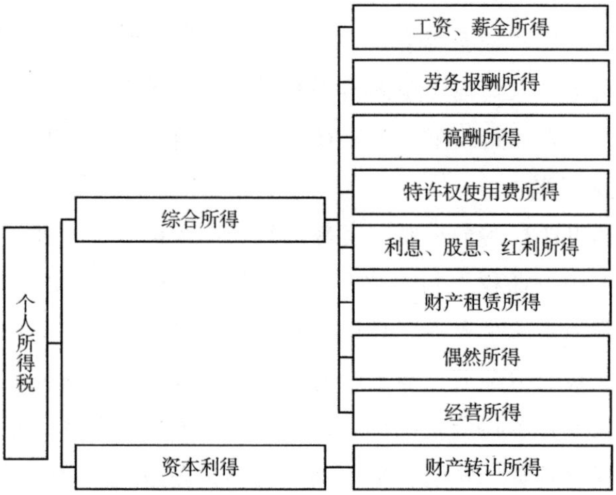

图7－2　个人所得税税制构成（方案三）

资料来源：根据方案三整理得到。

7.2.2 现阶段采取“综合所得+资本利得+经营所得”课税模式

三种方案的对比主要在以下几方面：

（1）对政策分散问题的改善效果。

目前我国个人资本利得税制度最本质问题是政策存在分散性，政策分散又进一步导致重复征税、政策空白以及政策变化频繁等一系列的问题。方案一是单独设立税种，可以将与个人资本利得相关的政策全部集中在一个税种，在形式相比其他两种方案更加独立，对其他个人所得的影响也较小，可以最大程度的改善政策分散的问题。其他两种方案也同样对政策分散都具有矫正作用，但由于采取的是与个人综合所得组合的形式，在效果上没有单独设立税种明显。

（2）所得课税理论与企业资本利得课税。

企业资本利得与个人资本利得应当保持一致或类似的课税方式，目前企业所得税将资产转让取得的收入一般作为“营业外收入”（投资型企业除外）纳入总所得中合并计算应纳税所得额。从所得课税理论以及与企业所得税课税方式角度来看，方案二与方案三更加符合所得课税理论。

（3）对个人所得税改革的影响。

我国个人所得税制度正在经历重大改革，个人所得税从分类征收改革为综合征收，如果个人资本利得单独设立税种，则其他类型的个人所得可以全部合并为综合所得，实现“完全综合”；如果采取方案二与方案三，鉴于个人资本利得的实现规则与个人其他类型的所得有所区别，导致个人所得不适宜与其他所得进行合并，个人所得改革只能实现“部分综合”，无法实现“完全综合”。

（4）资产登记水平。

个人资本利得课税的最重要制度基础是资本登记水平，登记信息越完善越有利于个人资本利得课税。相比之下，单独设立税种对资产登记水平要求较高，单独设立税种要求个人资产登记的时间较长且连续，在个人资产登记时间较短且信息不完整的情况下只能采取简易计税的方式进行课税，一般计税方式则失去了意义，没有单独设立税种的必要性。我国的资产登记制度近些年才开始逐步建立，现阶段资产登记水平不高，也尚未建立高额资产实名登记制度，许多房产、高额收藏品等都游离在国家登记系统之外。因此，在资产登记制度尚未完全建立的情况下不适宜单独开征资本利得税税种，结合我国目前的资产登记水平，方案二与方案三更适合我国国情。

（5）征收管理成本。

开征新税种的征收管理成本一般要高于税目的调整，按照我国税务机关内部机构设置，新税种一般要配套专门的管理部门，相应会增加管理人员，同时，新税种在收入核算的统计上也是独立的，征税后期还要就该税种单独开展风险核查等一系列工作，总体来说开征新税的征收管理工作要比税目调整更为复杂，因此方案一的征收成本要高于方案二与方案三。

（6）改革推行阻力与政治因素。

开征新税种比改革税目面临更大的推行阻力，并在政治上带来不稳定因素。开征新税种总会引起公众的抵触情绪，近年的“死亡税率”等舆论也指向我国税收负担偏重，尤其是在目前个人所得税的征收上，个人所得税的缴税主体为中等收入人群，在此情况下对个人开征资本利得税新税种势必会引起公众的抵触情绪；其次，资本市场对于税收是十分敏感的，单独开征资本利得税会引起证券市场的大幅震荡，不利于资本市场长期稳定，也不利于资本市场的深化改革；最后，开征新税会从舆论上为政治稳定带来威胁因素，2019 年之后，国内外政策形势严峻，“港独”“台独”风潮不断，中美贸易摩擦频发，2020 年的新冠肺炎疫情的全球蔓延为经济增长带来非常大的压力，在此基础上开征新税非常可能会引起社会动荡。因此，为了保障国内政治环境稳定、稳步推进资本市场深化改革、创造积极的舆论环境，现阶段不适宜开征资本利得税，方案二与方案三是比较温和的改革选择。

（7）其他因素。

①开征资本利得税的国家多数采用合并至综合所得的征税模式。个人资本利得并入综合所得是国际上主流的选择，单独开征资本利得税的国家，例如英国，所得税历史都比较长久，所得课税体系比较成熟，而我国所得税仅有 100 余年的历史，个人所得税的正式建立始于 1994 年，时间较短，因此现阶段不适宜单独开征资本利得税。

②我国的经济水平尚不适宜设立单独的税种。资本利得税与经济水平的关联十分紧密，对个人财富水平十分敏感，我国目前属于发展中国家，不适宜单独设立税种。

③开征新税种与供给侧结构性改革不符合。我国总体宏观调控思路为供给侧发力，依据供给经济学的理论，减税是最为有效的手段，2015 年之后我国实施了多项减税措施：降低小微企业纳税负担、数次降低增值税税率、推行服

务行业进项税额加计递减、延长高新技术企业与科技型中小企业所得税弥补亏损年限、个人科技成果入股递延纳税、增值税留抵退税、减征附加税费等，通过减税为市场主体盘活资金，促使市场主体将资金用在业务开展、研究开发等方面，期望通过市场主体的业务升级带来国家产业结构的调整，将科技水平高、技术含量大的产业培训成新的经济增长动力，努力跨过“中等收入陷阱”，保障经济持续增长，开征新税难免会有增税的质疑。基于上述分析，方案二、三将个人资本利得纳入个人所得比方案一更适合。

7.2.3 结论

综上所述，单独设立个人资本利得税种的方案一优势比较明显，可以最大程度的改善目前政策存在的分散性，但也会带来一些重大的问题，例如推行阻力大、威胁社会稳定等问题；相比之下，在考虑到我国当前的个人资产登记水平、经济发展阶段、个人所得税改革方向以及供给侧结构性改革等方面，将个人资本利得并入个人所得税的方案二与方案三更适应我国的当前国情。方案二与方案三最大的区别在于对个人经营所得的处理方式，考虑到对个人各类所得综合征收是个人所得税的改革目标，因此方案三应该是改革目标，而方案二可以作为现阶段的过渡方案。见表 7－1。

表 7－1　我国个人资本利得课税模式选择对比表

	名称	优点	缺点
方案一	单独开征个人资本利得税	1. 税制独立，不受其他税种改革的影响； 2. 资本利得税制更加完整，最大程度改善政策的分散性； 3. 对个人所得税的改革影响小	1. 立法层次高，难度大； 2. 开征新税可能会遭到民众的抵制； 3. 为政治带来不稳定因素； 4. 新税征管成本更高； 5. 对资本登记水平要求高
方案二	综合所得＋资本利得＋经营所得	1. 对目前的税制改革范围较小，推行阻力小； 2. 改善政策的分散性； 3. 与企业所得税征收方式一致； 4. 更符合所得课税理论； 5. 符合国际主流课税模式； 6. 对个人资产登记水平要求相对较低； 7. 征管成本相对较低	1. 个人所得税仍为分类计征； 2. 个人资本利得课税制度独立性低于单独开征税种

续表

	名称	优点	缺点
方案三	综合所得 + 资本利得	1. 对目前的税制改革范围相对较小，推行阻力小； 2. 改善政策的分散性； 3. 与企业所得税征收方式一致； 4. 更符合所得课税理论； 5. 符合国际主流课税模式； 6. 对个人资产登记水平要求相对较低； 7. 征管成本相对较低； 8. 比方案二更接近综合征收	1. 个人所得税仍为分类计征，但综合程度要高于方案二； 2. 个人资本利得课税制度独立性低于单独开征税种

资料来源：根据各方案内容整理得到。

7.3 我国个人资本利得课税税制设计

7.3.1 课税对象与范围

7.3.1.1 课税对象

个人资本利得是指个人从资本转让、销售、处置等资本所有权转移中取得的已实现的经济利益的净流入，经济利益的净流入包含个人取得现金、货币、实物以及其他形式的经济利益。个人资本利得税将个人取得的资本利得作为课税对象，根据上述定义可知个人资本利得具有两个重要特征：

（1）个人资本利得的取得伴随资本所有权的转移。

个人将拥有产权的资产转让后发生的经济利益的净流入才是资本利得，产权没有发生变更产生的收益属于资本存续收益所得；

（2）只对已经实现的个人资本利得课税。

收益的确认分为收付实现制与权责发生制，考虑到自然人不具备权责发生制的条件，同时，采取权责发生制可能会使得个人未实际取得收入时需要缴纳税款，因此个人资本利得课税时应当采用收付实现制的核算方式。

7.3.1.2 课税范围与分类

按照个人取得资本利得的频率与重要性，并考虑实际征税的可操作性，可以将个人资本利得税划分为四个品目：有价证券利得、不动产利得、无形资产利得以及有形动产利得，其中有价证券利得与不动产利得是个人资本利得税主要征税对象。将个人资本利得税的征税对象确定为个人拥有的资本资产，未来可以为个人带来经济流入的资产，而非个人的全部资产，不包含个人拥有的消耗性资产。在具体征收上，以是否需要产权登记为判别是否需要缴纳个人资本利得税的标准，拥有产权登记的资产进行处置时需要缴纳个人资本利得税。见表7－2。

表7－2 个人资本利得税课税内容与范围

品目	课税内容	课税范围
有价证券利得	个人以转让、出售、交换等形式处置有价证券获得的利得	股票、基金、债券、外汇、理财产品信托、存托凭证、期货以及其他各类金融衍生产品
不动产利得	个人以转让、出售、交换等形式处置不动产取得的利得	建筑物、构筑物等各类不动产，包含住宅、办公类住房、道路、桥梁、隧道等
无形资产利得	个人以转让、出售、交换等形式处置无形资产取得的利得	土地使用权、商标权、专利权、著作权、专利技术、自然资源使用权以及其他权益性无形资产，其中权益性无形资产外包含特许权、配额、经营权、经销与分销权、代理员、会员权、席位权、肖像权、名称权、冠名权以及转会费等各类权益性无形资产
有形动产利得	个人以转让、出售、交换等形式处置有形动产取得的利得	机器设备、车船、收藏品、艺术品等各类的有形动产

资料来源：根据改革方案课税范围整理得到。

7.3.2 计税依据

个人资本利得税的计税基础是个人资本利得应纳税所得额，以所有权转移所取得的收入减除资产原值和合理费用后的余额为应纳税所得额。计算公式为：

个人资本利得应纳税所得＝各项资本处置收入－资产原值－合理费用－以前期间发生的利得损失－免征额 （公式7－1）

个人资本利得税应纳税额＝个人资本利得税应纳税所得额×税率 （公式7－2）

其中：各项资本处置收入是指个人处置各项资本资产所取得对价，包含个人取得的现金、实物、有价证券以及其他经济利益的流入，所得为有价证券时为有价证券的市场价格或公允价值，所得为非实物的资产时为资产的公允价值；

资产原值是指个人在获得该资产时所支付对价；

合理的费用是指处置资产时支付的有关税费、评估费、鉴证咨询费等费用；

无法取得原值有效凭证的应当采取核定的方式核定原值。

7.3.3 税率

7.3.3.1 税率模式对比

个人资本利得税税率的设计上要遵循税收公平原则，税率高低是纳税人对税收公平程度最直观的感觉，税率的确定十分关键，为了体现税收纵向公平，几乎所有国家都对个人所得税采用累进税制，区别在于税率档次与税率高低。结合国际情况，个人资本利得税税率的确定主要有三种方式：

方案一：个人资本利得与普通所得一同使用统一税率

是指将个人资本利得加上个人普通所得得到总所得，直接依据总所得确定适用税率。

方案二：个人资本利得设立单独的税率

是指将个人所得划分为两部分或两部分以上，对个人普通所得与个人资本利得分别适用单独税率制度，为了降低对投资的影响，个人资本利得的最高边际税率要低于个人普通所得，该方案与我国目前的个人所得税课税方式最为接近。

方案三：参照个人总所得水平确定资本利得适用税率

第一步先计算个人普通所得与个人资本利得加总的总所得；第二步确定个人总所得的适用税率；第三步依据个人总所得适用税率再确定个人资本利得适用税率。例如，英国个人资本利得的税率有10%、18%、20%、28%四个档次，英国个人资本利得税的适用税率要参照个人适用的一般所得税率，零税率与低税率纳税人适用10%与18%税率，高税率及超额税率纳税人适用20%与28%的税率，其中18%与28%为个人转让房屋适用税率，10%与20%为个人转让非房屋财产适用税率。见表7-3。

表 7－3　　我国个人资本利得税率模式选择对比表

序号	方式	优点	缺点
方案一	个人资本利得与普通所得一同使用统一税率	①税制简便易行； ②最大程度体现个人支付能力	对个人投资造成较大负面影响，容易形成“锁住效应”
方案二	个人资本利得设立单独的税率	①税制相对简便； ②降低对个人投资的负面影响	无法体现个人支付能力，无法保证税收纵向公平
方案三	参照个人总所得水平确定资本利得适用税率	①可以体现个人支付能力，保证税收纵向公平； ② 降低对个人投资的负面影响	税制相对复杂

资料来源：根据各改革方案内容整理得到。

在个人资本利得税率模式的选择中有三个比较关键的要素：

（1）体现个人支付能力保障纵向公平。

现代所得税理论认为所得是体现个人支付能力最合理的指标，为了最大程度体现个人支付能力，应当将个人取得的所有类型的所得都纳入所得税税基中。方案一的优点在于将个人资本利得并入个人普通所得可以最大程度反映个人的支付能力，而方案二对个人资本利得单独设立税率则完全无法体现个人支付能力，可能会导致特别富裕个人在发生资产转让时适用的税率低于一般收入人群，会引起公众对税收公平的质疑，方案二与我国目前的税收制度十分相似，方案三则将前两者进行了综合，参照个人总所得水平可以体现个人总支付能力，再依据总支付能力确定个人资本利得适用税率也可以适当降低高收入者个人资本利得适用税率。因此，从体现税收公平的角度，方案一 > 方案三 > 方案二。

（2）降低对个人投资的负面影响。

投资对个人资本利得税政策十分敏感，尤其是对技术进步十分重要的风险投资，在个人资本利得税率设计时应当重点考虑。累进税制下个人所得越多则适用越高的税率，而个人资本利得对财富比较敏感，即富人比穷人容易取得更大比例的资本利得，并且个人资本利具有非常明显的马太效应，个人资本利得的比重上升快于财富的积累速度。因此，按照方案一则绝大多数的个人资本利得会适用最高税率，由此会对个人投资造成非常明显的限制作用，不利于个人投资的发展。方案二对个人资本利得单独设立税率，可以通过降低个人资本利得适用税率来降低征税对个人投资的负面影响，同理，从促进个人投资的角度，方案二 > 方案三 > 方案一。

(3) 税制简单。

税收制度简化会增进公众对税收制度的理解，可以大大降低征纳成本，增加税收收入。方案一与方案二由于税率适用方式上相对简单，因此这两方案差别不大；方案三是参照个人一般所得水平确定个人资本利得适用税率，在程序上首先要确定个人的总所得水平，之后再依据总所得水平确定个人资本利得的适用税率，方案三在税制上相对复杂。因此，从税制简单的角度，方案一 > 方案二 > 方案三。

7.3.3.2 税率模式选择与设计思路

(1) 我国个人资本利得税制度改革的重点。

第一，改善税收公平。税制不公平问题是目前我国个人资本利得税制度中存在的主要问题，增进税收公平性是目前改革的重点目标，尤其是解决劳动性所得与资本性所得存在的不公平问题。因此，方案一与方案三在税率确定上都反映个人的支付能力以及普通所得水平，在选择时应当予以重点考虑。

第二，重点鼓励个人投资。鼓励个人投资也是目前我国的施政重点，私人投资规模的上升有利于减轻市场对政府投资的依赖程度，促进投资市场走向自我发展的良性循环。另外，个人是市场中最活跃的主体，是提高国家创新能力以及技术水平的关键，鼓励个人投资，尤其是鼓励个人使用知识技术进行投资是未来较长时间的政策导向。为了最大程度的减轻课税对个人投资的负面影响，应当有重点、有目标的对个人投资实行鼓励措施，适当降低个人资本利得税的税率水平也是十分必要的。因此，方案二与方案三都对个人资本利得课税时在个人投资方面制定特别税率，基于鼓励个人投资的角度应当予以重点考虑。

(2) 我国个人资本利得税税率水平设计思路。

基于上述政策目标，结合我国现实发展需求，应当选择方案三，也就是将参照总所得水平确定个人资本利得适用税率作为我国个人资本利得税率模式。虽然在征收管理上相对较为复杂，但随着我国代扣代缴制度的完善以及资产登记制度的建立，在实施上不存在特别困难。同时，结合上述个人资本利得课税原则，我国个人资本利得税税率水平的设计思路为：

第一，体现税收公平原则，参照个人适用的一般所得税率确定个人资本利得税率，不宜设立单一比例税率，宜依据个人一般所得适用税率设计个人资本利得累进税率。

第二，个人资本利得税的最高边际税率略低于劳动性所得（工资薪金所得与经营所得）的最高边际税率，以鼓励个人投资。

第三，改革初期不宜有较大的改变，参考目前我国个人转让财产适用税率与综合所得税率，保证改革期平稳过渡，设置一定时期的过渡期，为个人适应新税率提供时间。

第四，设立一档优惠税率，适当支持投资、创新等，提供减免税政策。

7.3.3.3 税率表

结合我国目前综合所得适用税率，建议个人资本利得税的税率应当设立30%、15%与10%（见表7-4）三档。具体为：

1. 低税率15%。总所得适用20%及以下税率的个人取得的资本利得适用15%税率；

2. 高税率30%。总所得适用20%以上（不含20%）税率的个人取得个人资本利得的适用30%的税率；

3. 个人取得的享受税收优惠政策的个人资本利得适用10%的税率。

4. 对适用高税率的纳税人设立五年的过渡期，实施首年税率为20%，每年提高2%，五年后由20%提高至30%。

7.3.3.4 税率确定

个人资本利得税税率确定分为以下步骤：

第一步：将个人综合所得（经营所得）加上个人资本利得确定个人总所得；

第二步：依据第一步得到的总所得确定个人最高边际税率，个人同时取得综合所得与经营所得按照最高边际税率计算；

第三步：依据第二步的边际税率在个人资本利得税税率表中找到对应的适用税率。

例如，个人A于2020年8月份取得累计综合所得45万元，个人资本利得100万元，个人取得总所得为45+100=145（万元），145万元大于96万元，适用综合所得最高边际税率45%，按照个人资本利得税税率表总所得适用税率大于30%对应个人资本利得税适用税率为30%。因此，在不考虑其他税收优惠政策下，个人应当缴纳的资本利得税税额为100×30%=30（万元）。

通过个人总所得确定个人资本利得适用税率既可以体现个人总的支付能

力，收入高的纳税人中财产性收入的比重也越高，适用个人资本利得高税率；相反则适用个人资本利得低税率。由此缓解目前个人所得税政策中存在的纵向不公平问题。见表7-4、表7-5、表7-6。

表7-4 个人资本利得税税率表

级数	条件	个人资本利得
1	总所得最高边际税率<20%	15%
2	总所得最高边际税率≥20%	30%
3	优惠税率	10%

资料来源：根据改革方案整理得到。

表7-5 个人年度综合所得适用税率与个人资本利得税率对照表

级数	全年应纳税所得额	总所得税率	个人资本利得税率
1	不超过36 000元	3%	15%
2	超过36 000元至144 000元的部分	10%	15%
3	超过144 000元至300 000元的部分	20%	15%
4	超过300 000元至420 000元的部分	25%	30%
5	超过420 000元至660 000元的部分	30%	30%
6	超过660 000元至960 000元的部分	35%	30%
7	超过960 000元	45%	30%

资料来源：根据改革方案整理得到。

表7-6 个人经营所得与个人资本利得税率对照表

级数	全年应纳税所得额	总所得税率	个人资本利得税率
1	不超过30 000元	5%	15%
2	超过30 000元至90 000元的部分	10%	15%
3	超过90 000元至300 000元的部分	20%	30%
4	超过300 000元至500 000元的部分	30%	30%
5	超过500 000元的部分	35%	30%

资料来源：根据改革方案整理得到。

7.3.4 纳税环节与税收征管

个人资本利得税采取源泉扣缴的方式进行预缴，次年汇算清缴的征收方式。这主要是由于个人资本利得的获得方式与其他所得有本质性的区别，个人资本利得的获取一定伴随着产权的转移，因此，在进行产权变更登记时由相关机构代扣代缴税款十分便利。同时，采取源泉扣缴的方式可以最大程度的保证税款及时的入库，确保应收尽收。在具体操作上：

第一，个人转让有价证券应当由证券交易机构或金融机构代扣代缴；

第二，个人转让股权由市场监督管理机构代扣代缴税款；

第三，个人转让不动产应当由不动产登记机构代扣代缴，目前我国个人转让房屋等不动产都是先在主管税务机关完税，完税后办理不动产登记变更；

第四，个人转让有形动产由相关机构代扣代缴，例如个人转让车船由车辆管理所代扣代缴，个人拍卖所得应当由拍卖机构代扣代缴；

第五，个人转让无形资产由知识产权登记机构代扣代缴。

为了保障税款的及时入库，年终个人处置资本资产属于适用优惠税率的应当按照优惠税率10%代扣代缴个人资本利得税，其他情形均按照高税率30%预扣预缴税款，次年综合所得汇算清缴完成后按适用税率办理退税。个人以非货币性资产换取非货币性资产时应当进行资产评估，资产评估由具有相关资质的税务师事务所或会计师事务所进行，个人转让资本的收入为资产评估价值，按照评估价值计算代扣代缴个人资本利得税。

7.3.5 通货膨胀调整政策

通货膨胀调整政策是个人资本利得税政策中需要做的重要政策决定，在2008年国家税务总局对我国目前不宜开征资本利得税所给出的理由中，其中一条是："我国目前上不具备时资本资产的价值进行通货膨胀调整的条件，也不可能对资产利得的长短期进行过细的区分"，由于个人资本利得税的征税对象是资本资产，其持有的时期可能较长，相比于其他所得受通货膨胀的影响也更为明显，因此部分国家采取了通货膨胀调整或平均化措施对通货膨胀的影响进行校正。例如，英国自1998年之前实施的"指数化宽免制度"与从1998年到2008年实施的"递减制"的本质都是对通货膨胀进行调整，在2008年之后英国废除了"递减制"。

7.3.5.1 通货膨胀调整政策模式与对比

目前各国对于通货膨胀的政策选择主要有三种：一是不对通货膨胀进行调

整；二是通过指数化的方式对通货膨胀进行调整；三是通过浮动免征额的方式对通货膨胀进行调整。本书据此设计了通货膨胀政策选择方案：

方案一：不对通货膨胀进行调整

该方案是指不采用任何方式对资产持有期间的通货膨胀进行调整。

方案二：指数化调整法

该方案是指通过指数化的方式对资产持有期间的通货膨胀进行调整，在调整指数的选择上可以选择单一的指数，也可以针对不同的资产选择不同的指数。

方案三：浮动免征额

浮动免征额是指免征额度在各年不同，一般会根据随物价水平逐渐上涨，个人可以依据当年的免征额对资本利得的金额进行扣除。

三种方案的差异主要体现在：

（1）对通货膨胀预期的影响。

个人资本利得税的通货膨胀调整也可能被公众看成是政府维持货币价值稳定努力失败的表现，通货膨胀具有黏性，如果实施通货膨胀调整政策，公众会形成通货膨胀预期，继而进一步助推通货膨胀的发展。因此，从控制物价的角度，方案一优于方案二与方案三。

（2）调整的精确性。

个人资本利得课税的对象应当为实际利得而非名义利得，进行通货膨胀的优势在于对课税对象实现相对精确的计算，排除了物价上涨对个人资本利得的影响。方案二与方案三的差别在于调整方式不同带来的精确性的不同，指数化方式使用物价指数可以根据个人持有资产的时间对资产的物价上涨程度实现相对准确的调整，而浮动免征额无法做到依据持有时间对其进行调整。因此，从调整精确性的角度，方案二优于方案三。

（3）税制的复杂程度。

对通货膨胀进行调整会增加个人资本利得税的复杂程度，由于允许个人在计算应纳税所得额时将发生的损失进行抵减，那就意味着在计算当期应纳税所得额时对资本损失也应当进行指数化抵免。如果使用指数化方法则需要选择标的指数，另外，是否需要对不同类的资产设立不同的指数也是很重要的政策选择，如果存在多个指数会使得税制更加复杂。因此从减少税制复杂性的角度，方案一 > 方案三 > 方案二。见表 7 – 7。

表 7－7　　通货膨胀政策模式对比表

	名称	优点	缺点
方案一	不对通货膨胀进行调整	税制简单、计算简便	对名义利得征税而非实际利得
方案二	指数化调整法	①可以消除通货膨胀影响； ②可依据持有时间进行调整	①指数选择比较困难； ②导致税制复杂； ③形成通货膨胀预期； ④计算相对复杂
方案三	浮动免征额	①可以消除通货膨胀影响； ②计算相对简便	①导致税制复杂； ②形成通货膨胀预期； ③不能依据持有时间进行调整

资料来源：根据各改革方案整理得到。

7.3.5.2　通货膨胀政策选择

国家统计局公开数据显示我国近 20 年的通货膨胀率都保持在 1%～3%，只有个别年份的通货膨胀率超过了 3%，有些年份甚至存在通货紧缩，2013～2018 年都保持在 1%～2%（见图 7－3），以 1999 年为基期，2018 年物价仅上涨了 50%，目前我国个人财产持有时间中基本只有不动产与收藏品会超 20 年，其他资产的持有时间都比较短暂，再加上亏损抵免、免征额以及投资的税

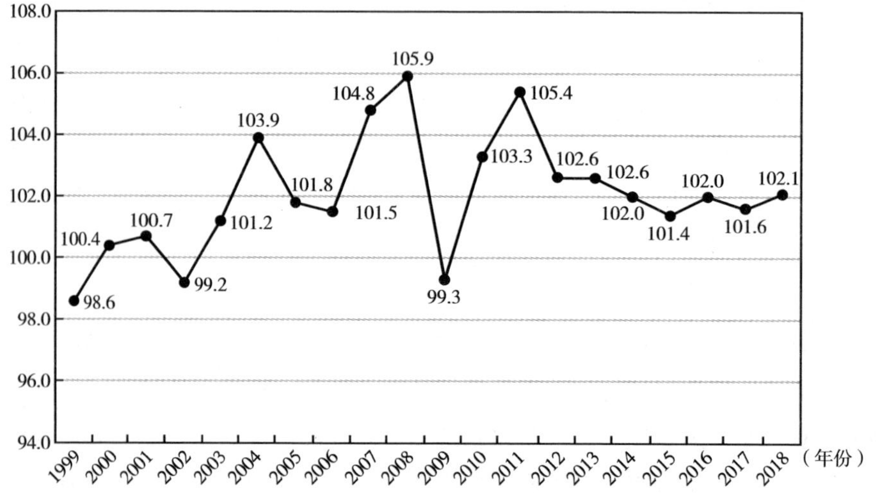

图 7－3　1999～2018 年我国消费者价格指数

资料来源：根据国家统计局公开数据整理得到。

基折征等政策的抵消作用，基本上可以认为通货膨胀对个人资本利得的影响比较小，再考虑到通货膨胀对维持物价有负面作用，实施调整带来的正面效应不及负面效应。税基的全面通货膨胀调整即完全指数化体系的运用仅局限于一些超通货膨胀国家，我国不适合采用。

个人资本利得税改革的目标之一是简化税制，同时考虑到在税率政策上选择了相对复杂的参照个人一般所得水平确定个人资本利得适用税率，在其他政策选择上就应当尽量予以简化，不宜过于复杂。因此，不建议对个人资本利得进行通货膨胀调整。

7.3.6 资本损失抵免方式

7.3.6.1 资本损失抵免方式与对比

国际上对于个人发生的资本损失的处理方式主要有不允许抵免、允许抵免普通所得、允许抵免资本利得、允许抵免同类资本利得四类。

方案一：不允许抵免

该方案是指对于个人发生的资产损失只能由个人承担，不允许抵免个人取得的资本利得。

方案二：允许抵免普通所得

该方案是指允许个人使用资本损失抵消个人取得的其他类型的所得。

方案三：允许抵免资本利得

该方案是指只允许个人使用资本损失抵消个人取得的资本利得。

方案四：允许抵免同类资本利得

该方案是指只允许个人使用资本损失抵消相同类型的资本利得，例如，房屋转让损失只能抵消房屋资本利得。

资本损失抵免政策选择时应当考虑以下因素：

（1）对个人投资的鼓励效果。

允许个人对发生的资本损失进行抵免最重要的目的是为了鼓励个人投资，在允许抵免的情况下，允许抵免的范围越广，鼓励的力度越大。按照允许抵免的范围，对个人投资的鼓励效果由大到小依次为：方案二 > 方案三 > 方案四 > 方案一。

（2）对税基的侵蚀程度。

允许抵免的范围越大，对个人投资的鼓励效果越好，则对税基的侵蚀程度越大。因此，对税基的侵蚀由小到大分别为：方案一 > 方案四 > 方案三 > 方案二。

（3）对税制复杂程度的影响。

允许个人进行损失抵免也会增加税制的复杂程度，并且时间跨度越大则计算越复杂，计算当期的计税基础需要考虑数年的资本收益状况；抵免的范围越小则税制越复杂、对个人资产的登记要求也越高，例如方案四只允许对发生的同类资本利得进行抵免要求对各类资本利得进行全面准确的分类，并分别计算每一类的资本收益与损失，这些都建立在对各类资产完全登记的基础上。因此，按照税制复杂性由大到小分别是：方案四 > 方案三 > 方案二 > 方案一见表7－8。

表7－8　　资本损失抵免方式对比表

	名称	优点	缺点
方案一	不允许损失进行抵免	①税制简单； ②最大程度保障税基不被侵蚀	对个人投资有抑制作用
方案二	允许抵免普通所得	对个人投资的鼓励效果最好；	①最大程度侵蚀个人资本利得与个人普通所得税基； ②增加税制复杂性
方案三	允许抵免资本利得	鼓励个人投资；	①对个人资本利得税基有一定的侵蚀作用； ②增加税制复杂性
方案四	允许抵免同类资本利得	①鼓励个人继续相同类型的投资； ②对个人资本利得税基的侵蚀相对较小	①对鼓励个人投资效果一般； ②增加税制复杂性； ③对税收征管要求较高

资料来源：根据改革方案整理得到。

7.3.6.2 资本损失政策选择

个人损失抵免政策是鼓励个人投资的重要政策，国际上绝大多数国家都允许个人将发生的资本损失进行抵免。首先，应当允许个人进行资本损失抵免。随着个人收入的不断增长，我国个人投资还有非常大的发展空间，随着政策治理能力的提升，政府将逐步退出由市场主导的领域，培育个人投资的成长是政府投资退出的必要前提，在未来鼓励个人投资仍然是个人资本利得课税政策的主要考虑因素。其次，我国并不适合征管复杂的抵免方式。我国的资产登记制度刚刚建立，总体上资产登记水平还不高。例如，计划经济下许多政策性住房仍未进行统一登记，个人高额资产及收藏品也未进行登记，征收管理复杂且对资产登记水平要求较高的方案四并不适合我国的国情。最后，依据上述课税模式分析，个人普通所得与个人资本利得应当相对独立，如果将个人发生的资本损失抵免个人取得的普通所得容易使得两项所得发生混淆，因此方案三比方案二更加合适。

综上所述，方案三允许个人抵免资本利得最适合我国国情。在抵免年限的选择上，国际上适用最多的是 5 年，自 2018 年，我国企业所得税规定高新技术企业或科技型中小企业结转年限为 10 年，其他企业为 5 年。为了鼓励个人进行投资，建议目前个人发生的损失抵免期限为 5 年，与企业所得税基本保持一致。

7.3.7　税收优惠政策

在设计减免税政策时，要全面衡量税收征管的效率和税收收入的损失。在个人资本利得税的改革中扩大税基、堵塞避税途径是改革的主要的目标之一，因此对于个人资本利得税的相关减免税政策设计一定要有所侧重，不能采取漫水灌溉的策略。结合我国的实际以及改革需要，应当重点在鼓励个人投资、鼓励技术创新、鼓励小企业发展、保障公众生活需求与减轻低收入者税收负担方面设立税收优惠。见图 7－4。

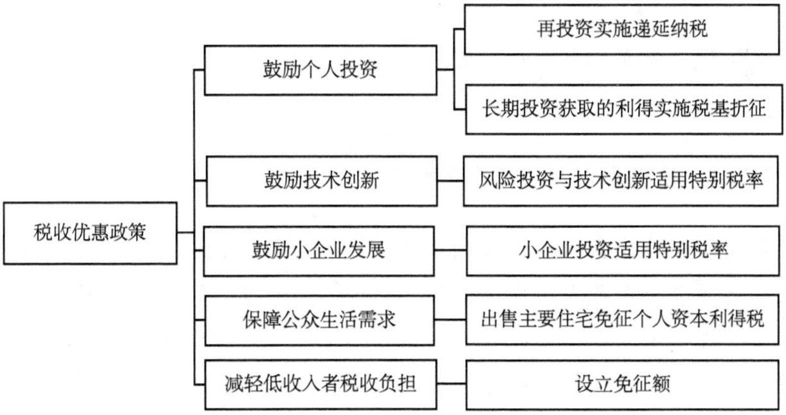

图 7－4　个人资本利得税税收优惠政策

资料来源：根据改革方案整理得到。

7.3.7.1　再投资实施递延纳税

个人获取资本利得后是否用于再生产可以将个人资本利得分为消费型资产

利得与生产型资本利得，对生产型利得进行征税是对供给侧进行征税，削弱投资资本，不利于个人进行再投资。因此，为了鼓励个人再投资实施递延纳税政策，对个人以非货币性资产投资入股实施递延纳税，也就是个人以非货币资产换取股份时暂不征税，在股份真正处置时才需要缴纳相应的资本利得税，允许资本利得进行滚转，也就是个人在每次投资中实现的增值部分进行滚转，在最终处置时一并纳税，达到鼓励个人投资的目的，但在每次投资时都应当进行资产评估并履行税务备案。

7.3.7.2 长期投资实施税基折征

为了鼓励个人进行长期投资，抑制短线投机，同时抵消部分通货膨胀的影响，可以参照美国个人资本利得税划分长短期，长期资本利得享受税基折征，短期资本利得按照一般计税方式计征税款：持有期间 2 年以内的为短期资本利得；持有期间在 2 年以上的为长期资本利得，持有期间在 2 ~ 5 年享受应纳税所得额减计 30%；持有期间在 5 年以上的享受应纳税所得额减计 50%。

7.3.7.3 风险投资与技术创新适用优惠税率

风险投资风险大、收益高的特点决定其对于所得税政策十分敏感，而风险投资对于促进科技型新兴产业的发展十分重要，因此对个人进行风险投资（也称为天使投资人）适用特别税率 10%；同时为了鼓励个人开展研究开发与技术成果转化，落实创新驱动发展战略，对于个人转让自行研发的科技成果或使用科技成果入股等适用特别税率 10%，可以与上述长期投资政策叠加享受。

7.3.7.4 投资小企业适用优惠税率

小企业在保障社会就业、提高市场创新能力等方面有非常重要的作用，欧美国家都将促进小企业发展作为政策支持的重点。为了支持小企业的发展，企业所得税征收上中，小企业适用法定税率 20%，低于一般企业税率 25%，同时还对小企业的应纳税所得额实施减计政策，进一步降低了小企业的所得税负担。参照国际经验与我国企业所得税政策，个人作为小企业的最主要的投资主体，对于个人投资小企业发生的股份转让应当给予相应税收优惠政策，在形式上可以与企业所得税保持一致，采用降低税率的方式，对个人投资小企业发生股权转让可适用特别税率 10%，为了加强政策效果，建议该优惠政策可以与鼓励个人投资的优惠政策叠加享受。被投资的小企业标准应当与企业所得税保持一致，不再单独设立标准。

7.3.7.5 出售主要住宅免征个人资本利得税

住宅是个人持有的高价值生活必需品，尤其我国目前人口基数大是现实国情，对于绝大多数居民，住宅是持有价值最高的资本资产。中国人民银行调查统计司对城镇居民家庭资产负债调查课题组的调查结果显示，2019 年城镇居民家庭户均总资产 317.9 万元，其中住房占 70% 以上。国外情况基本相同，房屋是一般家庭拥有的最重要的资产，由于房屋价值高，因此个人处置房屋获得资本利得的金额也较大，如果对其进行全额征税可能会带来当期税负过高的问题；另外，大部分个人出售住房的主要目的是为了改善住房，居住条件的改善是个人生活追求的目标，对于增进大众生活幸福感至关重要。因此，在各国制定资本利得政策时一般对个人出售主要住宅给予相应税收优惠，建议对个人出售主要住宅免征个人资本利得税，主要住宅可以参照目前"满五唯一"的标准。

7.3.7.6 设立免征额

设立免征额的主要目的一方面是为了降低低收入者的纳税负担，增加民众的满意度；另一方面是免征额制度可以在一定程度上缓解通货膨胀对资本利得的影响。免征额政策在我国目前的个人所得税使用比较普遍，在实施上并不存在困难，2019 年个人所得税改革后综合所得免征额为每年 60 000 元，次年个人综合所得汇算清缴时补税金额不超过 400 元的免于办理汇算清缴。因此，对于个人资本利得也可以结合实际情况，在通过测算后设立一定的免征额。

7.4 政策模拟与实证分析

7.4.1 数据来源与统计分析特征

个人转让财产数据具有非常明显的隐私性，我国目前的发展阶段，个人收入差距仍然较大，为了保障社会稳定，国家统计局并未公布个人转让财产的调查数据。本文在对 A 省 B 市 2017 年至 2019 年限售股转让以及股权转让个人所得税纳税数据进行了调查，并使用该数据对个人资本利得税制改革前后进行政策模拟。其中个人转让限售股观测样本数量为571个，统计变量包含转让股数、实际转让收入额、限售股原值与合理费用、应纳税所得额与应纳税额；个人转让股权的统计变量观测样本数量为6 107个，统计变量包含转让前持股比例、转让后持股比例、转让收入、合理税费金额、转让股权比例对应的净资产份额、股权原值、计税收入、应纳税所得额、应纳税额、转让收入是否偏低以及是否核定征收。

样本数据的统计分析特征分别见表7－9与表7－10，依据统计特征可以看出个人转让限售股实际转让收入额均值为4 377 008元，中位数为83 894.84，前者为后者的52倍，最大值为12.51亿元，最小值为663元，个人出售限售股取得的收入总体差距很大，且存在个人收入极高样本。个人转让股权样本数量为6 107个，其中应纳税额大于零的数据为910个，也就是个人通过转让股权获得资本利得的比率为14.9%，计税收入、应纳税所得额与应纳税额的中位数均为零，均值分别为832 955.9元、413 537.1元与95 608.39元，总体盈利占比偏低，且资本利得总体差异较大。在泰尔指数与基尼测算时采用个人转让限售股与个人转让股权的“有税”数据作为样本（见表7－11），其中应纳税额大于零的数据共计1 481个，平均转让收入额为413万元，中位数为10.58万元；应纳税额均值为68.04万元，中位数为1.05万元，收入总体向高收入个人偏移。

表7－9　个人转让限售股样本数据统计特征

变量	观测样本数	均值	标准差	最小值	最大值	中位数
转让股数	571	476 903.5	6 821 565	100	1.40 E+8	10 000
实际转让收入额	571	4 377 008	6.11E+7	663	1.25 E+9	83 894.84
限售股原值与合理费用	571	665 934.4	9 166 365	99.45	1.88E+8	12 765
应纳税所得额	571	3 711 074	5.19E+7	563.55	1.06 E+9	7 116.06
应纳税额	571	742 214.8	1.04E+7	112.71	2.13 E+8	14 223.21

资料来源：根据样本数据计算得到。

表7－10　个人转让股权样本数据统计特征

变量	观测样本数	均值	标准差	最小值	最大值	中位数
转让前持股比例（%）	6 107	41.32	32.90	0	100	33.33
转让后持股比例（%）	6 107	4.82	15.43	0	99	0
转让股权比例所对应的净资产份额	6 107	185 564	5 210 552	0	1.21E+8	－205.80

续表

变量	观测样本数	均值	标准差	最小值	最大值	中位数
原值与合理费用	6 107	419 418. 80	2 366 033	0	5. 17E +7	0
计税收入	6 107	832 955. 9	9 471 329	0	4. 54E +8	0
应纳税所得额	6 107	413 537. 1	8 863 289	0	4. 51 E +8	0
应纳税额	6 107	95 608. 39	1 761 692	0	9. 01 E +7	0

资料来源：根据样本数据计算得到。

表 7 –11 个人转让限售股与个人转让股权应纳税额大于零数据统计特征

变量	观测样本数	均值	标准差	最小值	最大值	中位数
转让收入额	1 481	4 130 995	4. 23E +7	0. 02	1. 25E +9	105 825. 1
原值与合理费用	1 481	728 952. 2	6 296 696	0	1. 88E +8	19 346. 9
应纳税所得额	1 481	3 402 043	3. 68E +7	0. 02	1. 06E +9	52 370. 9
应纳税额	1 481	680 408. 6	7 359 168	0	2. 13E +8	10 474. 2

资料来源：根据样本数据计算得到。

7. 4. 2 改革前后基尼系数与泰尔指数测算

7. 4. 2. 1 基尼系数与泰尔指数

基尼系数是最常用的衡量居民收入不平等的指标，是由意大利经济学家基尼在洛伦兹曲线的基础提出的，其取值的范围为［0，1］，取值为 0 时代表绝对平等，随着基尼系数的增大，不平等的程度也增加，取值为 1 时代表居民收入处于绝对不平等的状态。基尼系数的计算方式主要有：直接计算法、拟合曲线法、等分法、不等分法、分组计算法以及分解法等多种方式，其中直接计算法可以依据微观数据直接计算，计算公式为：

$$G = \frac{1}{2n(n-1)\mu}\sum_{i=1}^{n}\sum_{j=1}^{n}|x_i - x_j| \quad \text{（公式 7 – 3）}$$

其中，n 为样本容量，μ 为居民收入均值，$|x_i - x_j|$ 为任意一对收入样本差的绝对值，通过计算基尼系数，可以衡量样本整体的不公平程度。

泰尔指数是由广义熵指数演变而来用来衡量居民收入不平等程度的指数，在 1967 年由经济学家 Henri Theil 提出的，其计算公式为：

$$T = \frac{1}{n}\sum_{j=1}^{k}\sum_{i=1}^{n_j}\frac{y_{ij}}{\bar{Y}}\log\left(\frac{y_{ij}}{\bar{Y}}\right) \quad \text{（公式 7 – 4）}$$

$$T = T_w + T_b \qquad \text{（公式 7 - 5）}$$

$$T_w = \frac{1}{n\bar{Y}}\sum_{j=1}^{k} n_j \bar{Y}_J T_{wj} = \sum_{j=1}^{k} \frac{n_j Y_j}{n\bar{Y}} \frac{1}{n} \sum_{i=1}^{n_j} \frac{y_{ij}}{\bar{Y}_J} log\left(\frac{y_{ij}}{\bar{Y}_J}\right) \qquad \text{（公式 7 - 6）}$$

$$T_b = \sum_{j=1}^{k}\left(\frac{n_j}{n}\right) T(\bar{Y}_1, \cdots, \bar{Y}_k) = \sum_{j=1}^{k} \frac{n_j}{n} \frac{\bar{Y}_J}{\bar{Y}} log\left(\frac{\bar{Y}_J}{\bar{Y}}\right) \qquad \text{（公式 7 - 7）}$$

其中，T 为泰尔指数，T 具有可分解性，可以分为组内差异T_w与组间差异T_b，T_w是每个子群体泰尔指数的加权平均值，权重为收入份额，用以衡量子群体收入不平等对总收入不平等的贡献，相应的T_b可以衡量组间收入不平等对总收入水平的贡献，同时，泰尔指数对上层收入比较敏感，可以更为精准的的体现高收入人群的收入变动，个人资本利得税改革的重要目标之一是适当增加高收入者的税收负担，由于样本中高收入个人较多，因此泰尔指数作为衡量指标是比较合适的。

7.4.2.2 改革前后基尼系数与泰尔指数的测算

基尼系数与泰尔指数可以衡量改革前与改革后对个人资本利得税收公平的增进程度，根据不同免征额下的指数测算可以作为确定免征额度的确定依据之一。由于实际情况比较复杂，在测算时遵循以下假设条件：

一是个人除资本利得外的其他所得为零。改革后个人资本利得税的税率是依据个人资本利得与其他所得加总后的总所得水平进行确定的，由于难以获得个人当年其他所得数据，假定个人当年综合所得与经营所得为零，由于个人一般会取得工资薪金、劳务报酬等其他类型的所得，因此在测算中确定的适用税率会低于实际水平，进而导致测算的指数会比实际偏大。

二是不考虑税收优惠政策的影响。由于数据的限制，无法获得个人是否进行再投资、资产持有时间、投资对象是否为风险投资行业或小企业等信息，因此在测算中未考虑税收优惠政策的影响。

三是理性经济人假设，股权转让收入不低于转让股份对应的净资产价值。在实际中个人转让股权的价格低于转让股份对应的净资产价值，按照国家税务总局公告 2014 年第 67 号，该种情况属于价格偏低，在没有正当理由的情况下应当采用核定征收法，将转让股份对应的净资产作为计税收入课征个人所得税，因此，当个人实际转让收入大于转让股份净资产价值时，用后者代替前者作为计税收入。

测算结果显示，在不考虑征税的情况下个人转让财产取得的税前收入的泰尔指数为3.380 27，基尼系数为0.946 27，按照目前个人财产转让适用20%的比例税率课税后，个人取得的税后净资本利得泰尔指数下降至3.339 72，基尼系数下降为0.944 34，两者分别下降了1.49%与0.2%。改革后对个人取得的资本利得适用两档累进税率，总所得[①]低于30万元适用税率15%，高于30万元适用税率30%，改革后仅考虑税率变化测算的泰尔指数与基尼系数分别为3.301 11与0.941 48，相比与改革前分别下降了1.16%与0.3%，对高收入人群收入变化比较敏感的泰尔指数下降幅度大于基尼系数，可以认为改革后对高收入人群的调节作用比较好。另外，通过测算可知将比例税率改变为两档累进税率对增进个人公平程度效果明显，但是增加免征额对于降低个人收入不平等程度的效果并不明显，当免征额较高时才对降低不公平有一定的效果。见表7－12。

表7－12　改革前与改革后基尼系数与泰尔指数测算表

测算对象		泰尔指数	基尼系数
税前收入		3.380 27	0.946 27
改革前税后净资本利得		3.339 72	0.944 34
改革后税收净资本利得	仅税率变化	3.301 11	0.941 48
	税率变化＋免征额1 000元	3.300 92	0.941 45
	税率变化＋免征额5 000元	3.299 49	0.941 21
	税率变化＋免征额10 000元	3.297 71	0.940 93
	税率变化＋免征额60 000元	3.288 25	0.939 83

注：①改革前税后净资本利得即按目前的课税方式计算的个人财产转让的税后净收入，适用比例税率20%；

②仅税率变化为个人资本利得适用两档累进税率15%与30%；

③资料来源：根据样本数据计算得到。

7.4.2.3　改革前后泰尔指数分解

改革前与改革后就个人转让限售股与个人转让股权分别计算泰尔指数与基尼系数，测算结果显示个人转让限售股的不平等程度要高于个人转让股权，个人转让限售股的泰尔指数为4.57～4.61，个人转让股权的泰尔指数为2.42～2.54，为个人转让限售股的一半，说明个人转让限售股的高收入人群更多，收入差距也更大。个人转让限售股的基尼系数也整体高于个人转让股权，说明整体上个人转让限售股的整体不公平程度也高于个人转让股权。类似的，改征累

① 假定其他类型所得为0后，个人总所得＝个人资本利得。

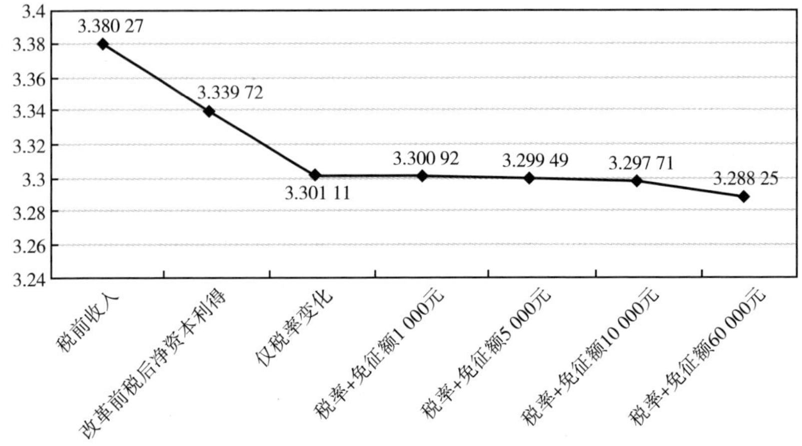

图 7－5　改革前与改革后泰尔指数图

资料来源：根据样本数据计算得到。

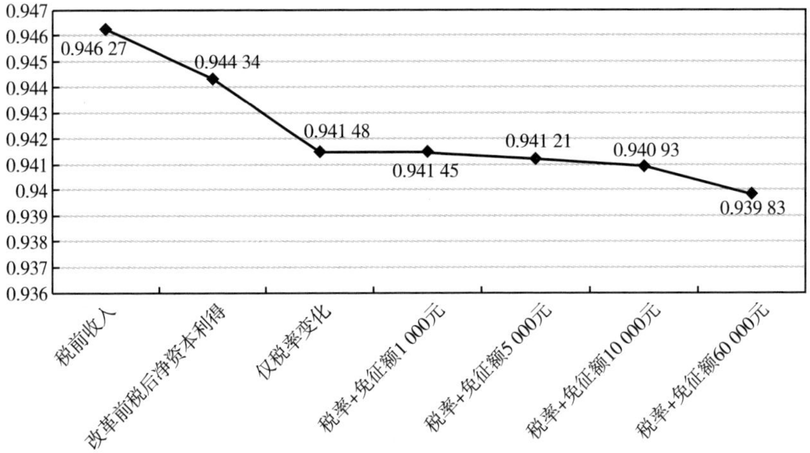

图 7－6　改革前与改革后基尼系数图

资料来源：根据样本数据计算得到。

进税制有助于降低税收不平等程度。另外，随着免征额的增加不平等程度得到改善。见图 7－5、图 7－6。

泰尔指数具有可分解性，可以将总泰尔指数分解为组内差距与组间差距，组内差距反映在组内不公平程度，组间差距反映各组之间的不公平程度。通过对改革前与改革后的各项目的泰尔指数分解可以得到组内差距是造成不平等的最重要的因素，组内占比保持在 99.97% 左右，而组内差距仅占 0.03%，可以忽略不计。个人转让限售股与个人转让股权两组数据的不公平主要体现在各组内部，两组之间不存在明显差异。见表 7－13、表 7－14。

表 7－13　　改革前与改革后分项目泰尔指数与基尼系数

测算对象		泰尔指数		基尼系数	
		限售股	股权	限售股	股权
税前收入		4.604 54	2.532 87	0.977 7	0.910 7
改革前税后净资本利得		4.601 51	2.475 31	0.977 63	0.906 68
改革后税收净资本利得	仅税率变化	4.576 6	2.432 07	0.975 5	0.903 01
	税率变化＋免征额 1 000 元	4.576 48	2.431 86	0.975 49	0.902 97
	税率变化＋免征额 5 000 元	4.574 54	2.430 76	0.975 17	0.902 77
	税率变化＋免征额 10 000 元	4.571 32	2.429 78	0.974 73	0.902 61
	税率变化＋免征额 60 000 元	4.554 23	2.424 53	0.973 46	0.901 81

资料来源：根据样本数据计算得到。

表 7－14　　改革前与改革后泰尔指数分解

测算对象		总泰尔指数	组内不平等		组间不平等	
			组内泰尔指数	组内占比	组间泰尔指数	组间占比
税前收入		3.380 27	3.379 17	99.967%	0.001 1	0.033%
改革前税后净资本利得		3.339 72	3.338 83	99.973%	0.000 89	0.027%
改革后税收净资本利得	仅税率变化	3.301 11	3.300 32	99.976%	0.000 78	0.024%
	税率变化＋免征额 1 000 元	3.300 92	3.300 14	99.976%	0.000 78	0.024%
	税率变化＋免征额 5 000 元	3.299 49	3.298 71	99.976%	0.000 78	0.024%
	税率变化＋免征额 10 000 元	3.297 71	3.296 92	99.976%	0.000 79	0.024%
	税率变化＋免征额 60 000 元	3.288 25	3.287 44	99.975%	0.000 81	0.025%

注：①组内占比＝组内泰尔指数/总泰尔指数；组间占比＝组间泰尔指数/总泰尔指数。
②资料根据样本数据计算得到。

7.4.3　改革对财政收入的影响

财政收入压力是影响改革是否顺利进行的最重要的因素之一。通过对样本数据的测算，改革前个人转让限售股与个人转让股权合计税收收入为 10.07 亿元，其中限售股收入为 4.24 亿元，占总收入的 42%；个人转让股权收入 5.84 亿元，占总收入的 58%。在税率改变为两档累进税率后税收收入有大幅增加，由 10.07 亿元增加至 15.02 亿元，增幅 49.05%，从表 7－15 可以看到，在考虑免征的情况下对财政的减收压力并不大，当免征额分别为 1 000 元、5 000 元、

表 7－15　　改革前后财政收入测算表

测算对象		合计		限售股		股权	
		财政收入额（元）	增减幅度	财政收入额（元）	增减幅度	财政收入额（元）	增减幅度
改革前实际财政收入		1 007 685 084	0.00%	423 804 657	0.00%	583 880 427.2	0.00%
改革后测算财政收入	仅税率变化	1 501 951 271	49.05%	630 379 223	48.74%	871 572 048.3	49.27%
	税率变化＋免征额 1 000 元	1 501 855 968	49.04%	630 359 320	48.74%	871 496 647.9	49.26%
	税率变化＋免征额 5 000 元	1 500 980 804	48.95%	629 980 697	48.65%	871 000 106.5	49.17%
	税率变化＋免征额 10 000 元	1 499 793 139	48.84%	629 286 572	48.49%	870 506 567	49.09%
	税率变化＋免征额 60 000 元	1 492 374 915	48.10%	625 051 459	47.49%	867 323 455.9	48.54%

注：①改革前税后净资本利得即按目前的课税方式计算的个人财产转让的税后净收入，适用比例税率 20%；

②仅税率变化为个人资本利得适用两档累进税率 15% 与 30%；

③资料根据样本数据计算得到。

10 000 元以及 60 000 元时，税收收入相比于仅税率变化时下降了 0.01%、0.1%、0.21%以及 0.95%，对财政的压力比较小。综上所述，在仅考虑税率变化的情况下，改革后财政收入比改革前增加了 49.05%，个人资本利得税累进税制对增加财政收入效果明显，免征额的设立对财政收入影响较小。

7.5 个人资本利得税与我国整体税制的协调

7.5.1 个人资本利得税与资本存续收益所得

从公平的角度看，个人资本利得与资本存续收益所得均是个人来源于资产的所得，个人资本利得来源于个人让渡资产的产权，而资本存续收益所得来源于资本资产使用权、抵押权等其他物权的让渡，因此应对股息利息红利所得、财产租赁所得以及个人资本利得适用相同的税率与大致相同的税收优惠政策，有助于人们建立资本相关所得税赋平等的观念。

从效率的角度看，资产的收益率是个人是否持续持有资本资产的主要的决定因素，资产的税后收益率影响个人持有资产的选择，如果对于个人资本存续收益所得税负明显重于个人资本利得会促使个人将持有的资本资产进行处置，进而影响个人的投资方向，影响资源的配置效率。

目前，我国针对个人取得资本存续收益征收的个人所得税分为“利息、股息、红利所得”与“财产租赁所得”，个人所得税法规定两者均适用 20% 的比例税率，且不纳入个人年度综合所得。另外，对“利息股息红利所得”实施了一些减免税优惠政策，例如，为了调控资本市场、抑制投机炒作，对个人持有上市公司股票取得股息红利按照持有时间实施差别化征税，持有 1 个月以内全额征税，实际税率为 20%；持有 1 个月至 1 年的按照 50% 征税，实际税率为 10%；持有 1 年以上的免征。个人投资资金，个人从基金中取得由上市公司发放的股息红利直接由上市公司代扣 20% 的个人所得税，个人从沪港通、深港通取得收益由内地的代理人按 20% 代扣代缴个人所得税。个人租赁非房屋的资产一般适用 20% 的税率，但个人出租房屋一般会实行综合征收率，例如，北京个人出租住房适用 5% 的综合征收率，出租非住房每月租金 31 500 元以下综合征收率为 7%，每月租金 31 500 元以上综合征收率为 12%。总体上存在资本存续收益所得本身差距较大，与个人资本利得差异也比较大的问题，另外，"利息、股息、红利所得"按持有期间差别征税，个人资本利得没有类似的政策，两者的征税原则不相符合。

因此，我国个人资本利得课税制度构建应总体上遵循相近的征税原则与税收优惠政策，避免影响资本的配置效率。

7.5.2 取消证券交易印花税

我国证券交易印花税于1990年6月28日开始征收，由出卖者按成交金额的0.6%征收，截止到2008年，我国证券交易印花税共经历了11次变革，2008年9月19日起证券交易印花税改为向出卖方进行征收，税率为0.1%，长期以来，我国证券交易印花税实际上承担了稳定股市、抑制过度投机的使命，虽然对证券市场有一定的调节作用，但也饱受诟病。

目前国际上证券市场税主要划分为两大体系：一是既征收交易税又征收所得税，以日本为代表；二是只征收所得税，以美国、OECD大部分国家为代表。

建议在个人资本利得税全面开征后取消证券交易印花税，原因为：

（1）印花税不能反映税收公平原则。

证券交易印花税属于行为税，直接作用是调节纳税人的交易行为，交易行为频繁则税负水平高、反之亦然。由于不能准确反映个人的支付能力，不符合税收公平的原则，个人资本利得税开征后由资本利得税承担了调节证券市场的职能，证券交易印花税可以取消。

（2）印花税影响资本流通。

证券交易印花税是行为税，只要发生交易行为就应当征税，证券交易税额增加了交易的成本，进而对交易行为有一定的抑制作用；在全面开征资本利得税后，只对各投资主体的净收益进行征税，从效率原则出发，取消证券交易印花税可以降低交易成本，有利于资源更为有效的配置。

7.5.3 取消对个人征收土地增值税

个人转让房地产征收的个人所得税与土地增值税都是对个人转让房地产的资本利得进行课税，存在重复征税。建议将目前个人土地增值税的征收纳入个人资本利得课税范围，不再对个人转移房地产单独征收土地增值税。具体原因为：

（1）取消后有利于消除重复征税。

对个人转移房地产征收个人资本利得税可以保证个人资本利得税对个人转让财产行为的全面征税，如果再增设会导致对同一课税对象反复征税，会增加个人的税收负担，另外，由于一般个人对于税法的理解程度有限，税法设置复杂不利于一般纳税人理解，增加纳税人的交易成本。

（2）个人并非土地增值税调节的主要对象。

土地增值税设立的主要目的是为了调节土地的增值收益，从实际来看土地增值税主要由房地产企业缴纳，2018 年全国土地增值税税收收入为 5 644.38 亿元，其中房地产业缴纳增值税 4 864.03 亿元，占 86.2%，房地产业中又以房地产开发企业缴纳的土地增值税最多，为 4 555.7 亿元，占全部的 80.7%。从税收收入上看，土地增值税达到其设立目的。绝大多数个人拥有一套或数套房屋，目前多数城市都设立房屋限购政策，因此个人极少从事大规模的房屋投机买卖，个人纳税人并不是土地增值税调节的重点群体。

（3）取消后对财政收入影响较小。

2018 年，个体经营业户仅缴纳土地增值税 123.9 亿元，占土地增值税的 2.2%，远低于单位纳税人缴纳的土地增值税。因此，将个人调出土地增值税的应税范围不会对土地增值税的税收收入造成较大的影响。

7.6 个人资本利得课税配套措施

7.6.1 加强对鉴证咨询行业的管理

在个人资本利得税的征收时会涉及资本资产的估价，如果估价不准确很容易导致偷税行为，目前财产转让所得征税的难点也在于无法准确确定资产的公允价值，尤其是在股权转让时，低价转让的情况发生非常普遍，虽然条例中均约定转让价格明显偏低可以由税务机关进行核定，但在实际征管中，核定征收由基层税源管理机关具体执行，基层税源管理机构专业性不强，面对复杂事项往往难以确定财产转让的公允价值。针对这种情况，管理思路是应当坚持“市场的事情由市场解决”，个人转让对价为非货币时应当由有资质的鉴证机构出具资产评估报告，按照资产评估的价格进行交易。同时，为了保障税款入库，应当加强对鉴证咨询机构的管理与监督，可以在以下方面开展：

（1）建立鉴证报告备案制。

个人处置财产参考的资本评估报告应当在税务机关进行备案，并按照评估标的金额进行分级管理，方便税务机关进行后续管理。

（2）鉴证报告后续检查制度。

应用大数据方法对已备案的鉴证报告进行后续检查工作，按照标的金额对资产评估报告进行抽查，按照当年的工作安排对抽取的资产评估报告进行后续检查。

（3）加大对有问题的鉴证报告的处罚。

应当对有问题评估报告的违规程度进行分级管理，分为非常严重、严重、一般、轻微四个等级，实施相应的惩处惩戒，并将处罚结果进行公示，因使用有问题的评估报告导致纳税人少缴税款应当加收罚款，并记录在个人信用报告中；

（4）建立鉴证机构信用评定与公示制度。

将存在问题的报告数量作为评定标准，对鉴证机构的信用等级进行评定与公示，由市场发挥优胜劣汰，纳税人依据公示结果自行选择鉴证机构。

通过上述管理措施使得市场自行发挥定价机制，在减轻基层税务机关责任的同时也对促进鉴证咨询行业的发展起到积极作用。

7.6.2 个人资本利得课税的后续管理

个人资本利得税的税收征管思路为“前段放开＋后续管理”。所谓“前段放开”是指纳税人在办理个人资本利得税缴税时应当简化流程，实施源泉扣缴，对于需要采纳资产评估价格的应当以纳税人自行提交的资本评估报告预征税款，由个人对交易的真实性与准确性负责。“后续管理”是指税务机关有计划的采用适当的方式开展风险核查及纳税评估，在“互联网＋税务”大背景下，运用大数据对风险进行识别与控制，充分利用神经网络模型、机器学习算法、智能优化算法等方法建立有价证券、无形资产、不动产等不同交易类型的纳税评估模型，识别风险后根据风险等级进行风险应对工作。按照分级分类的方式对不同的违规行为设立严重程度不同的处罚方式，并将处罚事项进行公示，以此鼓励纳税人自行履行纳税义务。

7.6.3 完善个人资产登记实名制

我国目前已实现车船、知识产权、不动产、股票交易账户的实名制登记，完备的个人资产实名制登记制度是实施个人资本利得征税的前提，也是对纳税人开展有效纳税评估的必要条件。为了个人资本利得税的顺利开展，应当在两个方面开展工作：

（1）对个人持有的资产进行准确的界定，将划定为资本资产的财产进行登记。

登记的内容应当一致，将已经进行登记的资产作为征收个人资本利得税的抓手，低值易耗的资产应当排除在外。

（2）建立高额财产编码实名制。

个人持有的高额财产如高档家具、楼房、别墅、车船等进行编码实名登记，并将系统进行全国联网，税务机关可根据需要调取资料。一方面可以将高额财产纳入信息网络，并依照区域进行有重点的管理，将高额财产经营机构作为重点单位进行管理，例如拍卖行、典当行等。

7.6.4 开展个人转让资产调研

为了更为准确地测算个人资本利得税改革对财政收入的影响，应当开展全面的个人转让资产调研，通过调研获取个人转让资产的相关数据进行实证分析。

（1）充分利用现有数据，了解个人财产转让所得总体情况。

2013 年之后国家统计局开展的城乡一体化住户收支与生活状况调查，该调查统计采取堪培拉标准①，依据该标准个人出售资产或财产所得不应计入个人收入，同样个人转让资产取得的溢价所得也不计入个人收入，而是计入“非收入所得”，国家统计局目前并未公布“非收入所得”统计数据。可以与国家统计局进行数据交流，通过“非收入所得”统计情况了解全国个人资本利得获得的总体情况，在了解总体情况的基础上再安排进一步的工作重点。

① 许宪春主编：《中国收入分配统计问题研究》，北京大学出版社 2015 年版。

（2）开展专项财产转让调研。

个人资本利得税的课征主要为有价证券利得与不动产利得，目前，我国个人所得税对个人转让限售股、个人转让房屋都有相关数据基础，可以应用现有的征管数据基础对以上两个项目进行详细的分析与测算，测算不同税制方案对财政收入的影响。

（3）开展民意调查与座谈。

可以采取问卷形式调查纳税人对于全面开征资本利得税的意愿，同时可以广泛邀请专家学者、证券投资者、收藏爱好者以及其他资产交易个人进行座谈，充分了解民众对于全面开征个人资本利得税的意见建议，并在税制设计中加以考量。

7.6.5 培养个人资本利得纳税意识

1994 年，《个人所得税法》重新修订时，“财产转让所得”正式纳入个人所得税的征税范围，但是公众对于财产性收入征税接受程度一直不高，这为个人所得税的改革增加了不少困难。例如，在 2019 年的个税新政实施时新增了六项专项附加扣除：子女教育、继续教育、大病医疗、住房贷款利息或住房租金、赡养老人，依据《国家税务总局关于发布〈个人所得税专项附加扣除操作办法（试行）〉的公告》（国家税务总局公告 2018 年第 60 号）第十五条的规定，纳税人享受住房租金专项附加扣除，应当填报主要工作城市、租赁房屋坐地地址、出租人姓名及身份证件类型和号码等信息，在本次改革中个人可以通过在手机 APP 端自行填报以上住房租赁信息享受专项附加扣除，但是在政策执行初期由于房东担心信息填报后会补缴个人所得税，因此形成了租客、房东“涨房租”的拉锯战，为了缓解舆论压力，国家税务总局 2019 年 1 月 20 日新发布个人所得税 APP1. 1. 3 版本，不强制填写出租人信息，拉锯战才结束。

虽然财产租赁收入已经划入个人所得税的征税范畴长达 40 年，但财产租赁所得的实际征收面仍十分狭窄，只有法人单位承租个人房屋时，由于要取得发票进行税前扣除，个人在向税务机关申请代开增值税发票时需要扣缴相应的个人所得税。除此之外，个人出租房屋给其他个人，绝大多数都不会自主申报个人所得税，税务机关也未对这种情况进行集中征缴，由此可以看出个人对于财产性收入征收个人所得税的接受程度普遍不高。

对个人资本利得全面征税对资本市场、二手房市场影响广泛，与个人的经济利益息息相关，因此可想而知在执行中面临阻力较大。为了更顺利地推进改革应当在培养资本利得纳税以及政策宣传方面做足功课，具体可以在以下几个方面开展：

（1）改革前广泛征求意见。

通过广泛征集其他政府机关、专家学者、基层税务机关代表、纳税人的意见，及时了解各方面对于改革的诉求，并将其意见融入个人资本利得税政策制定过程，法律草案完备及时出台征求意见稿公开征集各方意见建议；

（2）做好政策宣传。

采取多种方式开展宣传工作，由于对个人所得税的变革较大，建议将国际征税实践以及所得税税收理论作为宣传重点，让公民充分理解建立个人资本利得税制的必要性与重要性；同时，将允许亏损抵免、长期投资应纳税所得额税基折征等税收优惠政策作为宣传的重点，最大限度地取得公众的认可；

（3）开展相关纳税服务工作。

建立优质的纳税服务工作，简化征税流程，开放网上办税、手机办税等途经，为纳税提供税款试算等公众广泛需要的服务，减少纳税人纳税成本。

7.7 本章小结

本章提出了我国个人资本利得税制改革方案设计的思路，主要结论如下：

（1）提出我国个人资本利得税制度改革的课税原则。

在设计个人资本利得税制度时应当遵循税收公平、资源配置资源、鼓励个人投资与技术创新、扩大税基与税制简单五项基本原则，其中税收公平原则是最重要的原则。

（2）个人资本利得税税制设计。

结合我国国情目前宜采用“综合所得＋资本利得＋经营所得”的课税模式，个人资本利得课税对象主要分为个人转让有价证券利得、不动产利得、无形资产利得与有形动产利得；税率的确定应当参照个人总所得水平，设立30%、15%与10%三档税率，其中30%为高所得纳税人适用税率、15%为低所得纳税人适用税率、10%为优惠税率。

（3）通货膨胀调整政策与资本损失抵免方式。

我国当前实际通货膨胀率不高，不建议对个人资本利得进行通货膨胀调整；对于个人发生的资本损失应当允许个人向后期递延，并抵扣个人取得的资本利得。

（4）税收优惠政策。

个人资本利得税优惠政策的设定遵循税收公平与税制简单的原则，应当在六个主要方面设立税收优惠政策：一是对个人再投资实施递延纳税；二是对长期投资获取的利得实施税基折征；三是对风险投资与技术创新适用特别税率；四是个人投资小企业适用优惠税率；五是个人出售主要住宅免征个人资本利得税；六是设立免征额。

（5）政策模拟与实证分析。

通过对个人转让限售股与个人转让股权样本数据的测算，个人资本利得税累进税制对于增进整体税收公平有一定的效果，对于调节高收入人群的收入水平效果较为明显；另外，改革后财政收入比改革前增加了49.05%，对财政收入贡献较大。

（6）个人资本利得税与我国整体税制的协调。

个人资本利得与资本存续收益所得应遵循相同的原则与税收优惠政策，避免影响资源配置效率；同时，取消证券交易印花税与对个人征收的土地增值税。

（7）其他配套措施。

为了顺利推行个人资本利得课税制度，应当加强对鉴证咨询行业管理与个人资本利得税的后续管理，完善个人资产登记实名制与高额资产财产编码实名制，开展个人转让资产调研以及培养纳税人资本利得纳税意识并做好宣传工作。

8 结论与展望

8.1 研究结论

本书主要对我国个人资本利得税制进行了研究，基本思路为：个人资本利得税收理论分析→我国个人资本利得课税演变进程→我国个人资本利得课税现状与问题→个人资本利得课税政策选择与国际经验→我国个人资本利得课税制度改革方案设计，主要研究结论有：

一是个人资本利得课税的理论分析。分别研究了税收公平理论、税收效率理论与个人资本利得课税的关系，并将个人资本利得分为消费型利得与生产型利得。

二是对个人资本利得进行了界定与分析。对个人所得进行了分类，将个人依赖资产要素取得的所得划分为资本存续收益所得与资本利得；将个人资本利得定义为个人以转让、销售、交换等形式处置资本所有权过程中取得的已实现的经济利益的流入，经济利益流入包括取得的现金、货币、实物以及其他形式的经济利益。指出个人资本利得的特点包含不确定性、隐蔽性、收益生产周期较长、征管比较复杂。

三是我国个人资本利得课税演变进程。研究了中华民国至今个人资本利得课税政策的变迁与特点，个人技术转让是我国首个开征的资本利得课税项目。我国个人资本利得课税演变的主要原因有：私有财产权的保护程度、不动产登记制度的变迁、居民收入分配与贫富差距以及不同类型所得开征的时间顺序。

四是我国个人资本利得课税现状与问题。通过对目前我国个人财产转让所得收入以及个人资本利得现行政策的研究总结出目前政策存在的主要问题有：资本利得课税存在不公平、个人转让房地产存在重复征税、政策制定缺乏整体规划、税率设计未考虑个人综合税负水平以及政策存在空白领域，而造成上述问题的根本原因在于政策存在分散性，造成分散性的原因有历史传统、缺乏核心政策目标、个人信托制度不完善以及个人投资市场发展不充分。

五是个人资本利得课税政策选择与国际经验。分别就个人资本利得课税的意义、课税模式、课税对象、长期与短期资本利得的划分、税率设计、资本损失的处理方法、通货膨胀调整以及税收优惠政策等个人资本利得课税的主要政策选择进行了研究，在研究的同时对国际经验进行了介绍。

六是我国个人资本利得课税制度改革方案设计。我国目前可以建立“综合所得 + 资本利得 + 经营所得”个人所得税税制模式，税率确定方式为参照个人总所得水平，税收优惠政策主要侧重鼓励个人投资、鼓励技术创新、鼓励小企业发展、保障公众生活需求以及减轻低收入者税收负担。当前不适宜对通货膨胀进行调整，并允许个人对发生的资本损失抵免资本利得。通过样本数据测算，个人资本利得税制改革对于增进社会公平、调节高收入人群收入水平有一定的效果，改革为财政收入带来比较明显的增收。另外，为了配合个人资本利得课税制度的改革建议取消证券交易印花税与对个人征收的土地增值税。

8.2 研究展望

由于篇幅、数据与作者研究能力所限，并未对其他国家的资本利得课税制度进行研究，由于缺乏个人转让房产与有价证券的宏观数据，所以缺乏相关的研究，在未来可以在以下两个方面进行拓展：

一是其他国家地区个人资本利得税税制。在更大的范围内分析个人资本利得税的课征方式，将各国家与地区按照经济发展水平、地域位置以及征管模式等维度进行分类，全面总结个人资本利得征税制度。

二是对个人资本利得税的政策改革进行全面测算。本书并未对个人资本利得税制改革对宏观经济以及创业风险投资的影响进行全面实证分析，在未来可以采用一般均衡模型对个人资本利得课税制度对经济的影响进行模拟，为国家出台政策提供更为精准的数据支撑。

参考文献

一、中文部分

[1] K. C. 麦锡尔. 经济合作与发展组织成员国的税收政策选择与冲突[M]. 国家税务总局税收科学研究所译. 北京：中国财政经济出版社，1997.

[2] 阿瑟·塞西尔·庇古（英）. 福利经济学［M］. 金镝译. 北京：华夏出版社，2017.

[3] 埃德温·罗伯特·安德森·赛里格曼（美）. 所得税研究：历史，理论与实务［M］. 北京：经济科学出版社，2014.

[4] 敖汀，姚毓鹏. 资本利得税比较研究［J］. 辽宁税务高等专科学校学报，2000（01）：3－6.

[5] 北京大学《大众政治经济学》编写组编. 大众政治经济学［M］. 广州：广东人民出版社，1982.

[6] 北京经济学院财贸系财政金融教研室. 新时期税收资料选编［M］. 1980.

[7] 伯纳德·萨拉尼耶（美）. 税收经济学［M］. 马先标，刘兴坤译. 北京：中国人民大学出版社，2018.

[8] 财产租赁出卖所得税法施行细则［M］. 财政部直接税处.

[9] 财产租赁出卖所得税法［M］. 财政部上海直接税局. 1945.

[10] 财政部《税收制度国际比较》课题组. 美国税制［M］. 北京：中国财政经济出版社. 2000.

[11] 财政部财政年鉴编纂处. 财政年鉴第3编1948上［M］. 财政部财政年鉴编纂处，1948.

[12] 财政部税政司地方税处. 地方税：税政与征管［M］. 沈阳：东北财经大学出版社，1995.

[13] 财政部综合计划司. 中国国家财政收支统计1950－1983［M］. 北京：中国财政经济出版社，1985.

[14] 蔡丹青. 我国证券市场开征资本利得税研究 [D]. 暨南大学, 2008.

[15] 蔡秀云. 个人所得税制国际比较研究 [M]. 北京: 中国财政经济出版社, 2002.

[16] 曾国安. 论中国居民收入差距的特点、成因及对策 [J]. 中国地质大学学报 (社会科学版), 2001 (04): 34-44.

[17] 曾耀辉. 民国时期所得税制研究 [D]. 江西财经大学, 2012.

[18] 陈爱华. 个人转让新三板股票的财税处理——基于财税〔2018〕137号文的几点认识 [J]. 财务与会计, 2019 (05): 64-66.

[19] 陈杰, 高任飞. 全面开征资本利得税须慎重——资本利得税对我国房地产市场的影响 [J]. 探索与争鸣, 2013 (08): 62-66.

[20] 陈明竹. 我国资本利得课税问题研究 [D]. 东北财经大学, 2017.

[21] 陈启修. 财政学总论 [M]. 商务印书馆, 1924.

[22] 陈晓峰等. 知识产权读本 [M]. 北京: 中国传媒大学出版社, 2007.

[23] 迟巍, 蔡许许. 城市居民财产性收入与贫富差距的实证分析 [J]. 数量经济技术经济研究, 2012, 29 (02): 100-112.

[24] 崔百胜. 资本利得税对股票收益波动影响的模型分析 [J]. 河南金融管理干部学院学报, 2008 (03): 61-65.

[25] 邓恒. 论商业秘密保护中竞业禁止协议的法律性质 [J]. 西南民族大学学报 (人文社科版), 2018, 39 (02): 98-103.

[26] 丁学东, 高景和. 新税收制度问答 [M]. 北京: 经济管理出版社, 1994.

[27] 冯华. 美国的资本利得税制及启示 [J]. 福建税务, 2002 (09): 27-29.

[28] 付文林, 束磊. 我国资本利得税的功能定位与改革路径 [J]. 财政科学, 2018 (04): 95-100.

[29] 甘犁. 中国家庭金融研究 (2016) [M]. 成都: 西南财经大学出版社, 2019.

[30] 高金平. 股权激励个人所得税政策解析 [J]. 注册税务师, 2017 (02): 28-31.

[31] 广州市地方税务局课题组. 我国非上市公司股权转让个人所得税政策探讨 [J]. 税务研究, 2011 (09): 49-51.

［32］国家税务局《中国税制改革十年》编写组．中国税制改革十年［M］．沈阳：东北财经大学出版社，1988.

［33］国家税务总局．赴英国开展税收征管与绩效管理培训报告［J］．税收经济调研，2014（12）.

［34］国家税务总局税收科学研究所．西方税收理论［M］．北京：中国财政经济出版社．1997.

［35］国务院法制局，中华人民共和国法规汇编编辑委员会．中华人民共和国法规汇编 1959 年 1 月 –6 月 总编号 9［M］．北京：法律出版社，1959.

［36］郝硕博．所得课税的经济分析［D］．辽宁：东北财经大学，2001.

［37］郝正非．浅谈美国资本利得税对风险投资的影响［J］．全国商情（经济理论研究），2009（07）：55 –56.

［38］贺旭光，钱春海，欧阳令男．我国开征资本利得税的一种可行性方案［J］．经济与管理研究，2002（03）：51 –53.

［39］贺远清．我国股票资本利得课税制度研究［D］．华中科技大学，2012.

［40］侯梦蟾．税收经济学导论［M］．北京：中国财政经济出版社，1990.

［41］胡善亘．赋税论 上［M］．商务印书馆，1948.

［42］胡怡建，马伟，田志伟，杨志银．个人所得税征管国际比较［M］．北京：中国税务出版社，2017.

［43］霍飞飞．中国城镇居民财产性收入影响因素分析［D］．东北财经大学，2013.

［44］冀慧峰．美国资本利得税制的启示［J］．辽宁财税，2003：52 –54.

［45］贾晖．中国近代财产权法律保护研究［D］．中国政法大学，2008.

［46］江苏省苏州工业园区地方税务局．个人所得税征管国际比较［M］．北京：中国税务出版社，2017.

［47］焦明江．抗战前后四川所得税征收困境及解决之道［J］．河南大学学报（社会科学版），2018，58（02）：68 –80.

［48］解宏，翟景明．美国资本利得税制的历史演变、原因及借鉴意义［J］．涉外税务，2002（05）：34 –38.

［49］解学智．所得课税论［M］．沈阳：辽宁人民出版社，1992.

［50］金鑫等．中华民国工商税收史·地方税卷［M］．北京：中国财政经济出版社，1999.

[51] 金鑫等. 中华民国工商税收史·税务管理卷 [M]. 北京: 中国财政经济出版社, 1998.

[52] 金鑫等. 中华民国工商税收史·中华民国工商税收史纲 [M]. 北京: 中国财政经济出版社. 2001.

[53] 金鑫等. 中华民国工商税收史·直接税卷 [M]. 北京: 中国财政经济出版社, 1996.

[54] 金子宏 (日). 日本税法 [M]. 战宪斌, 郑林根等译. 北京: 法律出版社, 2004.

[55] 柯格钟. 论所得税法上的所得概念 [J]. 台湾大学法学论丛, 2008 (3).

[56] 库兹涅茨 (美). 现代经济增长速度、结构与扩展 [M]. 戴睿, 易诚译. 北京: 北京经济学院出版社, 1989.

[57] 李芳. 财产权利、制度变迁与国家成长 [D]. 华中师范大学, 2008.

[58] 李永贵. 土地增值税讲解 [M]. 北京: 中国商业出版社, 1995.

[59] 李永明. 竞业禁止的若干问题 [J]. 法学研究, 2002 (05): 84 -97.

[60] 李征. 对资本利得征税的可行性分析 [J]. 财会研究, 2006 (9): 15 -16.

[61] 理查·A. 马斯格雷夫 (美), 皮吉·A. 马斯格雷夫 (美). 美国财政理论与实践 [M]. 北京: 中国财政经济出版社, 1987.

[62] 理查德·A. 马斯格雷夫 (美), 董勤发. 当代经济学系列丛书 比较财政分析 [M]. 上海: 汉语大词典出版社, 2017.

[63] 林天义. 中国开征股票资本利得税的制度设计研究 [D]. 辽宁大学, 2009.

[64] 刘继虎. 信托所得课税的法理与制度研究 [D]. 中南大学, 2012.

[65] 刘婧, 刘颖. 个人股权转让个人所得税征管的思考 [J]. 北方经贸, 2018 (06): 71 -74.

[66] 刘久扬, 潘斌. 股权激励个人所得税政策解读 [J]. 财务与会计 (理财版), 2011 (12): 12 -14.

[67] 刘拥军, 范锰杰. 关于非货币性资产投资个人所得税几个实务问题的探析 [J]. 注册税务师, 2016 (02): 31 -34.

[68] 路瑶. 资本利得税制度与创业资本的发展——兼论转型期中国资本

利得税制的改进方向 [J]. 南京大学学报（哲学. 人文科学. 社会科学版），2003（06）：34-39.

[69] 罗富政. 我国城镇居民财产性收入的影响因素：基于我国省级面板数据的经验研究 [J]. 广东行政学院学报，2011，23（06）：82-88.

[70] 毛程连，庄序莹. 西方财政思想史 [M]. 上海：复旦大学出版社，2010.

[71] 牟可光，徐志，钱正平，林向艳，姚雪瑜，潘冬慧，郑含笑，周萍，李若萌. 对我国创业创新税收优惠政策的探讨 [J]. 经济研究参考，2017（09）：25-43，59.

[72] 欧文·费雪（美）. 资本和收入的性质 [M]. 北京：商务印书馆，2017.

[73] 潘玉香. 美国创业风险投资税收政策演变及其启示 [J]. 中国科技论坛，2012（07）：142-147.

[74] 潘玉香. 美国创业风险投资税收政策演变及其启示 [J]. 中国科技论坛，2012（07）：142-147.

[75] 钱晟. 缓和个人收入分配不公必须建立税收综合调节体系 [J]. 税务研究，1997（07）：12-14.

[76] 邱华炳，刘磊. 所得税理论与实证分析 [M]. 北京：中国税务出版社，1996.

[77] 邱华炳. 所得税理论与实证分析 [M]. 北京：中国财政经济出版社，1996.

[78] 茹涛. 创业投资中资本利得税的国际比较 [J]. 世界经济情况，2007（11）：27-31，46.

[79] 阮永平，解宏. 资本利得税与我国证券市场的发展 [J]. 税务研究，2008（03）：43-46.

[80] 厦门大学经济系财政金融教研室. 资产阶级财政理论批判 [M]. 上海：上海人民出版社，1978.

[81] 施宏. 刍议非货币资产投资的个人所得税政策 [J]. 税务研究，2015（11）：115-116.

[82] 史蒂文·M. 谢福林（美）. 财政政治学译丛·税收公平与民间正义 [M]. 上海：上海财经大学出版社，2016.

[83] 世界银行. 世界税制改革的经验 [M]. 北京：中国财政经济出版

社，1995.

[84] 斯密（英）. 国民财富的性质与原理［M］. 南昌：江西教育出版社，2014.

[85] 宋哲，姚元，周梅锋. 创业投资企业和天使投资个人税收政策解读［J］. 中国税务，2018（09）：56－58.

[86] 孙东坡. 论我国资本利得课税制度的构建与完善［D］. 天津财经大学，2008.

[87] 孙维晨. "二手房交易征税20%"的国家思路［J］. 中国经济周刊，2013（09）：68－70.

[88] 唐晓鹰，吴蔚. 英国税收风险管理及其借鉴［J］. 国际税收，2014（02）：66－68.

[89] 王家庭，杨庭. 当代美国收入分化的演进历程及其政策启示［J］. 学习与实践，2012（08）：20－29.

[90] 王金利，林海清. 资本利得税的内涵和效应：台湾经验的启示［J］. 西部金融，2007，（9）：11－15.

[91] 王瑞. 浅析在我国开征证券资本利得税［J］. 当代经济，2011（02）：92－93.

[92] 王瑞红. 对创投企业实施优惠有利于鼓励创业创新［J］. 税收征纳，2019（03）：7－8.

[93] 王素荣，高婷婷. 借鉴英国资本利得征税办法的几点建议［J］. 北京工商大学学报（社会科学版），2011，26（04）：106－110.

[94] 王塑. 国家税收概论［M］. 华中工学院出版社，1988.

[95] 王学涛. 我国资本利得课税制度研究［D］. 浙江财经学院，2011.

[96] 王逸. 个人资本利得课税的理论基础与税制模式选择［J］. 涉外税务，2010（10）：32－35.

[97] 王逸. 个人资本利得课税法律制度的国际比较与借鉴［J］. 税收经济研究，2011，16（01）：50－54.

[98] 王薏涵. 我国开征股票资本利得税的制度研究［D］. 财政部财政科学研究所，2010.

[99] 王薏涵. 我国开征股票资本利得税的制度研究［D］. 北京：财政部财政科学研究所，2010.

[100] 王哲兵，韩立岩. 股票期权激励税收处理的国际比较与政策启示

[J]. 税务研究，2008 (02)：89 -92.

[101] 维克多·瑟仁伊（美）(Victor Thuronyi). 比较税法 [M]. 丁一译. 北京：北京大学出版社，2006.

[102] 吴兆莘. 中国税制史 下 [M]. 上海：上海书店出版社，1984.

[103] 西尔文·R. F. 普拉斯切特（比）. 对所得分类综合及二元课税模式. [M]. 国家税务总局税收科学研究所译. 北京：中国财政经济出版社，1993.

[104] 西蒙·詹姆斯（美）等. 税收经济学 [M]. 罗晓琳译. 北京：中国人民大学出版社，2002.

[105] 夏琛舸. 所得税的历史分析和比较研究 [M]. 沈阳：东北财经大学出版社，2003.

[106] 夏宏伟. 中国个人所得税制度改革研究 [D]. 北京：财政部财政科学研究所，2013.

[107] 向书坚. 全国居民收入分配基尼系数的测算与回归分析 [J]. 财经理论与实践，1998 (01)：75 -80.

[108] 坝怀诚等. 个人所得税调节谁 [M]. 北京：经济科学出版社，1998.

[109] 熊玉梅. 中国不动产登记制度变迁研究 (1949 -2014) [D]. 华东政法大学，2014.

[110] 休·奥尔特（美）. 比较所得税法：结构性分析 [M]. 丁一，崔威译，北京：北京大学出版社，2013.

[111] 徐蓉. 所得税征税客体研究 [M]. 北京：法律出版社，2010.

[112] 徐晔，袁莉莉，徐战平. 中国个人所得税制度 [M]. 上海：复旦大学出版社，2010.

[113] 许文. 优化制度增强征管执法刚性 [EB/OL]. 中国税务网，2009. 8. 2.

[114] 严思齐. 2018 个人所得税法改革分析 [J]. 现代商贸工业，2019，40 (06)：135 -137.

[115] 杨斌. 治税的效率和公平——宏观税收管理理论与方法的研究 [M]. 北京：经济科学出版社，1999.

[116] 杨斌. 治税的效率和公平 宏观税收管理理论与方法的研究 [M]. 北京：经济科学出版社，1999.

[117] 杨春梅. 资本利得课税的社会经济效应分析 [J]. 税务与经济（长

春税务学院学报)，1996（04）：30－33.

［118］杨娟. 个人股权转让所得税制度的反思与重构［J］. 税务与经济，2017（2）：78－84.

［119］杨杨，姜群，王立. 税收公平的三重维度：价值重构及制度选择［M］. 北京：中国社会科学出版社，2017.

［120］杨志银. 基于公平视角下我国证券市场课税制度选择［J］. 经济体制改革，2017（01）：11－17.

［121］姚壮. 姚壮文集［M］. 北京：中国华侨出版社，2010.

［122］殷强. 股权分置改革中的资本利得税问题［J］. 理论界，2006（03）：64－65.

［123］尹音频. 资本市场税制优化研究［M］. 北京：中国财政经济出版社，2006.

［124］詹清荣. 沪港通与双向开放资本市场的财税政策支持重点［J］. 中国发展观察，2014（10）：55－58.

［125］张京萍，陈宇. 美国税制研究［M］. 经济科学出版社. 2017

［126］张旭昆. 经济思想史［M］. 北京：中国人民大学出版社. 2017.

［127］张旭昆. 经济思想史［M］. 北京：中国人民大学出版社. 2017.

［128］赵恒等. 完善个人所得税问题［M］. 中国税务学会学术研究委员会编. 北京：中国税务出版社，2002.

［129］赵秀英. 资本利得课税的几个理论问题［J］. 财政研究，1995（09）：18－22.

［130］赵燕. “新三板”市场发展现状及对策研究［J］. 新金融，2016（03）：36－39.

［131］郑雪艳. 限售股减持征税制度研究［D］. 中南财经政法大学，2017.

［132］郑幼锋著. 美国联邦所得税变迁研究［M］. 北京：中国财政经济出版社，2006.

［133］中华人民共和国司法部，中华人民共和国法规选辑编辑委员会编. 中华人民共和国法规选辑 司法人员必备［M］. 北京：法律出版社，1957.

［134］周敦仁. 资本利得税探述［J］. 世界经济研究，1996（05）：28－30.

［135］周全林. 税收公平研究［M］. 南昌：江西人民出版社，2007.

［136］周晓光. 资本利得税收法律问题研究［D］. 武汉大学，2015.

[137] 朱广俊. 中国资本利得税应当解决的问题 [J]. 财经界, 2005 (03): 110-112.

[138] 朱金霞. 我国城镇居民财产及财产性收入与贫富差距问题研究 [D]. 东北师范大学, 2015.

[139] 《当代中国财政》编辑部. 中国社会主义财政史参考资料 1949 ~ 1985 [M]. 北京: 中国财政经济出版社, 1990.

[140] 资本利得课税研究小组. 资本利得课税理论与实践 [M]. 北京: 中国税务出版社, 2004.

二、英文部分

[1] Alan J. Auerbach; Jonathan M. Siegel. Capital - gains realizations of the rich and sophisticated [J]. Journal of Economic Literature. 2000, Vol. 90 (NO. 2): 276-282.

[2] AlanJ. Auerbach. On the Design and Reform of Capital - Gains Taxation [J]. The American Economic Review. 1992, Vol. 82 (No. 2): 263-267.

[3] Alexis Anagnostopoulos, Eva Cárceles - Poveda; Danmo Lin. Dividend and capital gains taxation under incomplete markets [J]. Journal of Monetary Economics. 2012, Vol. 59 (No. 7): 599-611.

[4] Ball, Ray. The Natural Taxation of Capital Gains and Losses When Income Is Taxed [J]. Journal of Banking and Finance. 1984, Vol. 8 (No. 3): 471-481.

[5] Benjamin C Ayers; Craig E Lefanowicz; John R Robinson. Capital Gains Taxes and Acquisition Activity: Evidence of the Lock - In Effect [J]. Contemporary Accounting Research, 2007, 24 (2): 1-1.

[6] Bertoni, Fabio; Colombo, Massimo G; Grilli, Luca. Venture capital financing and the growth of high - tech start - ups: Disentangling treatment from selection effects [J]. Research Policy. 2011, Vol. 40 (No. 7): 1028-1043.

[7] Bhatia, Kul; Mitchell, Chris. Household - specific housing capital gains and consumption: Evidence from Canadian microdata [J]. Regional Science and Urban Economics. 2016: 19-33.

[8] Blissenden, Michael, The income tax and CGT consequences of property disposals [J]. Taxation in Australia, 2015, 49 (7): 385-387.

[9] Bowman, Karlyn. Public Opinion on Taxes: 1937 to Today. [EB/OL].

http://www.aei.org/paper/100097, 2019 -8 -7.

[10] Bugeja, Martin; da Silva Rosa, Raymond. Taxation of shareholder capital gains and the choice of payment method in takeovers [J]. Accounting and Business Research. 2008, 38 (4): 331 -350.

[11] Burman, Leonard. The Labyrinth of Capital Gains Tax Policy. A Guide for the Perplexed. [M]. Washington D. C Brookings Institution Press, 1999 (5): 52 -55.

[12] Calegari; Michael Joseph. The impact of capital gains taxation on asset prices, realization behavior, and trading volume [D]. The University of Arizona, Ph. D. 1996.

[13] Carolin Bock; Martin Watzinger. The Capital Gains Tax: A Curse but Also a Blessing for Venture Capital Investment [J]. Journal of Small Business Management. 2019, Vol. 57 (No. 4): 1200 -1231.

[14] Carslaw, Charles; Mason, Richard; Mills, John R. How the AMT Affects Long -Term Capital Gain Rates [J]. Tax Adviser. 2005, 36 (9): 544 -548.

[15] Chemmanur T. J. Ravid S. A. Asymmetric Information, Corporate Myopia, and Capital Gains Tax Rates: An Analysis of Policy Prescriptions [J]. Journal of Financial Intermediation. 1999, Vol. 8 (No. 3): 205 -231.

[16] Christian Keuschnigg, Soren Bo Nielsen. Start -ups, venture capitalists, and the capital gains tax [J]. Journal of Public Economics. 2004, Vol. 88 (NO. 5): 1011 -1042.

[17] Cumming, Douglas J. Agency costs, institutions, learning, and taxation in venture capital contracting [J]. Journal of Business Venturing. 2005, Vol. 20 (No. 5): 573 -622.

[18] Daunfeldt, Sven -Olov; Praski -Sthlgren, Ulrika; Rudholm, Niklas, Do high taxes lock -in capital gains? Evidence from a dual income tax system [J]. Public Choice, 2010, 145 (1 -2): 25 -38.

[19] Diaz Caro. Carlos; Cebada. Crespo Cebada. Eva, Taxation of capital gains and Lock -in effect in the Spanish Dual Income Tax [J]. European Journal of Management and Business Economics, 2016, 25 (1): 15 -21.

[20] Dowd, Tim; McClelland, Robe; Muthitacharoen. New Evidence on the Tax Elasticity of Capital Gains.. [J]. National Tax Journal. 2015, Vol. 68

(No. 3): 511 -544.

[21] Dowd, Tim; McClelland, Robert, The Bunching of Capital Gains Realizations [J]. National Tax Journal, 2019, 72 (2): 323 -357.

[22] Englund, Peter. Transaction Costs, Capital - Gains Taxes, and Housing Demand. [J]. Journal of Urban Economics. 1986, Vol. 20 (No. 3): 274.

[23] Englund, Peter. Transaction Costs, Capital - Gains Taxes, and Housing Demand. [J]. Journal of Urban Economics. 1986, Vol. 20 (No. 3): 274.

[24] Englund, Peter. Taxation of Capital Gains on Owner - occupied Homes. [J]. European Economic Review. 1985, Vol. 27 (No. 3): 311.

[25] Gerald E. Auten and Charles T. Clotfelter. Permanent Versus Transitory Tax Effects and the Realization of Capital Gains [J]. The Quarterly Journal of Economics. 1982, Vol. 97 (No. 4): 613 -632.

[26] Gourio, Francois Miao, Jianjun. Transitional dynamics of dividend and capital gains tax cuts [J]. Review of Economic Dynamics. 2011, Vol. 14 (No. 2): 368 -383.

[27] Harry Huizinga; Johannes Voget; Wolf Wagner. Capital gains taxation and the cost of capital: Evidence from unanticipated cross - border transfers of tax base [J]. Journal of Financial Economics. 2018.

[28] Hoyt, William H. Owner - Occupied Housing, Capital Gains, and the Tax Reform Act of 1986. [J]. Journal of Urban Economics. 1992, Vol. 32 (No. 2): 119.

[29] Hui Shan. The effect of capital gains taxation on home sales: Evidence from the Taxpayer Relief Act of 1997 [J]. Journal of public economics. 2011, 95 (1 -2): 177 -188.

[30] Hwee - yong J. Jang, The Market Reaction to the 1986 Tax Overhaul: A Study of The Capital Gain Tax Change [J]. Journal of Business Finance and Accounting, 1994, 21 (8): 1179 -1193.

[31] Jacob, M.. Tax Regimes and Capital Gains Realizations (Article) [J]. European Accounting Review. 2018, Vol. 27 (No. 1): 1 -21.

[32] Jacob, Martin, Taxes and life cycle capital gains realizations [J]. Applied Economics Letters, 2013, 20 (12): 1130 -1134.

[33] Jennifer L. Bounie; Jana Smith Raedy; Douglas A. Shacklford. Capital

Gains Taxes and Equity Trading: Empirical Evidence [J]. Journal of accounting research. 2003, Vol. 41 (No. 4): 611 - 651.

[34] Kaplw Louis. The Theory of Taxation and Public Economics [M]. Princeton, NJ: Princeton University Press. 2008.

[35] Keuschnigg C. ; Nielsen S. B. Tax policy, venture capital, and entrepreneurship [J]. Journal of Public Economics. 2002, Vol. 87 (No. 1): 175 - 203.

[36] Khan, Yasar, Capital Gains Tax - An Introduction [J]. Credit Control, 2013, 34 (2): 20 - 25.

[37] Klein, Peter. The capital gain lock - in effect and long - horizon return reversal. [J]. Journal of Financial Economics. 2001, Vol. 59 (NO. 1): 33 - 33.

[38] Landsman, Wayne R. ; Shackelford, Douglas A. The Lock - In Effect of Capital Gains Taxes: Evidence from the RJR Nabisco Leveraged Buyout [J]. National Tax Journal. 1995, Vol. 48 (No. 2): 245 - 259.

[39] Lang, Mark H. ; Shackelford, Douglas A. Capitalization of capital gains taxes: Evidence from stock price reactions to the 1997 rate [J]. Journal of Public Economics. 2000, Vol. 76 (No. 1): 69.

[40] Luzi Hail; Stephanie Sikes; Clare Wang. Cross - country evidence on the relation between capital gains taxes, risk, and expected returns [J]. Journal of Public Economics. 2017: 56 - 73;

[41] M. , Amin. Market Valuation of Tax - Timing Options: Evidence from Capital Gains Distributions. [J]. Canadian Tax Journal. 2006, Vol. 54 (No. 2): 563 - 564.

[42] Mahar, Frederick, The distortive effects of the capital gains tax regime [J]. Tax Specialist, 2016, 20 (1): 16 - 20.

[43] Margot Coesens; Jana De Wilde, What is the effect of a capital gains tax on risk aversion within households? [D]. Universiteit Gent, 2015.

[44] Mortenson; Jacob, Essays on Responses to Income Taxation in the United States [D]. Georgetown University, 2016.

[45] Myeonghwan Cho. The effect of capital gains taxation on small business transfers and start - ups [J]. Economic Modelling. 2014: 447 - 454.

[46] National Venture Capital Association, 1991 Annual Report (Washington: NVCA, 1992).

[47] Per Lundborga; Per Skedingerb. Capital gains taxation and residential mobility in Sweden [J]. Journal of Public Economics. 1998, Vol. 67 (NO. 3): 399 – 419.

[48] Peter Klein. The capital gain lock – in effect and perfect substitutes [J]. Journal of PublicEconomics. 2004, Vol. 88 (NO. 12): 2765 – 2783.

[49] Peter Klein. The capital gain lock – in effect with short sales constraints [J]. Journal of Banking and Finance. 1998, Vol. 22 (NO. 12): 1533 – 1558.

[50] Plancich, Stephanie, Mutual Fund Capital Gain Distributions and the Tax Reform Act of 1997. National Tax Journal. 2003 (No. 1Part 2): 271 – 296.

[51] Poterba, James, and Scott Weisbenner. Capital gains tax rules, tax – loss trading, and turn – of – the year returns [J] Journal of Finance, 2001 (56): 353 – 368.

[52] Ricardo de O. Cavalcanti; Andrés Erosa. A theory of capital gains taxation and business turnover [J]. Economic Theory. 2007, Vol. 32 (NO. 3): 477 – 496.

[53] Robert M. Dammon, Chester S. Spatt, Harold H. Zhang. Optimal Consumption and Investment with Capital Gains Taxs [J]. The Review of Financial Studies, 2001, 14 (3): 583 – 616.

[54] Seida, Jim A. Wempe, William F. Do capital gain tax rate increases affect individual investors trading decisions [J]. Journal of Accounting and Economics. 2000, Vol. 30 (NO. 1): 33 – 33.

[55] Shackelford, Douglas A. Stock Market Reaction to Capital Gains Tax Changes: Empirical Evidence from the 1997.

[56] Slemrod, Joel. The Effectes of Capital Gains Taxtion on Year – end Stock Market Behavior. [J]. National Tax Journal. 1982, Vol. 35 (No. 1): 69 – 77.

[57] Stefano Bonini; Senem Alkan. The political and legal determinants of venture capital investments around the world [J]. Small Business Economics. 2012, Vol. 39 (No. 4): 997 – 1016.

[58] Stephanie A. Sikes and Robert E. Verrecchia. Capital Gains Taxes and Expected Rates of Return [J]. The Accounting Review. 2012, Vol. 87 (No. 3): 1067 – 1086.

[59] Sumner, Scott, Is It Fair to Tax Capital Gains At Lower Rates Than

Earned Income? Yes: It Makes Sense For Individuals— And the Economy [J]. Wall Street Journal - Eastern Edition, 2015, 265 (49): R4 - R5.

[60] Todd Sinai and Joseph Gyourkoa. The asset price incidence of capital gains taxes: evidence from the Taxpayer Relief Act of 1997 and publicly - traded real estate firms [J]. Journal of Public Economics. 2004, Vol. 88 (NO. 7 - 8): 1543 - 1565.

[61] Tyler, Tom R. and E. Allan Lind, A relational Model of Authority in Groups [J]. Advances in Experimental Social. Psychology, 2002 (25): 115 - 191.

[62] Watanabe, Judith Ellen. Indexation of Capital gains and losses: A Complexity Study (Taxation , Reform, Simplicity) [D]. Lincoln: The University of Nebraska, 1985.

[63] Weisbach, David A. Capital Gains Taxation and Corporate Investment [J]. National Tax Journal, 2017, 70 (3): 621 - 641.

[64] William A. Reese, Jr. Capital Gains Taxation and Stock Market Activity: Evidence from IPOs [J]. The Journal of Finance. 1998, Vol. 53 (No. 5): 1799 - 1819.

[65] Zachary William Richards, Essays on Capital Gains Taxes and Housing [D]. Knoxville: The University of Tennessee, 2009.

[66] Zhonglan Dai; Edward Maydew; Douglas A. Shackelford and Harold H. Zhang. Capital Gains Taxes and Asset Prices: Capitalization or Lock - In [J]. The Journal of Finance. 2008, Vol. 63 (No. 2): 709 - 74.